本书得到中国青年政治学院出版基金资助

中/青/文/库

日本“国体论”研究

以近代国家建构为视角

庄　娜◎著

中国社会科学出版社

图书在版编目(CIP)数据

日本"国体论"研究：以近代国家建构为视角/庄娜著．—北京：中国社会科学出版社，2016.5

ISBN 978-7-5161-7891-1

Ⅰ.①日… Ⅱ.①庄… Ⅲ.①国家制度—研究—日本—近代 Ⅳ.①D731.39

中国版本图书馆CIP数据核字(2016)第063161号

出 版 人　赵剑英
责任编辑　李炳青
责任校对　王　影
责任印制　李寡寡

出　　版　中国社会科学出版社
社　　址　北京鼓楼西大街甲158号
邮　　编　100720
网　　址　http://www.csspw.cn
发 行 部　010-84083685
门 市 部　010-84029450
经　　销　新华书店及其他书店

印　　刷　北京君升印刷有限公司
装　　订　廊坊市广阳区广增装订厂
版　　次　2016年5月第1版
印　　次　2016年5月第1次印刷

开　　本　710×1000　1/16
印　　张　17.25
插　　页　2
字　　数　292千字
定　　价　65.00元

凡购买中国社会科学出版社图书，如有质量问题请与本社营销中心联系调换
电话：010-84083683

《中青文库》编辑说明

《中青文库》，是由中国青年政治学院着力打造的学术著作出版品牌。

中国青年政治学院的前身是1948年9月成立的中国共产主义青年团中央团校（简称中央团校）。为加速团干部队伍革命化、年轻化、知识化、专业化建设，提高青少年工作水平，为党培养更多的后备干部和思想政治工作专门人才，在党中央的关怀和支持下，1985年9月，国家批准成立中国青年政治学院，同时继续保留中央团校的校名，承担普通高等教育与共青团干部教育培训的双重职能。学校自成立以来，坚持“实事求是，朝气蓬勃”的优良传统和作风，秉持“质量立校、特色兴校”的办学理念，不断开拓创新，教育质量和办学水平不断提高，为国家经济、社会发展和共青团事业培养了大批高素质人才。目前，学校是由教育部和共青团中央共建的高等学校，也是共青团中央直属的唯一一所普通高等学校。学校还是教育部批准的国家大学生文化素质教育基地、全国高校创业教育实践基地，是中华全国青年联合会和国际劳工组织命名的大学生KAB创业教育基地，是民政部批准的首批社会工作人才培训基地。学校与中央编译局共建青年政治人才培养研究基地，与国家图书馆共建国家图书馆团中央分馆，与北京市共建社会工作人才发展研究院和青少年生命教育基地。2006年接受教育部本科教学工作水平评估，评估结论为“优秀”。2012年获批为首批卓越法律人才教育培养基地。学校已建立起包括本科教育、研究生教育、留学生教育、继续教育和团干部培训在内的多形式、多层次的教育格局。设有中国马克思主义学院、青少年工作系、社会工作学院、法学院、经济管理学院、新闻传播学院、公共管理系、中国语言文学系、外国语言文学系9个教学院系，文化基础部、外语教学研究中心、计算机教学与应用中心、体育教学中心4个教学中心（部），中央团校教育培训学院、继续教育学院、国际教育交流学院3个教育培训机构。

学校现有专业以人文社会科学为主，涵盖哲学、经济学、法学、文学、管理学、教育学6个学科门类，拥有哲学、马克思主义理论、法学、社会学、新闻传播学和应用经济学6个一级学科硕士授权点、1个二级学科授权点和3个类别的专业型硕士授权点。设有马克思主义哲学、马克思主义基本原理、外国哲学、思想政治教育、青年与国际政治、少年儿童与思想意识教育、刑法学、经济法学、诉讼法学、民商法学、国际法学、社会学、世界经济、金融学、数量经济学、新闻学、传播学、文化哲学、社会管理19个学术型硕士学位专业，法律（法学）、法律（非法学）、教育管理、学科教学（思政）、社会工作5个专业型硕士学位专业。设有思想政治教育、法学、社会工作、劳动与社会保障、社会学、经济学、财务管理、国际经济与贸易、新闻学、广播电视学、政治学与行政学、汉语言文学和英语13个学士学位专业，同时设有中国马克思主义研究中心、青少年研究院、共青团工作理论研究院、新农村发展研究院、中国志愿服务信息资料研究中心、青少年研究信息资料中心等科研机构。

在学校的跨越式发展中，科研工作一直作为体现学校质量和特色的重要内容而被予以高度重视。2002年，学校制定了教师学术著作出版基金资助条例，旨在鼓励教师的个性化研究与著述，更期之以兼具人文精神与思想智慧的精品的涌现。出版基金创设之初，有学术丛书和学术译丛两个系列，意在开掘本校资源与迻译域外精华。随着年轻教师的增加和学校科研支持力度的加大，2007年又增设了博士论文文库系列，用以鼓励新人，成就学术。三个系列共同构成了对教师学术研究成果的多层次支持体系。

十几年来，学校共资助教师出版学术著作百余部，内容涉及哲学、政治学、法学、社会学、经济学、文学艺术、历史学、管理学、新闻与传播等学科。学校资助出版的初具规模，激励了教师的科研热情，活跃了校内的学术气氛，也获得了很好的社会影响。在特色化办学愈益成为当下各高校发展之路的共识中，2010年，校学术委员会将遴选出的一批学术著作，辑为《中青文库》，予以资助出版。《中青文库》第一批（15本）、第二批（6本）、第三批（6本）、第四批（10本）陆续出版后，有效展示了学校的科研水平和实力，在学术界和社会上产生了很好的反响。本辑作为第五批共推出13本著作，并希冀通过这项工作的陆续展开而更加突出学校特色，形成自身的学术风格与学术品牌。

在《中青文库》的编辑、审校过程中，中国社会科学出版社的编辑人员认真负责，用力颇勤，在此一并予以感谢！

目　　录

绪　　论

第一节　研究课题的确立及意义

一　问题的提出

本书所探讨的“国体”不是现代西方政治学里的概念，而是日本自幕末以来直至战败期间使用的一个专有名词，专指日本以天皇统治为核心的国家体制、社会体制以及价值体系等。对日本的“国体”是什么以及日本的国体为什么优越进行阐述的各种思想、言论统称为“国体论”，它是日本对自身国家特性和民族独特性的自我阐述。一概称为“国体论”的各种论说其实观点各不相同，有的甚至完全对立，但从整体上看，却都有如下共通点：把日本看作以天皇为现人神的神国观、对天皇万世一系支配的强调、对统治关系的伦理化解释（以“家族国家观”为代表）、以日本为本国的差序的世界秩序论，等等。国体论在明治维新后被确立为近代[①]日本国家的官方意识形态，是近代天皇制国家的支配原理与政治合法性理论。自近代天皇制在制度上确立之日起，日本就自上而下开始了对国民的长期国体教育，要求国民对国家和天皇的绝对忠诚，直至战败。通过对国民道德的教化，国体论全面规定了日本国民的思维方式，渗透进民众的生活空间和精神结构中，不仅如此，作

① 日语语境里的“近代”包括了两层含义，一是指具体的历史分期，指封建时代之后的资本主义社会，在日本史上就是指从明治维新到太平洋战争结束这段时期，而太平洋战争失败以后的日本则称“现代”（也有的将1955年自民党成立之后称为“现代”）。除却具体的历史阶段划分之外，日语里的“近代”还包含了另一层抽象层面上的含义，相当于英语里的modern time、modernization，包括了中文概念里的“现代”、“现代性”乃至“现代化”，含义非常庞杂。这第二层含义在中文里则多是用“现代”表达，考虑到近年来学界在讨论日本问题时也开始使用“近代化”一词，为了用语的统一，避免混淆，本书一概用“近代”和“近代化”分别表达以上两个层面的含义。

为日本近代唯一的正统思想，对于任何被认为有触动“国体”之虞的思想和个人都作为异端进行了毫不留情的打击与压制。

但有两个现象与国体论在近百年的时间里占据的显赫地位极不相称。第一，尽管作为国家意识形态，凌驾于所有思想之上，并有官方文件对“国体”做解释，但“国体”的定义始终暧昧不清，这不能不说是个悖论。日本近代围绕“国体”一直在不停地争论，关于什么是日本的国体，日本历史上做出的解释不计其数，而且都声称自己对日本“国体”的解释才是正确的。从幕末的尊王攘夷运动、1889 年明治宪法的制定、1911 年的天皇机关说争论，到 1935 年以明确国体含义为旗号的“国体明征运动”（也叫第二次天皇机关说事件），国体论的宣扬达到顶峰，文部省于 1937 年特意发行了《国体之本义》作为解释国体的教科书，但对国体是什么依然没有做出清晰的回答。不仅如此，日本战败后 1946 年围绕着新宪法的制定又发生了一场“新宪法有否改变国体”的争论，争论到最后仅得出一个折中的结论，即国体有否变化要看国体怎样定义：如果国体仅指政治的方面，即如果仅以统治权的所在来区分国体的话，那么国体无疑是变化了的，因为明治宪法规定“天皇总揽统治权”，而新宪法里则规定主权归“全体日本国民”；但如果国体指的是道德和精神层面的话，由于天皇依然“是国民憧憬的中心，是与国民心心相印的”①，所以国体就没有变。从幕末在历史上第一次勃兴到第二次世界大战战败，国体论在日本已盛行了 120 多年，但国体的定义却始终模糊不清，愈争论愈不明，最终没有一个确切的定义，确实引人深思。

正因为如此，丸山真男曾想就近代天皇制中“正统与异端”的主题进行写作，却最终没有完成，就是因为某种思想和人被贴上“反国体”的标签打成异端的事件层出不穷，而“国体”的定义却一直含混不清，直到 1945 年战败都没有定论。因此据说丸山在 20 世纪 80 年代末终于放弃了“正统和异端”的说法，改称为“没有正统的异端”。② 与之相对，有的学者则以概念的混用来结束这个问题，比如和辻哲郎就认为，

① 国务相金森德次郎语，这也是他代表政府发表的见解。关于这次争论的详情，可参照横田喜三郎：『天皇制』（新版），ミュージアム図書編集部 1997 年版。

② 原武史：「『国体』の視覚化——大正・昭和初期における天皇制の再編」，網野善彦［ほか］編集『王を巡る視線』所収，岩波書店 2002 年版，第 136 頁。

“从谁总揽统治权这一点来看的国家形态，应该用世界通用的‘政体’概念来表示，不应该用这个暧昧的国体概念”①。“用国体这个词语，是把‘国体问题导入迷路的原因’”，“对于这样一个国体概念，还是不用的好”②。把这个问题归结为单纯的词汇问题。

和辻哲郎指出的国体词汇混用的现象确实是国体定义不清的原因之一，但这远没有触及国体问题的实质。事实上，每次国体争论都不可避免地先从定义国体开始，但这仍然不能消弭下一次国体论争的出现，而国体论在历史上的数次勃兴，都出现在国内外危机增大的重要关节点上，仅凭这一点就暗示了国体问题并不是个单纯的概念界定问题，它的反复出现、每次出现的时机、定义始终暧昧多元，其实都与日本近代国家建构中面对的课题与存在的问题点相对应。作为近代日本的国家意识形态，国体论所关涉的不是纯学术问题，而是与日本近代化过程中政治与社会构造的变化密切相关的重大课题。

还有一个现象与国体论在历史上长期占据的统治地位不相称，那就是“国体”一词在战后从大众舆论层面上逐渐后退，到今天已几乎不再被提起。1936 年伊东多三郎在他的著作《国体观念的史的研究》一开头就指出：“国体是什么？这一词语的含义现在无须再进行说明，凡是日本人都知道。”③ 但在战败后仅仅二三十年的时间里，这一承载着巨大历史信息和责任的“国体”一词就渐渐不再出现在舆论中，现在日本虽然还用“国体”这个词，但已经成了“国民体育大会”的简称，与战前的“国体”一词完全无关。换言之，曾是天皇制的核心概念、并从明治以来作为国家意识形态压倒一切思想的“国体”一词，在战

---

① 和辻哲郎：「国体変更論について佐々木博士の教えを乞う」，『和辻哲郎全集』第 14 卷所収，岩波書店 1962 年版，第 358 頁。京都大学法学部担当宪法讲义的佐佐木惣一博士在《世界文化》1946 年 11、12 月号上发表了“国体变更”（「国体は変更する」）的论文。和辻针对佐佐木的“国体变更论”做出回应，在《世界》1947 年 3 月号上发表这篇“关于国体变更论请教佐佐木博士”，之后佐佐木在《季刊法律学》1948 年 6 月刊上回应，发表“国体问题的诸论点”（「国体の問題の緒論点」），和辻于同年 7 月以论文“关于佐佐木博士的教示”（「佐々木博士の教示について」）做出回应。和辻的这两篇文章和其他几篇关于天皇制的论文都以“国民统合的象征”为题收入《和辻哲郎全集》第 14 卷。

② 和辻哲郎：「佐々木博士の教示について」，『和辻哲郎全集』第 14 卷所收，第 373 頁。着重点为原文所加。

③ 伊東多三郎：『国体観念の史的研究』（1936 年），转引自色川大吉『明治の文化』，岩波書店 1970 年版，第 266 頁。

败短短二三十年后却几乎变成了一个死语。像“国体”这样戏剧化命运的存在在整个日本思想史中恐怕也并不多见。

近代日本的“国体”不仅体现为政治制度，同时还是一套保障制度运行的意识形态和价值体系；它不仅是近代天皇制国家的统治原理与政治合法性论述，还渗透到了民众日常生活的方方面面，贯穿在民众的思维方式与社会行为模式之中。近代以前的中国虽然也经历了漫长的皇权统治，却并不存在像日本“国体”这样的现象。其实，国体论中含有大量非历史、非理性化的内容，如日本建国的神话、皇统2600多年的计算方法以及天皇是诸神之子的“现人神”等说法，经日本实证史学的调查和研究后早已证明是虚假的。久野收曾说过，“天皇信仰与科学相冲突就不必说了，它所含有的内容甚至明确地与常识相冲突”①。但这样一种与“科学”甚至“与常识相冲突”的观念竟然会在日本建立近代国民国家的过程中被树立为意识形态，这一现象本身即值得深思。如果仅给国体论贴上“封建”、“复古”、“反动”的标签而不深入对它进行考察，就会忽略国体论与日本近代国家之间的重要关系。

为什么“国体”作为日本近代国家的意识形态，其地位如此重要，但定义却始终暧昧不清、无法统一？为什么不能像西方政治学里用来称呼国家形态的词汇那样具备明确清晰的内涵？本书试图从“国体”这个概念出发，厘清它在近代前后的用法，并试图指出，“国体”不仅是一个概念，同时也是从明治时期开始建构的一种意识形态，它是对近代国家建构这一课题的回应。由于日本在政治、社会、宗教等方面有其独特的特征，它在向近代国民国家过渡的过程中无法完全照搬西方的近代化模式，这使明治建立起的近代国家不仅与西方相比具有诸多看似相近实则不同的特征，也使它在很大程度上区别于同属东方社会的中国。这一近代化历程的独特性与复杂性在作为其意识形态的“国体”概念上直接得到了体现。这就是为什么“国体”不能在西方政治学里找到一个对等的概念，而且无法完全归入法学政治学范畴的原因。因此本书将以近代国家建构为主线，对国体论在近代历史上反复兴起这一现象做出

① 久野収、鶴見俊輔：『現代日本の思想——その五つの渦』，岩波書店1956年版，第136頁。

考察，思考它在日本国民国家建构中的作用。

二　研究的目的与意义

不过，研究这样一种在现代生活中几近废语、死语的概念，是否有价值呢？或者说，在战后70年的今天，还执着于那段历史的旧事，是否有意义呢？对于历史上不断消失的思想和风物，葛兆光曾有过“思想史既做加法也做减法”的提法，建议将思想史中对于加法的注意力适当转移到减法上来。① 他所说的“加法”指历史上不断涌现的新思想、新事物、新文化，而“减法”（subtraction）则指“历史过程和历史书写中，被理智和道德逐渐减省的思想和观念”。②

“我在想，思想史为什么不应当把对于加法的注意力，适当地转移到这些减法上来呢？看看这些逐渐被有意或无意淡忘的、被边缘化的、被驱逐到历史记忆深处和社会生活秘密处的东西，为什么会是这样的命运。在这样的发掘中，也许一些失落的历史会被打捞出来，仿佛在古墓中挖掘出来一些器物的碎片一样，当它们被拼合时，我们也许会发现历史的真相。”③

葛兆光提出这个问题所针对的是思想史研究中的现代性叙事方式。他指出在以往的哲学史和思想史中有一种对“新”的崇尚，人们“通常只关心追踪和叙述那些层出不穷的新思想和新思想家”，“撰者总是希望在历史中叙述越来越多、越来越新的思想发明和知识发现”，仿佛思想和知识“一样依从着进化的规律，越靠后就越进步”④。而有些在过去可能是自然的、大众化了的意识或风俗习惯，由于在后世的道德观和礼教看来已难以接受、或是由于意识形态的历史叙述的限制，这些古风会渐渐地在后世的历史叙述中被边缘化甚至消失。

由于用后设的观念来看以前的历史，人们容易认为消失了的东西对现在是不重要的，或者常用进化论的观点看待那些消逝了的事物，认为它们之所以消逝是承受不住历史的考验，是对今天没有用处。在“理性”、“文明”、“进步”等现代性观念之下，与这些观念相符的事情就

---

① 葛兆光：《思想史：既做加法也做减法》，《读书》2003年第1期。
② 同上。
③ 同上。
④ 同上。

能够进入历史记述，而有些史实则被减去，成为“被理性的历史埋没的历史”。于是历史和思想史既在做“加法”，同时也在做着“减法”，所以葛兆光提出了要适当加强对思想史中“减法”问题的研究的看法。

对国体论的研究就相当于做“减法”的思想史研究：国体论在战败前占据了思想的正统地位，不仅频繁出现在天皇诏敕和官方文件中，而且以政府的力量向日本国民甚至殖民地人民强行灌输，使“国体”成为一个“凡是日本人都知道”[①] 的词语，但在战败之后，“国体”一词却由于种种原因逐渐退出公众舆论，甚至已不再被使用。在战败已过去70 年的今天，除了一小撮试图恢复战前体制的右翼、皇道派以及极少数政治家还在提倡恢复“国体”之外，一般国民则除了“国民体育大会”之外，大多不知“国体”为何物。

然而语汇的消失并不一定等于语汇所负载的社会意识的消失。因为除了那些以概念的形式表达自身的意识之外，社会生活中还存在着大量没有自我表达的意识。弗洛伊德在个人行为心理学中揭露出个人的潜意识，勒庞的《乌合之众——大众心理研究》则在社会心理学领域对民众的集体无意识和潜意识做了分析和解剖。[②] 正是这些无意识和潜意识往往能催生巨大的政治能量。从这个意义上讲，“国体”一词的消失，很难说就绝对是一种积极的现象。借用索绪尔语言学里的概念，可以把“国体”这个带有声音和形象的词汇看作“能指”，它所表达的概念内容、在人们头脑中引起的一切想象是“所指”。“能指”表示语言文字的声音、形象，“所指”则是语言的意义本身。[③] “能指”与“所指”的关系并不固定，当人们说一个语词时，常把“能指”与“所指”在脑中连接起来，但当“能指”发生变化甚至消失时，其“所指”未必一定跟着发生变化或消失。与此相关的是，“国体”一语的消失并非自然的结果，而是带有明确的人为因素在内。符号消失之后，人们对其“所指”的意识就不再是自然产生的，而是需要充分的自觉性和政治敏感度。在这个意义上，“国体”在语言层面的消失反而使人们对国体意

---

① 伊东多三郎语，转引自色川大吉『明治の文化』，岩波書店 1970 年版，第 266 頁。

② ［法］古斯塔夫·勒庞：《乌合之众——大众心理研究》，冯克利译，中央编译出版社 2005 年版。

③ ［瑞士］菲尔迪南·德·索绪尔：《普通语言学教程》，高名凯译，商务印书馆 1980 年版，第 102 页。

识的影响变得不敏感。当这种意识改头换面以别的形式获得释放渠道的时候，往往会借“民主”、民族的悠久历史传统等面目来获得正当性。国体论并不是历史的陈旧物，这一做“减法”的思想史研究不仅具有重要的学术意义，而且具有重要的现实意义。

1. 从幕末时期开始，每当日本面临重大国内外危机的时刻，都会出现国体论勃兴的现象，许多重大问题都是围绕着与国体的关系展开的，这不是历史的偶然。在认识近代日本的国家原理与性质时，国体论是一个绕不过去的课题。国体论的确立与演变与日本政治的近代化进程互为表里，也可以说它是有日本特色的近代化政治理论。

国体论与日本近代国民国家的建构具有密不可分的联系。它不单纯是一种意识形态，还和日本民族的独立与延续、“使日本不失之为日本”的课题即民族认同的课题紧密相连。由于不仅仅停留在思想层面，还形成了政治运动的弘扬国体的运动，更可称之为“国体民族主义”①。本书试图揭示国体论这种复杂的性格特征，以此对日本近代国民国家建构的独特性，以及这种独特性在思想上体现出来的独特的国家观等问题做出解释。

国体论曾与日本的法西斯主义和军国主义有着密切的关系，这是历史的事实。但本书力图避免简单地罗列这些事实，或只以“极端反动”等简单的评价结束对国体论的考察。因为尽管含有大量“前近代的”、“反动的”因素，但从逻辑上来讲，国体论是为了完成日本的近代化而被选择的，考虑到国体论在日本近代所拥有的重要地位，如果它仅仅是封建复古的意识形态，很难想象明治初期学贯东西的政治家和思想家会拿它来服务于日本的近代化。本书的目的就是为了理清这样一种包含了大量“前近代”因素的思想是如何适应了近代日本的国家战略和政治统治，以及为什么国体论可以做到这一点。通过从政治、社会、宗教三个层面对国体论的深入剖析，相信可以对近代日本的国家原理和性质有更深入的认识。

2. 国体论虽是日本特有的意识形态与观念，但它所反映的问题并

---

① 日本学者已在使用“国体民族主义”一词。如丸山真男的论文《现代日本的革新思想》(「現代日本の革新思想」,『丸山真男座談』第六冊，岩波書店1998年版，第7頁）以及韩裔日籍学者姜尚中的著作《民族主义（Nationalism)》(『ナショナリズム』，岩波書店2001年版，第23頁)，等等。

不仅限于日本自身，还包含着非西方世界的后发国家追赶在经济和价值观上都具有渗透力的西方发达国家的过程中所面临的共同问题。

国体论是以民族和国家独特性为诉求的日本民族主义的体现，它唤醒了民族意识并加强了民众对民族和国家的认同。当面对外来的压力，或是与异文化进行大规模接触时，一国对自身民族和文化独特性的认识就被激发出来，没有形成固定政治单位的民族会进而要求建立一个政治单位与民族单位相一致的国家（nation state）。许多非西方世界的后发国家的民族主义往往是在受到西方发达国家的压力之下被激发出来的，它们向近代国家的过渡无法采取自然演进的形式，而不得不进行人为的建构。这一过程中，统治阶层面临着学习西方并同时保存民族传统文化的双重课题，国体论所体现的就是日本政治精英和知识分子在这个课题上的选择。在这个意义上，类似国体论的现象未必是日本一国所仅有的，而是可能在不同的国家和时代变换着形式和名称出现。它既有日本的独特性，同时从后发国家回应近现代化课题的视野来观察的话，又具有某种普遍性。

3. 在现实的层面上，对国体论的研究有助于对日本的战争责任问题、历史认识问题和靖国神社等问题的理解。

一个民族的历史很难有绝对的断裂，也很难有绝对的创新。“国体”对日本近代的精神结构造成了深刻的影响，也给战后的日本社会投下了复杂的阴影。历史问题、靖国神社问题和战争责任问题是妨碍中日间达成共识的几个关键问题，再加上日本保守及右翼势力在政治上的有意利用，使这些问题更加纠结难解。在这些问题上如果想突破就事论事的论述，就要深入到形成这些问题的思想土壤中去寻找根本症结。在直观的层面上，这几个问题可能与国体没有直接的联系，但是在深层次上，它们却是植根于国体论的思想结构之中。历史问题的核心是皇国史观，它是强调神国论和万世一系天皇统治的国体论的直接衍生品；被称作“护国之神”祭祀在靖国神社中的人，正是为了实现所谓国体的理想而殉身的人们。在战争责任问题上如何认识日本国民并非纯粹出于被迫而产生的“协赞”行为，更是离不开对日本国民在“国体”教育之下生存状态的认识。

由于“国体”在战败之前并不仅仅体现为政治制度，而是渗透到历史、宗教、伦理道德等领域的一整套价值体系，所以历史、靖国神社和战争责任的问题与“国体”相关就不是件难以理解的事了。也正因为如此，虽然战败导致了日本政治制度的改变，但由于国体论是以诉诸日本书化，传统独特性的方式来构建国民认同，所以在战后不诉诸政治，而是以民族文化传统为旗号的许多与战前国体相关的诉求就具有了相当的隐蔽性。

比如，战后过去几十年后，日本出现了一股国家主义的潮流，其中很多都和战前的“国体”价值直接相关，更有人因此指出应警惕日本“军国主义的复活”。比如战后废除了战前作为神武天皇即位日的纪元节（2月11日），但在1966年纪元节又作为“建国纪念日”复活。1988年昭和天皇病重并于翌年去世时，日本全国上下被要求节制一切娱乐活动，整个社会陷入一片“自肃”① 气氛当中。1999年制定国旗国歌法，把与战争记忆紧密联系在一起的“日之丸”和“君之代”分别恢复为日本的国旗和国歌，并且发生了多起对在升“国旗”奏“国歌”时拒绝起立的教员进行处分和管教的事例。2000年前首相森喜朗在发言中提到“日本是以天皇为中心的神国”和“如何保卫我们的国体”，引发舆论抨击。2006年教育基本法被强行改正，并在日本全国范围内通过教材和仪式加强了对爱国心的强调。

这些逆流是否等于“国体”意识的复活？如果不对“国体”概念的源流、内容和实质做出历史的剖析，将无法对这个问题做出正确的解答。但这同时也需要对产生战后日本民族主义的社会和政治背景做出考察，由于这一考察的课题之大已非本书所能涵盖，因此在本书中笔者将仅对“国体论”作历史的考察，期待本书对国体论的考察能为观察战后日本的政治现象提供一个历史的视野，国体论在战后的残留影响容笔者作为今后的课题继续研究。

三　研究对象的设定

本书以日本近代以来的“国体论”为研究对象，考察的范围设定为幕末至战后日本新宪法制定这百余年的时间。对此需要做以下几项

① 安丸良夫：『近代天皇像の形成』，岩波書店2001年版，第2—3頁。中文译本译作“自慎”，参照［日］安丸良夫《近代天皇观的形成》，刘金才、徐滔译，北京大学出版社2010年版，第2页。

说明。

首先是“国体论”与“国体思想”以及民众的“国体意识”的区别。国体论是以论文、著作或争论的形式展现的国体思想，因此本书列入文本考察范围的多是有代表性的意识形态制造者和拥护者，即政治家以及知识分子的著述和言论，而民众对天皇的朴素感情则不作为直接考察对象。这是因为，第一，国体论在幕末的首次勃兴，就是以知识界对时局回应的形式出现，明治时期被立为官方意识形态之后，更是由政府自上而下向民众推行，民众的国体意识更多的是政界和知识界宣扬国体论所产生的结果。因此从总体上来看，日本战前和战中的民族主义存在突出的自上而下的特征，丸山真男等知识分子称之为“国家主义”乃至“超国家主义”，正是基于这一事实。第二，国体论虽然也掺杂着感情的因素，但其“原则上是以论文著作的形式出现的”，是以理论的外在形式表现出来的论说（尽管这些“理论”未必具有科学性），而国体思想“更多的要从国民复杂多样的生活中去发现，就资料来说不如国体论那么单纯”[①]。对国体思想的研究较之政治思想领域，更接近于社会学和人类学的领域，因此里见岸雄在他的“国体学”中将“国体论史”和“国体思想史”分别对待。然而这种区分也不是绝对的，其实国体论的意识形态功能之所以强大，与它把握了民众朴素的情感有着重要的关系，而理解战时日本国民对战争的全民“协赞”、战败后对天皇的感情，虽然属于国民的国体意识领域，但依然可以在国体论的框架之内进行讨论。

第二点需要说明的是“国体”的多义性及定义。

19 世纪的政论家白哲特（Walter Bagehot，或译作白芝浩）在谈到“民族是什么时”说，你要是不问，我们都知道它是什么；但要马上对它做出解释或定义，却是不能。[②] 这句话几乎可以直接拿来作为对日本“国体”的注解。与“民族主义”并没有一个被普遍接受的定义相似，“国体”亦没有一个统一的定义，就笔者管见，“国体”的多义性至少与以下几方面的因素有关。

---

① 里見岸雄:『国体思想史』(『日本国体学』第二卷)，展転社 1992 年版，第 38 頁。

② 转引自［英］厄内斯特·盖尔纳《民族与民族主义·代序言》，韩红译，中央编译出版社 2002 年版，第 2 页。

其一，国体论自幕末以来经历了一个长期的变化过程，在这个过程中，它与日本的政治实践存在着互动关系，为了回应不同的时代课题，其强调的重点有所转移，逻辑内容也在不断地进行自我修补。这使得国体论的内容在100多年的历史中变动不居，因而显得有些面目不清。其二，从词语本身来看，“国体”一词的多义性在于两种用法的并存：一是作为西方现代法学概念的译语，一是在西方法学传入之前在日本就已存在的用法（不妨暂称之为“传统用法”）。日本在近代以前就已使用“国体”一词，表示国家的状态、样式或是国家的体面，等等。但在西方现代法学传入日本之后，日本的法学者在翻译德语“Staasform”——表示以国家的主权所在来区分的国家形式——这一西方现代法学用语时，采用了本土语境中已有的“国体”一词，这两种语境的混用使得“国体”无法成为一个纯粹的法学用语，而是被赋予了浓厚的价值色彩（如“体”、“用”之分），囊括了法律、政治、伦理、道德、历史、风俗等多个领域的职能。其三，国体论在成为官方意识形态之后，其解释及运用皆具有鲜明的目的意识，可以说它的面目不清也是有意为之的结果。正因为含义不清，才能无所不包，这正是丸山真男批判日本式思想存在“无限抱拥”[①]特质的一个典型体现。其适用的范围没有明确的边界，才能适应不同情况，伸缩自如。而且，国体论的定义虽然含混不清，却毫不妨碍它在打压异端时发挥冷峻强大的威力，或者说，正因为它的内容没有明确的限定，才能随心所欲地将各种思想和人物定为异端进行打压。因此丸山真男指出：“将‘国体’用特定的‘学说’和‘定义’逻辑化的行为，直接意味着在意识形态上将国体限定和相对化，因此都被谨慎地避免。”[②]而安丸良夫则解释为，天皇的权威是各种势力为了实现自己的欲望与意志，利用天皇作为权威中心而人为形成的，所以为了对应社会上多元化的力量，天皇必须具备超越性和多义性。[③]

因此，想要为本没有边界的国体论设定清晰的边界，或是硬要将本来缺乏体系性和理性的国体论整理成逻辑清晰的体系，都是无益之举，反而会远离国体论的核心与实质。国体论正是以一种缺乏体系和逻辑

---

① 丸山真男：『日本の思想』，岩波書店1961年版，第14頁。

② 同上书，第33页。

③ 安丸良夫：『近代天皇像の形成』，岩波書店2001年版，第281頁。

性、内容含混不清的存在，无论是在积极的统合民众方面还是在消极的压制异端方面都发挥了无与伦比的意识形态作用——这才是国体论真正的问题所在。正因为“国体”这一词语的多义性，才更值得纳入思想史研究的视野。

那么，对于国体论这样一种不具备严密逻辑和完整理论体系的思想，是否就无从定义呢？实用主义的开创者皮尔士（Charles Sandres Peirce）给我们提供了有效的方法。他说：“如果一种概念因为不清晰而使人困扰的话，可以试着思考这个概念的对象给我们人类的行动带来了什么（一般性的）影响。这样想到的影响的总体，就是这个概念的含义的全部。如果对于某一概念（的对象），想不出它的影响的话，那就说明这个概念原本就没有什么意义。”①

皮尔士这段话提出了从与行动的联系中考察思想的意义，成为实用主义的格言。它本来的含义是，如果思想不产生实际的效果，就不认为它有意义和作用。这里姑且不对实用主义做评价，但对于国体论这样一种缺乏逻辑的一贯性、无所不包又没有统一定义的思想而言，这段话却提供了一个对它进行定义的行之有效的方法，那就是从国体论发挥的作用和功能来为它下定义。

简言之，国体论是一种对日本国家特性及其基本构成进行解释的论说，是从明治时期开始的一种意识形态的建构。它的目的是为日本在近代化过程中采取的制度与政策提供正当性，同时凝聚民众的国家认同。它发挥了阻止社会分化、削弱阶级冲突、动员民众力量、提高行政效率等方面的作用。虽然国体论的内容繁杂不一，甚至相互矛盾，但从总体上看存在一些基本的共同点，即强调日本民族历史、社会与文化的独特性，这种独特性突出表现在神国观、天皇制、家族国家观以及政教合一等方面。

第三点需要说明的是研究时限的设定。虽然国体论者总是号称日本的“国体”始自古代、“国体”的用法自古代至近世一直都有使用，但实际上，“国体”与“国体论”是两个不同的概念，国体论是近代前后才出现的一种现象，它是适应日本近代化这一课题而出现的，而古代就

---

① 转引自久野収、鶴見俊輔『現代日本の思想——その五つの渦』，岩波書店 1956 年版，第 74 頁。

开始使用的“国体”一词则完全不具备国体论所指的含义。换句话说，国体论者只是借用了自古就有的“国体”一词，在为之赋予了特定的含义这个意义上，无异于创造了一个全新的概念。虽然国体论的官方意识形态地位是从明治时期开始确立，但早在幕末时期就已出现了具有近代元素的国体论，主要以后期水户学会泽正志斋的《新论》和吉田松阴为代表，他们的思想为幕末尊王攘夷和倒幕运动提供了思想依据，并成为明治维新的原动力，所以本书将国体论的研究时限定自幕末时期起。但这个时期的国体论只能算作有近代因素，并不真正具有近代的性质，所以本书将它看作国体论的前期形成阶段，作为一个背景在文中交代，重点则放在明治时期以后。①

1945 年的战败作为战后历史的起点，标志着战前所谓“万世一系的天皇总揽国家统治权”的国体的崩溃。但本书并未将研究的下限设在 1945 年，而是定在比战败稍晚一些的新宪法制定（1947 年），原因在于新宪法的制定引发了对于国体的又一轮争论，也是有关国体论的一次重要争论，因此将这次争论作为本研究的终点。虽然战败宣告了绝对主义国体的崩溃，但并不等于国体意识的立即消失。尽管宫泽俊义和丸山真男等学者将日本签署投降协定的 1945 年 8 月 15 日称作“八·一五革命”，但 1947 年的这场国体争论本身已经表明，这场被知识分子称作“革命”的历史事件更多的是一种自我激励和理想的体现，它与真正的革命之间存在着相当大的距离。当然，这场争论的结束也并不意味着国体论的消失，本书将这一事件作为考察的下限，只是为了突出这样一个事实，即国体论的消失与国体的消失绝非同一件事，也不是同一个层面的问题。

本研究大致分为三大部分，第一部分属纵向考察，介绍“国体”的概念变迁与国体论的学说史，即第一章和第二章；第二部分包括第三章至第五章，属横向考察，以专题的形式，围绕日本的近代国家建构，选

① 对于后期水户学对日本近代政治思想史的影响，尾藤正英呼吁应给予高度重视，认为日本后来对“忠君爱国”的极端提倡以及军国主义的理念，其实都是水户学提出的“尊王攘夷”思想在近代的变形，这些形成了国民道德的核心，并与国体观念一起通过教育普及到国民中间。笔者十分认同尾藤的这一论断，就国体论而言，后期水户学为“国体”概念赋予的含义极大地形塑了后世国体论者的论述，但如果着眼于作为一个历史现象的国体论的整体功能，则仍不能不更多侧重于近代。

取国体论的三个重要侧面，分别是国体论的政治层面、国体论与社会（国家与个人、社会的关系）、国体论的宗教层面，深入分析其特征、结构与功能。第三部分即第六章为结论部分，围绕国体论与近代国家建构的几个理论问题进行探讨，指出日本近代国家建构的独特性，以及国体论在国家建构中的功能。

第二节　先行研究的现状与问题

由于“国体”在战前属于禁忌，所以对于国体的思考、质疑和研究在战前都被禁止，只有在天皇制国家体制因战败而崩溃、国体的禁忌被破除之后，对国体论的真正研究才算开始。但是，尽管国体论在战前有着如此重要的地位和影响，在战后的学界里却一直没有得到应有的重视。造成这种情况的原因有很多，首先，从结果上来看，国体论并不是一种理性化的理论，也没有形成一套完整的理论体系，充满了以自我民族为中心的情绪化表达，这使它较难引起研究者的学理化兴趣。其次，它曾是军国主义和法西斯主义利用的意识形态，不仅是中国学人，许多日本学者在战后提起国体论也马上会产生某种不快的印象。当然，这种对国体论的厌恶情绪也有对侵略战争的反动的因素在内，但在结果上，这造成了学界轻视国体论研究的整体倾向。因此，虽然自德川中期以来，颂扬日本民族优越性的国体论书籍汗牛充栋，但与之形成对照的是，战后对国体论的研究无论在数量还是深度上都非常有限。政治思想史学家桥川文三在 1985 年的论文《国体论·两个前提》中力陈“国体研究的必要”，他敏锐地注意到，国体论的研究并不单纯是学理问题，更是一个现实的政治问题。[①] 而这一呼吁的背景，是当时学界对于国体论较为普遍的反感乃至轻视的态度，国体论的研究意义尚未得到重视。而令人深思的是，在那之后，国体论的研究相较 20 世纪 80 年代之前不是增进了而是更呈减退之势，仍常是对它贴上个“封建”、“反动”、“复古”的标签就束之高

① “为了不让‘国体’倒退到再次成为‘征服、斗争、帝国主义’的象征，我们最重要的就是防止‘国体’的自然化。正因为如此……我才要力陈‘国体研究的必要’。”橋川文三：「国体論・二つの前提」，『橋川文三著作集』第二卷，筑摩書房 1985 年版，第 118 頁。

阁，在某种意义上可说是将其排除在了研究视野之外。

总的来看，迄今为止学界对国体论的研究中，常见的态度有以下几种。

一种态度可称之为“反感非理性型”。认为国体论中充斥了大量非理性因素，是一套自说自话的逻辑，更多地呈现为一种纯粹心情式的表达，因此容易以非理性、神秘主义、前现代为由回避国体论的研究，把它排除在理性至上的现代科学的研究视野之外。实际上，在政治领域中存在着大量非理性化的因素，这毋宁说是政治的常态。很多时候促成政治行为的恰恰是这种狂热的、不受理性支配的因素，有时甚至仅仅是某种情绪。这些都难以进入现代科学的理性视野范围内，但它们不仅确实存在，还是政治的核心问题所在。正如同卡尔·曼海姆所说，真正属于政治范畴的行为恰恰发生在“理性化尚未渗透进来、我们不得不在没有规则可循的情况下作决定的区域内”①。革命和战争都是这种情况的典型例子。当前的民族主义中也可以发现大量这种非理性化因素的存在。那种认为行为在任何时候都在合理、规划好的状态下按既定轨道运行的想法，非但不是政治的，也不是现实的。

另一种是“追本溯源式”的研究，将国体论的内容向上追溯，发现日本有文字记载以来就有敬神崇祖的思想，因此下结论说国体论是日本民族自未有文字的太古时期就有的一种传统思想，没有意识到它其实是近代“发明的传统”。追究国体论的思想来源当然是必要的，但是这种做法的问题是只看到了国体论与近代以前思想的相似之处，却没有意识到其不同之处。卡尔·曼海姆曾说过：“（前略——引者注）如果人们醉心于把类似的思想动机追溯到它们最终的起源，那么，要找到每一种思想的‘先驱者’总是可能的：没有以前已经说过的话，也没有以前不曾说过的话，我们所要研究的合适的主题是观察在一个特定的历史时期，理智生活怎样和以什么形式与现存的社会的和政治的力量相联系。”②

在国体论第一次在历史上兴起的幕府末期，志士吉田松阴和大儒山县太华曾有过一场国体论争，那时山县太华回应说，“国体一语，宋时

① ［德］卡尔·曼海姆：《意识形态与乌托邦》（一），姚仁权译，九州出版社2007年版，第235页。

② 同上书，第137页脚注。

之书等往往有之，然我邦之书中未尝见之，此语之用当始于水府”。[①]可见，尽管“国体”一语早就有之，但从幕末开始大量使用的“国体”毋宁说是一个新造的词，这一新造才正是体现了国体论本身的近代特征。所以桐原健真的如下见解是中肯的，即“国体”“（前略——引者注）根本不能算做代表近世日本思想的观念，就更谈不上是代表日本思想整体的观念了。所以，在这个意义上，对于那些在‘国体’一词在思想上诞生之前的日本思想，也用‘国体’这个概念来连成一个系谱来论述的话，无疑是犯了超越了时间和空间的逻辑上的矛盾”[②]。所以，如果对于国体论的批判忽视了“国体”一词的意识形态功能，也如同国体论者一样将国体的渊源追溯至神代，或是到自古的民俗中去“寻根”，那么尽管是怀着批判的目的，在结果上却容易与国体论者的逻辑合流。这种所谓的批判将历史处理成了一条线性的河流，看似前后贯通，实则是凝固和僵化的。因为它看不到历史事实和社会意识之间的区别与联系。因此要想真正认识和批判国体论，就必须揭示其意识形态的本质，剥离“国体”身上附着的悠久历史的外衣，将作为国体看待的国家体制的历史渊源与国体论的渊源分别对待。

还有一种态度是侧重国体论宗教性格的一面，这种态度是在日、中以及西方学界中共有的现象，为论述方便起见不妨称之为“宗教偏重型”。它的表现就是将国体论问题化约为国家神道问题。如京都 NCC 宗教研究所[③]的 Martin Repp 在评论 Claus Antoni 的著作《神道与日本的国体概念》时指出，“国体”在西方学界一直是比较被忽略的课题，而且“一般来说大多把关注点放在从明治到二战期间神道被政治化滥用上”。[④] 尽管 Claus Antoni 的这本著作关注了“国体”作为新创造的意识

---

① 山県太華「講孟劄記評語」，转引自尾藤正英「水戸学の特質」，今井宇三郎、瀬谷義彦、尾藤正英校注『日本思想大系 53　水戸学』所收，岩波書店 1973 年版，第 556 頁。“水府”，即指水户，水户学指幕末以水户藩为中心形成的一门学问，也称作“水府学”。

② 桐原健真：「東方君子国の落日——『新論』的世界観とその終焉」，明治維新史学会『明治維新史研究』2006 年 12 月第 3 号。

③ NCC 宗教研究所是 NCC－J 日本国家基督教理事会（National Christian Council in Japan）的一个研究机构。

④ Martin Repp（NCC Center for the Study of Japanese Religions，Kyoto），“Reviewed work (s)：Shintô und die Konzeption des japanischen Nationalwesens（kokutai）. Der religiöse Traditionalismus in Neuzeit und Moderne Japansby Claus Antoni，” *Asian Folklore Studies*，Vol. 58，No. 1 (1999)，p. 245.

形态的一面，但他还是以神道为主线写作的。Joseph M. Kitagawa 则认为，日本的“National Community”（国体）的建立是一个神话的历史化和历史的神话化的过程。[①] 这一观点代表了当前为数不多的国体论研究中对国体论认识的一个基本侧面。诸多论文中常常出现的“misuse”或“恶用”一词都很好地传达了研究者对这一宗教政治化问题的态度。

然而，这种以宗教外观示人的意识形态，其本源恰恰是政治性，而非宗教性。因为这种所谓的“恶用”不是政治权力无端肆虐的结果，反而恰恰是政治家经过各种试错之后选择的解决当时日本所面临实际问题的办法，这其实是当初的设计者有意为之，国体论在日本近代化进程中承担了重要的政治职能，恐怕这才是真正的问题所在。正如天皇制是“不以权力的形式表现权力”一样，国体意识形态是一种不以宗教的形式表现的宗教，丸山真男将它称之为“非宗教的宗教”[②]，即它本身不是宗教，但在所发挥的功能上来讲与宗教一般无二，这一判断可以说切中了问题的实质。但如果看不到这一点，仅将国体问题，尤其是将历史上与之相关的神道问题、靖国神社问题化约为宗教问题，则不仅事关历史认识问题，而且会在政治上酿成极其现实和严重的后果。因为将国体问题宗教化的并非仅仅是宗教学家，现在日本的某些政治家也在有意无意地采用这种策略。因为就正常而言，一国国民的宗教信仰问题属于一国国内问题，不仅别国无权干涉，在政教分离的现代社会，就连本国的政治权力都无权干涉。所以如果历史上的神道之所以背负恶名是因为战前和战中被政治“恶用”了，那么随之而来的逻辑必然是：战后在神道已经和国家分离的情况下，神道被政治“恶用”的历史就可以翻篇，不再成为问题；参拜靖国神社，对战争中死去的日本军人加以祭拜，就只是个单纯的个人宗教信仰问题，或是日本传统民俗问题，不仅中韩等国无权指责，就连日本政府也无权干预。但问题绝非如此。如果仅把国体及神道问题归入宗教领域，对国体问题以及与之相关的战争责任等问题的追究就会进入死胡同。所以对国体论的政治性的追究，不仅是一个学术问题，也是一个现实的政治问题，战争责任问题在日本到现在都不

---

① Joseph M. Kitagawa (1974), "The Japanese 'Kokutai' 〈National Community〉 History and Myth," *History of Religions*, Vol. 13, No. 3. (Feb., 1974), p. 224.

② 丸山真男：『日本の思想』，岩波書店 1961 年版，第 31 頁。

能得到根本的清理，与对政治性的揭示的不充分有着重大关系，而试图将其宗教性从政治性上完全剥离的做法，则无疑也将在政治上造成遮蔽战争责任的后果。

一 日本学界的研究

1. 国体论的基础文献

国体论的相关文献大致可分为两类，一类是对国体本身的阐述，即对日本的国体是什么以及为什么等内容进行的论述；另一类是对国体论的论述，即对历史上官方或学者的国体论进行评判的论述。不妨把这两者称之为国体之论与国体论之论。这两类中都既有国体的支持者又有反对者。第一类多发生在战败之前，参与论述的既有官方也有民间学者，官方以敕语、训令和法律等形式，自上而下地进行国体教化；此外还有儒学者、国粹论者、宗教家、神学家、法学家等，或出于内心的信仰，或由于时势所趋，或由于学术理由，发表对国体的见解（多是维护），不一而足。正是这些论述实际参与了国体论的形成与巩固。而第二类论述大多出现在战后，这是因为对国体和天皇制的讨论和评价在战败后才得以解禁，对国体和天皇制的客观评价战后才成为可能。当然，战前也有对国体论的批驳，战后也有为“国体”辩护的论述，国体论的评判者同时也可能发表自己对国体本身的看法，所以如上分类只是为了论述的方便，并不具有严格的界限。

下面将按照这两种分类，对国体论的历史与现状作一概观。但在这之前，先将国体论的基础文献列出似为妥当。这里的基础文献指的是最大限度地做了国体论收录汇集工作的文献，可以作为原始资料，成为进一步研究的基础。考虑到将其放入以上两种分类的哪一类都不太适合，故先列出。

第一，是内务省神社局 1921 年编纂的《国体论史》。它溯及了国体的用法渊源，并从德川时代开始，一一收录了不同学者对国体的各种论述，并加以简要评论。所收条目繁多，对于了解国体论史全貌很有帮助，是一部基础文献。但存在两个问题，一是出版于 1921 年，之后的国体论没有收入其中。虽然国体论的兴起和正统性地位的获得都在 20 世纪 20 年代之前，但从政治思想对政治实践的影响来看，国体论对政治实践的作用反而在 20 世纪 20 年代之后最为突出。第二个问题是此书由内务省神社局编纂，虽然对待史料的态度严谨，但站在官方立场上为官方意识形态作史，自然是褒扬国体论的赞同者贬抑批判者，并非秉持科学的态度达到研究的目的。

第二，是里见岸雄（1897—1974）的国体学丛书。里见岸雄于1936年创立日本国体学会，1941年任立命馆大学法学部教授，次年创设国体学科。战后率日本国体学界编写了共13卷的《日本国体学》丛书，其中第1卷《国体学总论》、第2卷《国体思想史》、第3卷《国体论史》，都是研究国体论的基础资料。他的《“国体”的学语史的管见》一书中也详细收入了“国体”用语在不同时代的用例。他试图创立“国体学”学科，建立一个统一的国体定义，所以对国体的定义和用例进行了详细的梳理。在《国体学总论》里，包括注释和引用在内，他收录了自古至今476例国体用法。[①] 按照内容和意思，他将这些用例分成30种用法；按照学问的不同领域，将国体分了八大类。[②]

里见的著作里增加了内务省《国体论史》里没有收入的昭和时期与战败后的内容，内容详尽，但是他没有将国体定义的模糊不清作为日本近代化的结构性表征来看待，国体论对日本政治实践和国民精神的影响，也完全没有进入他的视野。再加之他本人是主张将日本国体向世界扩张的皇道派国体论者，所以虽然其资料丰富，对待史料态度严谨，但其观点却难以令人赞同。他1928年出版的《对国体的疑惑》一书中，将国体定义为“日本民族于国家生活树立的普遍妥当的人生指导原理，或是统制原理”[③]，并主张国体“通之古今而不谬，施之中外而不悖”，是“万国之民应顶礼膜拜的大原理”[④]，在这种理论之下极力鼓吹国体向朝鲜等殖民地的扩张。

第三，是日本学士院1979年编纂的《帝室制度史》，共六卷，其中第一卷专讲国体，分为国体之语义、国体之渊源、国体之本义、国体之尊严、天皇与国土、天皇与臣民六个部分。书中将国体定义为“万世一系的天皇君临我帝国，皇统连绵，与天壤无穷，君德覆盖四海，臣民克

① 里見岸雄：『国体学総論』（『日本国体学』第一卷），日本国体学会展転社2005年版，第255頁。

② 同上书，第261—262页。

③ 里見岸雄：『国体に対する疑惑』，展転社1928年版（2000年刷），第24頁。

④ 同上书，第101页。

赞皇谟。义则君臣，情同父子，忠孝一致，以扶持国家之进运。此乃我帝国特有之事实”①。此书主要以古事记、日本书纪、万叶集、神皇正统记、天皇诏敕为凭据，虽也援引神道家、水户学者等的著作，但总体上来说是一部皇家自我叙述的国体论。

除此之外，也有其他的国体论史著作可资参考，如船口万寿的《国体思想变迁史》②，河野省三的《国体观念的史的研究》、《日本的国体》③，牧健二的《（增订）日本国体的理论》④，国学者、日本思想史学者村冈典嗣（1884—1946）的《日本思想史研究Ⅳ 日本思想史概说》⑤、《日本思想史研究Ⅴ 国民性的研究》⑥，国学院大学的《国体论纂》⑦，永井亨的《日本国体论》⑧，等等。

2. 日本学者的研究

可以说，国体论是个既旧且新的课题。说它旧，是因为国体论意义上的“国体”一词作为“能指”已在当今的言语世界中消失，甚至变成了一个“死语”。在近代作为官方意识形态的国体论，尽管在从幕末算起直到战败的一百多年的历史中其地位一直无可撼动，但现在却被搁置在研究的角落里少有问津。说它新，是因为国体论的研究历史并不长，只是战败以后的事。由于天皇制国家体制因战败而崩溃，国体的禁忌因之破除，因此在战败后初期，言论一旦获得自由，对天皇制的批判旋即大量涌出。但尽管如此，抛开情绪的宣泄不算，以国体论为题的批判性研究并不多。

战前的日本共产党及讲座派马克思主义学者——

在第二次世界大战之前，日本共产党和讲座派马克思主义阵营的知识分子就开始了对天皇制的批判。作为一种成体系化的思想和主义，日本共产党和讲座派知识分子是在天皇制绝对主义的全面压制下公然与之

---

① 日本学士院编：『帝室制度史』第一卷，吉川弘文館 1979 年版，第 9 頁。

② 船口万寿：『国体思想変遷史』（国体科学叢書第八卷），国体科学社 1930 年版。

③ 河野省三：『国体観念の史的研究』，電通出版部 1942 年版。此书是当时的文部省推荐图书。河野省三：『日本の国体』，明治神宮社務所 1962 年版。

④ 牧健二：『（増訂）日本国体の理論』，有斐閣 1944 年版。

⑤ 村岡典嗣：『日本思想史研究Ⅳ　日本思想史概説』，創文社 1961 年版。

⑥ 村岡典嗣：『日本思想史研究Ⅴ　国民性の研究』，創文社 1962 年版。

⑦ 国学院大学紀要（特集号）：『国体論纂』上下卷，国学院大学 1963—1964 年版。

⑧ 永井亨：『日本国体論』，日本評論社 1928 年版。

进行正面对抗的唯一一股力量。

最早提出“天皇制”这一用法的，就是日本共产党的纲领。这主要指1932年的“关于日本局势及日本共产党的任务的纲领”，简称为“32年纲领”，是由共产国际所作、日本共产党翻译而成。[①] 纲领中把1868年以后天皇制的特质总结为“掌握无限绝对的权力、对劳动阶级进行压制及专制支配的官僚机构”，并明确提出了以粉碎天皇制为日本共产党的第一任务。“天皇制”这一称呼的提出表明了日共已认识到日本天皇统治的国家体制具有与一般君主制相区别的特征，这也使得“天皇制”成了为后来的日本历史研究赋予方向的一个重要概念。认识到天皇制“相对的独特性”的“32年纲领”具有划时代的意义，但并没有触及天皇制的意识形态性格，尤其是其“半宗教的作用”。它仅仅把天皇制看作权力机构，仅从官僚机构以及警察、军事机构的强大权力来观察天皇制，从而将视线从一个很重要的问题之上移开——那就是天皇制不仅是一种权力支配的机构，同时还是一种精神构造。

1932年到翌年刊行的《日本资本主义发达史讲座》中，虽然并没有使用“天皇制”这个用语，但其历史认识的框架是和“32年纲领”相呼应的。以《日本资本主义发达史讲座》为代表的讲座派马克思主义的历史理论有以下三个特点[②]：

（1）从经济范畴的角度来把握明治维新以后的日本近代社会；

（2）把近代日本国家看作是以半封建的农村为基础的绝对主义国家，天皇是其集中体现；

（3）整体来说强调前近代性，而且强调矛盾的激化及对革命的展望等。但这种知识分子的论述并不能如实反映现实的政治状况和社会意识。

日本共产党是天皇体制下最受压制的少数派，所以将天皇统治的体制对象化以及对体制构造的认识，才首先从站在体制对立面的共产党内

---

① 1922年日本共产党成立的时候，在“纲领草案”提出的是“废除君主制”。“31年纲领”中已开始多次使用“天皇制”这个词语，但这个时候的“天皇制”未必是作为集中表现近代日本国家权力特质的抽象概念来使用的。所以在说到提出“天皇制”这一用法的纲领时，主要指“32年纲领”。直到“32年纲领”之前，当时的共产国际和日本共产党还没有把天皇制与一般的君主制的概念区别开来。

② 安丸良夫：『現代日本思想論——歴史意識とイデオロギー』，岩波書店2004年版，第104頁。

部产生。但是也正由于这种认识出于“少数人的抵抗感觉”[①]，它对民众中间国体意识根深蒂固的事实没有警觉，从而过高估计了民众对天皇制进行抵抗的可能性。正是出于这样的原因，日本共产党和马克思主义者最终没有建立起反法西斯统一战线，它对天皇制的批判因为无法突破民众日常生活感觉的坚实堡垒而碰壁，以至于反而在民众中被孤立，甚至后来在自己队伍内部出现了以佐野学、锅山贞亲为代表的大量“转向”国体的事件。这种具有讽刺意味的结果，反映了日本共产党和讲座派对天皇制的批判尽管具有意识形态上的正确性，但与民众在长期国体教育下形成的日常生活的实际感觉相脱离，所以没有在民众中形成与这一正确批判相连带的感觉空间，使得这一批判成为高高在上的、脱离民众实际生活的坚硬理论，没有抓住民众的感情，从而导致了立场正确的批判在实践中的无力这样一个意味深长的结果。这表明，仅仅从权力和制度论的角度，无法触动天皇制的内核，还需要把它作为近代日本精神构造的问题来研究。

对战前日本马克思主义理论的天皇制认识进行了广泛研究的犬丸义一指出，对这个局限性有所克服的是流亡到中国的日本共产党员野坂参三。[②] 1937年野坂的论文中提到了天皇制作为“国民的半宗教性质的崇拜对象”，是这个问题在马克思主义文献中的最早出现。在1945年4月中国共产党第七次代表大会上，他做了“民主日本的建设”的报告，区别了作为“封建的专制独裁的政治机构”的天皇制和现人神天皇的“半宗教的作用”，指出前者必须马上废除，后者“我们必须采取小心谨慎的态度”。野坂根据对日本俘虏的询问调查指出，在俘虏中相信日本胜利的占一半，信赖最高指挥官的不过31%，而天皇崇拜则几乎是所有人的共同点，他论文中的论述即根据这一事实而来。[③] 美国人类学家鲁思·本尼迪克特也在《菊与刀——日本文化的类型》中以讶异的态度提到了日本俘虏的这一特征。[④] 因此犬丸把注意到天皇制“半宗教的

① 宮村治雄:「天皇制論の遺産」，鷲見誠一編『転換期の政治思想——20世紀からの問い』所収，創文社2002年版，第31頁。

② 犬丸義一:「マルクス主義の天皇制認識の歩み」，遠山茂樹編『近代天皇制の展開』所収，岩波書店1987年版。

③ 安丸良夫:『近代天皇像の形成』，岩波書店2001年版，第20頁。

④ ［美］鲁思·本尼迪克特:《菊与刀——日本书化的类型》，吕万和、熊达云、王智新译，商务印书馆1990年版，第22—25页。

功能”的野坂，看作战败前日本马克思主义者中天皇制认识的“最高点”。但野坂尽管在这一点上作了重要的理论贡献，但也只是限于指出一个一般事实，他并没有就为什么会形成“半宗教的作用”以及发挥了怎样的功能作出分析，这仍然无法弥补日本的马克思主义在天皇制认识上形成的重大缺陷。

丸山真男一派的研究——

日本共产党对天皇制的批判中所忽视的精神构造的问题，不能说在战后得到了有效的解决，因为政治正确的批判性话语丝毫不能触动被批判对象，是战后左派知识分子中一直有的一种尴尬。但是在战后的一小部分知识分子那里，这个问题得到了重视，那就是丸山学派。应该说，对讲座派和丸山派天皇制研究的批判性研究大量存在，且不乏精辟独到者，但在近代天皇制研究领域，讲座派和丸山派的影响力非常之大，不管是赞同还是批判，讲座派和丸山派的研究都是无法回避的。

就国体论研究而言，丸山真男的贡献在于，他敏锐地意识到单用制度论来分析近代日本的政治问题存在着盲区，因为“国体”既不是单纯的制度也不是单纯的暴力机构，它还内在于国民的精神内部，驱动并限制人们的行为。① 因而他的研究重心就在于分析近代日本的精神构造。丸山指出，“战败后涌出的对日本天皇制国家构造的批判基本上都是从共产主义或是少数从马克思主义的立场进行的，都是集中在经济基础的问题上，或是仅限于‘政治性的’暴露”②，所以他才将追究天皇制意识形态的原因作为自己的课题。与他有着类似视角的还有藤田省三、色川大吉、安丸良夫等人。

丸山真男可以说是战后知识分子中对“国体”问题最为持续关注的学者。韩裔日籍学者姜尚中认为，丸山自从在战后以论文《超国家主义的逻辑与心理》崭露头角以来，其毕生的课题可以说都是与“国体”进行斗争。③ 这一评价是准确的，因为丸山认为“国体”意识形态对日本近代以来的精神结构造成了虽不明显但却极其深远的影响，这一影响绝没有因战败而消失。他极负盛名并被广泛阅读的《现代政治的思想与

① 丸山真男：「現代の政治」，『丸山真男集』第七巻所収，岩波書店 1996 年版，第 183 頁。

② 丸山真男：『現代政治の思想と行動』（増補版），創文社 1964 年版，第 495 頁。

③ 姜尚中：『ナショナリズム』，岩波書店 2001 年版，第 125 頁。

行动》《日本的思想》等著作，都包含了他对国体的深入剖析和批判。其中又以《超国家主义的逻辑与心理》《日本法西斯的思想与运动》《日本的民族主义——其思想背景与展望》《日本的思想》等论文尤为集中。对丸山真男的国体研究可从以下三个方面予以概括。

第一，在丸山那里，对“国体”的批判与他对所谓的日本“传统思想”的批判密不可分，因为国体正是日本思想界中思想杂居性问题的实体化表现。他指出，日本式思想的一个重要特质就是思想的杂居性，即诸多思想以排列组合的方式共存着，却缺乏真正的对垒和交锋，外来的思想是在被抽取了它所由产生的历史文脉和思想史前提的情况下被作为成品吸收到日本思想中去的，因此思想丧失了与现实的联系，与所谓的日本“传统思想”抱合在一起，他把这称之为“无限抱拥”性。[①] 而“国体”在意识形态上正是继承了这种无限的抱拥性，在内容上，它不以任何特定的思想或主义对自己作出限定，它的定义难以明确界定，却能与任何思想建立交集；在功能上，不仅能包罗万象、无限渗透进国民生活的各个领域，要求臣民的无限忠诚，还能在打压异己方面所向披靡，在其需要时任何思想都能被指责为国体的异端，丸山将其称之为“没有正统、却有异端”。

第二，尽管“国体”和“国体论”在日本属于专有名词，但是丸山并没有把日本的国体论看作日本仅有的现象，他反而在世界史上为其赋予了位置。在丸山真男生前尚未整理发表的文献中，丸山指出，日本

---

① 通过这样的揭示，丸山从根本上拒绝了如“制度—精神”、“传统—欧化”或是“日本对抗西欧”这样的二元划分模式，这是因为在如上所示的日本式思想中，并没有纯粹的日本的成分，也就没有真正的足以与西方相对立的“日本传统”可言；而且制度也有其精神史的脉络和前提，只有创造制度的精神和制度中的精神，而将制度和精神截然分开，正是日本以扭曲的形式实现的近代化所采用的方法。因此在丸山那里，抽象化简单化了的“制度—精神”、“传统—欧化”模式只是一种虚假对立，它并不能成为讨论日本近代问题的历史的方法，也无法揭示天皇制的真正本质。正是通过对日本式思想中这种高度抽象化了的、与现实脱离的理论存在的揭示，他同时隐含了这样的提示：以先验的、政治正确性的、高高凌驾于现实之上的理论批判的模式，对日本的思想无法形成真正的批判，而丸山所拒绝的这种“理论信仰”，正是战后日本的天皇制批判中的问题所在：尽管具有政治上的正确性，批判性知识分子的知识操作却与民众的日常感觉脱离，以至于不仅在战中无法撼动他们所批判的天皇制法西斯主义，在战后也无法遏制如“自由主义史观”等狭隘民族主义的泛起，在后者从感情上轻易抓住民众的时候无法将理论批判工具形成有效的武器。这一尴尬现象的存在进一步印证了丸山所批判的二元对立模式在思想上无法具有生产性。因此他对于包括“国体”在内的日本思想的揭示，不仅同时等于对日本近代化病理的剖析，同时也具有认识论上的深刻意义。

的国体论虽然非常特殊，但并不是全然孤立的现象，在美国也有类似国体明征运动的现象。丸山真男在讨论近代日本的“正统”与“异端”问题时，区别了“L正统”与“O正统”两个概念，前者指制度上的正统（Legitimacy），后者指教义上的正统（Orthodoxy），而“国体”对应的正是近代日本的“L正统”，国体论则是“O正统”的问题。丸山认为不能将国体与国体论区别开，因为国体论讨论的恰是何者为日本的“L正统”的问题。而对近代日本的国体讨论进行思想上的分析时之所以呈现出极为错综复杂的样貌，正是起因于这里。①

丸山将日本国体的构成要素总结为四点：（1）皇统一系：就史料所记来看，没有对皇统的篡夺者，除了在南北朝这一例外的时期之外，其他时期并无正闰问题。（2）神敕的正统性：如果天皇制只有第一个要素，则只能意味着“时间长的就是好的”，不过是韦伯所说的传统型正当性，而实际上天皇制在这一点之上还加了其他要素，其一就是神敕的正统性，即天照大神赐予皇孙的神敕，历代天皇统治都宣称继承了这一神敕，由此将继承型卡里斯玛与传统型正当性相结合。（3）对历代天皇圣德的强调：这一点来源于佛教中的慈悲思想和儒家思想中的德治主义。（4）忠孝一致：这一点是对臣民的要求，也可与第三点合并，它宣扬君主是臣民的君，亦是父，要求臣民奉献忠孝。②

第三，丸山对国体的批判亦与他对日本近代化病理的批判密不可分。丸山借助西方的政治哲学剖析日本的近代病理，指出日本近代化过程中存在中性国家观的缺失、权力与权威的一体化、伦理与权力的相互渗透等问题，指出国体垄断了价值体系、“国体”精神侵犯了国民的内心世界、“国体”意识形态阻碍了自主的个体形成等弊病。③ 他指出，日本的近代化就是在自上而下迅速的制度近代化和保留社会底层共同体的“前近代”因素之下实现的，它包括两个动力——理性化的动力和心情的动力。因为近代化而几近崩溃的平衡，以自上而下进行国体教育和自下而上抽取共同体情感的形式被不断调整，这是一种“统治技术”。

---

① 東京女子大学丸山真男文庫，資料番号：720－2－0－0，資料名「O正統とL正統（含・国体論）」，第44、46、52頁。

② 同上資料，第51頁。

③ 丸山真男：「超国家主義の論理と心理」，『現代政治の思想と行動』増補版所収，第13—21頁。

“权威与规范、主体的决断与非人格的‘传统’未分化地结合在一起，没有被要求二者择一，并且又与‘家’、‘家族团体’或‘乡党社会’（伊藤博文）联系在一起，天皇制意识形态的‘包容性’和‘无限定性’就隐含在这其中。”① 但他同时也指出，近代日本的“国体论”，实际上不单是狭义的政治意识形态，它还包含着日本民族的自我保存问题，因此是一个难以解决的问题。② 这一揭示为国体论研究做出了进一步的提示，那就是：如果不将国体论在日本民族的自我保存上的功能纳入视野，不对它抓住了日本国民的民族感情这一事实有明确意识，单靠意识形态揭露的方法，不能概括国体论的全貌并触及它的核心。石田雄、藤田省三、神岛二郎等被看作丸山学派学者，他们的观点可以称之为战后自由主义者的观点。

丸山真男所提出的两个动力（理性化和心情）于 1956 年在藤田省三那里以天皇制国家的两种支配原理的理论得到了发展和细化。藤田省三在《天皇制国家的支配原理》中指出，明治政府创立的天皇制国家，从国家的构成原理上来看，是两种不同的原理相互对抗又相互抱合的发展过程。一种是政治的原理，即把国家作为政治权力的一种装置（Apparat），或者是作为一种特定的政治制度来对待；另一种是共同体的原理，把国家作为建立在共同体基础上的、跟日常生活紧密联系的生活共同态（Lebensgemeinschaft），或者是以这种共同态建立人们的认同。③ 藤田省三把这两种异质原理看作决定天皇制支配的两个契机，以二者消长的动态关系作为线索透视了日本的政治近代化进程。

对于近代天皇制两重构造的分析并非仅属于藤田省三。20 世纪 50 年代就已有久野收“显教和密教”的理论，并对战后研究形成了广泛影响。“显教的天皇”、“密教的天皇”以及丸山真男的“天皇制不负责

---

① 丸山真男：『日本の思想』，岩波書店 1961 年版，第 35 頁。

② ［日］丸山真男：《幕末维新的知识分子》，《福泽谕吉与日本的近代化》，区建英译，学林出版社 1992 年版，第 20 页。

③ 藤田省三：『［新編］天皇制国家の支配原理』，影書房 1996 年版，第 26 頁。藤田省三在这里专门对“共同体”和“共同态”两个概念做了区分，他认为 Gemeinde 相当于共同体，Gemeinschaft 相当于共同态（这延续了大塚久雄在“共同体的基础原理”中的解释），并把共同体作为个别的、具体的存在，如部落，而把这些个别的共同体的秩序原理扩大后形成的更加一般化的社会形态叫作共同态。藤田所用的 Lebensgemeinschaft 指建立在具体的日常生活基础上的“共同态”。参照藤田《（新编）天皇制国家的支配原理》第 62 页注 42。

任的体系”一起成为风靡战后思想界的用语，费正清、赖肖尔等西方学者也沿袭了这些说法。在犹太教和佛教中都有显教和密教的概念，G. Almond 曾用它分析欧洲共产主义运动，久野收转而将它用于分析天皇制法西斯主义。他认为，对明治建立起的天皇制国家和天皇的地位存在着两种相互矛盾的解释，久野收认为这是明治政治家的一种统治技术，他们明里把天皇解释为拥有绝对无限的权力和权威，这是“显教”，暗里把天皇看作国家的机关，权力要受议会和宪法的限制，这是“密教”。在国民的中小学教育和军人教育中，使用天皇主权说的“显教”，而在大学等高等教育和高等文官考试中，则使用“密教”。在明治时期，“显教”和“密教”二者尚可维持微妙的平衡，但到了明治末期，“显教”开始对“密教”发出挑战，两者的斗争变得明显和扩大，而到了 20 世纪 30 年代，“显教”则完全占据了主导地位，1935 年发生的国体明征运动就是“显教对密教的征伐”。①

以“显教”和“密教”的妥协与斗争来透视近代政治史上权力的升降，很具有启发性，这一理论的意义在于为认识明治以来天皇制国家的统治原理设置了一个清晰的分析框架。在这样的视角下，日本近代的统治原理可以看成由“显教”和“密教”二者的平衡被打破并走向“显教”独大的过程，这大致符合历史的实情。对于“显教”和“密教”受众的划分同时也印证了知识分子和广大民众在“国体”思想上存在认识的分裂。②

但“显教”、“密教”的解释模式过于夸大了国体论在政治精英和知识分子那里的工具性地位，按照久野收的理论，似乎在政治和知识精英层次上，作为“显教”和“密教”的国体论是泾渭分明地存在着的，他们总是对国体论存有明确的工具意识。③ 但实际上并不尽然，许多知识分子在学术上坚定地排斥国体论，但在认同上却对“国体”怀有真挚的感情，很难说他们对“显教”的认同仅是一种战术和“场面话”，

① 久野収、鶴見俊輔：『現代日本の思想——その五つの渦』，岩波書店 1956 年版，第 132—134 頁。

② 这一事实在丸山真男分析法西斯主义的社会承担者时也被指出。丸山真男：「日本ファシズムの思想と運動」，『現代政治の思想と行動』增補版所収，第 63—64 頁。

③ 久野收：“因为许多学者不能违背学术的良心，不能兼容这两者，结果有很多成为牺牲品。”久野収、鶴見俊輔：『現代日本の思想——その五つの渦』，第 136 頁。

美浓部达吉和津田左右吉就是典型的例证。对此鹿野政直评论说："在这两个人那里，真心话和战术的界线是微妙的。"[①] 这个现象就像一个严肃的天文学家同时可以信奉有一个创造万物的上帝一样，而单纯用显教—密教的模式并不能涵盖这一现象。

显教—密教的模式在其他方面也受到了修正。政治学者高畠通敏在1975年指出，按照这一模式，接受了显教的大众应该具备狂热的信仰并对大众运动造成影响，但实际上日本法西斯的一大特征，就是并非建立在从底层发动的大众运动基础上。高畠认为真正存在着的是已经内化到人们行为模式中的集团精神，因此他尝试把这一模式修正为显教—"潜教"。[②] 所谓潜教，就是指集团内部众所周知但是不说出来的事情，而显教则是指集团可以说出来的目的，也就是"场面话"。这两者以抱合的形式共同存在于人们当中，而不是像显教—密教模式那样被大众和指导者所分有。就这样，高畠通敏把国体问题的视野扩大到日本人的集团行为模式当中。因为他看到，在曾是日本殖民地的东南亚人们眼里，日本战前表现在军团中的自私性和战斗性，在战后延伸到企业和日本人学校中继续发挥着作用。[③] 这是一个复杂的问题，这里不能展开，只是想指出对战前战后连续性的这种观点值得关注。

以上这些对后世有着深远影响的研究，都出现在20世纪四五十年代，也就是说，都是五六十年前的研究了。虽然战败使天皇制批判一下子喷涌而出并于1945年末达到高峰，但"天皇制论"从1947年上半年开始出现了急速的退潮。[④] 而到了60年代中期以后，由于经济高度增长的影响，日本的自信心得以恢复，主张日本近代化的成功来自日本固有传统和文化的理论超过了对日本近代化的批判占了上风。尾藤正英在20世纪70年代曾慨叹，"在战后20多年的近代史研究成果中，仍未发

---

① 鹿野政直：『近代日本思想案内』，岩波書店1999年版，第137頁。

② 高畠通敏：「天皇制における潜教的性格」（『東京新聞』1975年1月11日），『討論・戦後日本の政治思想』所収，三一書房1977年版，第193頁。

③ 无独有偶，法学者长尾龙一也曾指出，在战后日本，对终身雇佣和年功序列制企业的忠诚取代了对天皇和国家的忠诚，成为新的行动原理，并把战后日本出现的"纵式社会"、"娇宠"理论等日本人论称作"新国体论"性质的日本人论。長尾龍一：「国体論史考」，青木保〔ほか〕編集『近代日本书化論2　日本人の自己認識』所収，岩波書店1999年版，第85頁。

④ 宮村治雄：「天皇制論の遺産」，鷲見誠一編『転換期の政治思想——20世紀からの問い』所収，第38頁。

现对国体思想的真正的探究"[①]。而桥川文三则在 1985 年仍旧力陈"国体研究的必要"。[②] 这从一个侧面表明了国体论研究的退潮。

国体论研究的退潮与国体论盛行一个多世纪的史实极不相称，造成这一现象的原因有很多。第一，对于国体论必须具备这样的视角，即天皇制的问题光从权力和制度层面来论述是不够的，还需要把它作为日本人精神构造的问题来研究，只有在这样的视野下才可能正面触及国体论的问题。这一工作意味着必须将自我认同对象化，对于日本学者而言，由于直接牵扯了民族感情，这就不仅仅是一个单纯的学术问题。因为战前国体论的绝对化地位，战后对国体论的破除需要一个相对化的视野，战后的民主化本应是个好机会（丸山真男将其称为第二次开国），但这个使自身相对化的契机却由于美国为了建立反共防线改变了对日方针而再次失去。第二，作为日本人来说，国体论很容易成为他自身的一个盲点，"不识庐山真面目，只缘身在此山中"。尾藤正英就认为，之所以产生国体论研究的空白，一个最大的原因就是对于许多日本人来说，国体的概念一直都被当作太过于自明的东西了。[③] 这反而妨碍了人们去思考它的究竟。第三，就是"民主对封建"的二元对立图示的影响。战败后由于急于摆脱战前的阴影走上民主化道路，对国体论意识形态的揭露是符合当时的时代氛围的。丸山真男 1946 年的论文《超国家主义的逻辑与心理》之所以在思想界造成那样大的影响，从一个侧面体现了战败天皇制禁忌被废除后思想界对自由空气的迫切需求。但是在那之后，急切的民主化使得国体论过早地成为了历史的陈旧物，对于其近代性的揭示不仅难以与当时的时代氛围相契合，而且对其封建性反动性的揭露也似乎随着民主化成果的逐渐显现而渐渐淡出人们的视野。

民众史学家的研究——

国体论到底在多大程度上影响了日本民众，以色川大吉、安丸良夫[④]

---

① 尾藤正英：「水戸学の特質」，『日本思想大系 53　水戸学』解説，第 559 頁。

② 橋川文三：「国体論・二つの前提」，『橋川文三著作集』第二巻所収，第 118 頁。

③ 尾藤正英：「水戸学の特質」，『日本思想大系 53　水戸学』解説，第 559 頁。

④ 历史学家安丸良夫（1934—）的《近代天皇观的形成》（『近代天皇像の形成』，岩波書店 2001 年版）是从民众史角度对天皇制所做的研究。安丸年轻时曾深受丸山学说的吸引，他把自己《近代天皇观的形成》称作"安丸版的的《日本的思想》"。安丸也从日本人精神构造的角度剖析天皇制问题，他与丸山真男有着相同的问题意识，但安丸的民众史的研究思路使他在分析方法、史料和逻辑构成上都与丸山真男的《日本的思想》不同。

等为代表的“民众”[①] 研究对此存在着与丸山真男不同的看法。

历史学家色川大吉是日本战后20世纪60年代兴起的“民众史”、“民众思想史”研究的代表人物。他的研究为日本战后历史学中阶级斗争史和人民斗争史领域提供了新的分析方法。[②] 色川大吉通过其著作《明治的文化》(1970)、《新编明治精神史》(1973)以及论文《天皇制的思想》(1974)、《近代日本的共同体》(1974)、《日本的民族主义论》(1977)等，试图树立一个“日本近代思想的整体像”，与丸山真男《日本的思想》相对抗，但这一计划没有实现，从1975年开始，色川的关心转向了昭和史。

色川大吉对丸山真男国体研究的质疑主要是就《日本的思想》做出的。他认为丸山研究的创造性就在于给日本的“国体”赋予了本质性的、结构性的意义。然而色川在两点上与丸山的认识有着根本不同。

(1) 丸山认为“国体”无限地渗入了民众的内在世界，成为他们精神的机轴，而色川大吉并不作如是想。他认为那是伊藤博文等统治阶层想要实现的一个目标，但实际上“国体”最终仍然只停留在一种虚假意识上，直到最后也没有消除一种受到质疑或动摇的不安。色川大吉认为:“从民众一方来看，他们是在相当深的程度上接受了‘国体’的虚构(fiction)，但是在最后的一点上他们没有把灵魂交给天皇制。在最深的部分，天皇制没有真正掌握日本人的心，‘国体’并没有在真正的意义上变成民众精神的机轴。”[③] 他认为只有在面临战争这种非常事态下，民众才接受“国体”成为他们“精神的机轴”。[④] 色川认为，日本“共同体”的精神机轴，不是“国体”，而是柳田国男所说的祖先崇拜，具欺骗性质的天皇制是没那么容易到达日本民众的内心深处的。而且日本的天皇制即便在确立之后，对于民众蜂起的迹象一直抱有过度的不安和恐惧，这为官方意识形态刻下了独特的烙印。所以被刻下烙印的不是

---

① 对于民众，吉本隆明不称“民众”而称呼“大众”。

② 色川大吉以三多摩地区为中心，对明治时期的地方民权运动和负债农民的运动进行了积极的史料调查，于1968年发现了明治自由民权运动时期的一个全新的史料——五日市宪法草案。该宪法草案的起草者是属于平民阶层的千叶卓三郎，属民间私拟宪法，已具备成熟的人权思想，这一史料及人物的发现为明治时期民众的刻画提供了新的依据。

③ 色川大吉:『明治の文化』，岩波書店1970年版，第292—293頁。

④ 关于这一“非常事态”，吉本隆明指昭和时期的战争，色川大吉则指的是日俄战争。

民众，而是国家。①

（2）关于共同体论。丸山认为“国体”的最终细胞是“共同体”，并把这一“共同体”当作停滞的根源。② 色川认可“‘国体’的最终细胞是‘共同体’”，但要说这一“共同体”消解了所有对立、抹杀了改革的可能的话，色川认为这不可能，并认为这是一种非历史的见解。色川把日本的共同体大致分为三个时期：①形成与变革期——明治维新到自由民权运动时期：这一时期有新的能量和变革的可能；②停滞期——明治后期至昭和初期的20世纪40年代：天皇制和寄生地主制得以确立；③解体期和变化期——包括战败在内的20世纪40年代以后。他认为丸山对日本“共同体”停滞的印象来自以上第二个时期，但明治维新时的情形却并不如此，那时“明治维新”和“自由民权”的理念自不必说，就连“昭和维新”的理念中都含有对天皇制具有破坏作用的因素。如同五日市宪法草案的产生一样，在日本历史上民众不乏主体性的运动，所以色川认为日本的共同体并没有被天皇制全面渗透，共同体既是对前近代性的统治起支撑作用的组织，同时也是抵抗的组织，这是日本共同体的两面性。③ 因此，色川认为丸山所说的天皇制并不是明治前期创成期的天皇制，而是更加接近于法西斯时期的天皇制。换言之，色川并不认可丸山把“国体”当作日本近代天皇制核心的观点。他批判丸山只看到了自上而下的近代化与理性化的过程，没有看到为了呼应这一过程日本还有自下而上的近代化的努力。

色川指出的对于民众史的忽视不能不说是丸山政治思想史研究中的问题所在。小熊英二在《“民主”与“爱国”》中就曾指出在丸山真男和大塚久雄身上存在着知识分子“对大众的反感”，民众史学家就是在这一点上对丸山学派形成了冲击。而色川更是由此对丸山的方法论提出了根本性的质疑。他认为丸山的方法是把西欧市民社会中好的方面拿出来作为一个类型，再到日本社会中把它的不好的方面拿出来作为一个类型，用前者的“优”对比后者的“劣”，用前者的“高明”描述后者的

① 色川大吉：『明治の文化』，岩波書店1970年版，第298頁。

② 在这一点上竹内好与丸山是一致的，竹内好认为如果日本的社会还存在着这种“共同体”，那么“天皇制”的根就不会断绝。竹内好、鶴見俊輔对談「十年の幅で考えて」，『展望』1969年12月号。转引自色川大吉『明治の文化』，岩波書店1970年版，第294頁。

③ 色川大吉：『明治の文化』，岩波書店1970年版，第294—301頁。

“病理”，批判丸山未免落入了西欧中心主义。色川的这一批判是丸山的政治思想史研究最常受到的批判，然而，尽管丸山的国体研究存在着色川指出的简化历史的问题，但这种指摘并不能减弱丸山对近代天皇制病理的批判力度，也不能形成对丸山国体研究的整体否定。

丸山对日本国体论的批判产生于他对时代氛围的敏感性和对现实政治的紧张感。虽然日本战后在美国的主导下进行了民主化改革，然而20世纪50年代朝鲜战争的爆发使美国的对日方针转变为以反共为主导，时代氛围的变化使日本对战争责任的追究进一步变得困难，丸山的问题意识正植根于对这一现实的批判和对抗。因此丸山的国体批判不能被作为纯粹的历史研究对待，它更是一种作为政治批判和政治斗争的研究，其研究的结论不能与其问题意识和分析工具分离开独自接受评判。[①]

由以上可以看出，无论是战前的日本共产党及讲座派马克思主义学者、战后的丸山学派还是与丸山学派存在分歧的民众史研究，对“国体”问题的讨论都没有停留在对定义的纠缠上，而是必然与他们对天皇制的整体评价连在一起。其实，要对国体论作出评价，必然意味着研究者要对整个日本近代史和日本天皇制作出评价，因为作为一个用语的“国体”所反映的是更深层次上的近代天皇制的整体构造问题，这也是本书以思想立场来整理国体论研究的原因。

老一代自由主义者——

与以上相对，“老一代自由主义者”（old liberalist）[②] 对“国体”多是拥护的，日本伦理思想史学家和辻哲郎可算是其中的代表人物。和辻哲郎在战时就出版了《尊皇思想及其传统》（1943）、《日本的臣道》（1944），战后又出版了拥护象征天皇制的《国民统合的象征》（1948），这三部著作之后收录在《和辻哲郎全集》第14卷中。对于“国体”这个问题，和辻自称因为“国体”意义的含混，他在很多时候避免使用这个词。但在战后围绕新宪法是否改变国体，他于1947年与

---

① 限于篇幅，本书在此无法过多涉及丸山真男对日本式思想的批判性研究，读者可参看国内学者孙歌的《丸山真男的两难之境》，这篇对丸山的批判性研究进行的深入探讨被作为序文收入丸山真男的《日本政治思想史研究》（王中江译，生活·读书·新知三联书店2000年版）中。

② 老一代自由主义者的代表人物有和辻哲郎、津田左右吉、小泉信三、田中美知太郎、田中耕太郎、安倍能成等。

持国体变更论的法学博士佐佐木惣一进行了一场著名的争论。他对佐佐木的两篇回复文章，收录在《国民统合的象征》中。他反对佐佐木的"国体变更"说，认为战后所谓的国体变更，变的只是明治以后日本建立的政体，而不是日本历史上真正的国体；他主张文化的、非政治的天皇，也就是天皇不掌握政治实权、只作为国民爱戴的精神实体才是天皇制的本质，他认为战后的象征天皇制正好回归到这一本质上来。就这样，通过从文化的、心情的角度刻画天皇制的本质，他巧妙地得出了"国体在战后没有断绝"的结论，达到了维护象征天皇制的目的。

对于"国体"这个概念，和辻主张用世界上通用的"政体"概念代替，他甚至认为如果早使用"政体"的说法，就不会出现国体明征运动了。在这里，和辻表现出他对国体问题思考的极大局限性——他把国体在历史上引起的混乱和争论仅看作是词汇使用的问题。和辻否定战前有宗教化倾向的国体和狂热的皇道主义，这有着积极意义，但他创造出一个与政治无关甚至超越了国家框架的文化的"国体"概念，[①] 从而在否定战前国体的同时把战前"国体"应当担负的历史责任悄无声息地消解掉。因为既然战前的国体是日本历史上的异化，那么日本在战败后改为象征天皇制，自然就恢复了常态，这种"拥抱战败"的观念，无法承担对日本现代病理进行解剖的重任。但他诉诸文化和民众心情，寻求与战前在文化上的连续性，这一做法在日本战败初期萎靡低迷的精神状况中却有巨大的接受空间，因此在战后被继承下来，并有复苏迹象。与之有类似看法的还有津田左右吉。

津田左右吉将20世纪30年代到战败之间称作"最近十余年的特殊形势"，认为这段时间是日本历史的发展脱离了常轨，是由于幕末维新期的复古神道派和军部、超国家主义者单方面地主张天皇为现人神、主张天皇亲政等才造成的，并不具有代表性，他认为讲座派和丸山学派是把"最近十余年的特殊形势"错当成了普遍形势。

南原繁虽然同属于"老一代自由主义者"，但他对民主"主体性"的探求，使他具有与一般的象征天皇制拥护者不同的特点。战败时南原繁是

---

① 和辻认为"日本国民统合的象征"才是天皇本质的意义，而这即使在日本这个国家分裂解体的时候也仍然存在，所以真正的国体未必一定要与国家联系在一起，它必须是与国家不同次序的东西。所以这个统一不是政治的统一，而是文化的统一。「国体変更論について佐々木博士の教えを乞う」，『和辻哲郎全集』第14卷，第367頁。

贵族院议员和东京大学的校长，也是参与战败工作的核心人物之一。针对战败给日本带来的巨大转变，他指出战后国体是变化了，但他关心保持日本历史和传统连续性的问题，他指出，君民契约说不适合日本的传统，因为在日本很少把君主和人民对立起来思考，他提出了“国民共同体”论，以对抗人民主权论。他认为战后的日本不像西欧那样是人民从君主手里夺取权力，而是国民重新觉醒到自身的存在，在自己的意志之下保留了天皇制。这就是国民共同体，或叫国家共同体（Volksgeemeinschaft，national community）。这个共同体里的天皇，已经除去了战前的神道色彩和宗教色彩，他的地位的保留，就在于他是“国民意志的共同体的象征”。在他看来，这是一种“共同体民主主义”，与民主主义并不相悖。[①] 虽然南原与和辻在国体是否断绝上意见相反，但在建立一个以天皇为核心的国民共同体、并以此实现日本民族的连续上是相通的。

其他——

以上几种立场成为之后国体论研究的基本知识背景，从 20 世纪七八十年代以来，又出现了一些新的国体论研究，大致可以分为如下几种角度。

1. 国体论的建构性的角度

如桥川文三（1922—1983）在《国体论 · 两个前提》和《国体论的联想》[②] 两篇论文中指出，明治宪法创造出的“国体”，绝不是日本民众在长期生活中形成的意识的延续，而是与他们的氏神信仰和宫廷崇拜异质的东西。而东京大学大学院法学政治学研究科教授渡边浩（1946—）则在《“教”与阴谋——“国体”的一个起源》一文中指出，国体论就是为了实现基督教在西方实现的“人心统合”与“维持道德”的功能而被创立出来的，在这个意义上，国体论及其教育就是改头换面的基督教。[③] 历史学者三谷太一郎在这之前也已经提出了“天皇

---

① 丸山真男、福田歓一編：『聞き書　南原繁回顧録』，東京大学出版会 1989 年版，第 338—339 頁。

② 橋川文三：「国体論・ふたつの前提」、「国体論の連想」，『橋川文三著作集』第二巻所収，筑摩書房 1985 年版。

③ 渡辺浩：「『教』と陰謀——『国体』の一起源」，渡辺浩・朴忠錫編著『日韓共同研究叢書 11　韓国・日本・「西洋」その交錯と思想変容』所収，慶応義塾大学出版会 2005 年版，第 403 頁。

制”是与欧洲基督教“在功能上的等价物”的观点。[①] 因此渡边浩指出伊藤博文并非为了设置国教而创出“国体”，而只是看中了它可以作为一种统治手段，因此渡边浩将国体论的确立称为“‘教’与阴谋”。

2. 国民认同以及民族主义的角度

大阪大学大学院国际公共政策研究科教授米原谦（1948—）于2002年出版的著作《近代日本的认同与政治》中，第一章名为“在国体论与公民宗教之间——以nationality为中心”，即是对国体论的探讨。他以日本近代的国民认同为视角，借鉴卢梭《社会契约论》中的“公民宗教”的观点，重新解读了国体论。认为“国体论是对沦为殖民地的敏锐危机感的产物，是背负着近代化和国家独立双重课题的日本所创造的一种公民宗教”[②]。他有选择地收入了一些思想家围绕着nationality和国体展开的议论，这些思想家并非官方意识形态的宣扬者，而他们对“国体”的重视使作者看到了“国体”曾被寄予了统合和建立国民认同的期望。但在日本成了殖民帝国以后，国体论就是在国家认同领域发挥排斥和打压作用的一个典型。

庆应义塾大学教授小熊英二（1962—）的《单一民族神话的起源：“日本人”自画像的系谱》则指出了面对甲午战争后日本拥有殖民地的事实，原本奉行单一民族国家逻辑的国体论不得不对自身逻辑进行修补，改为多民族论，适应了帝国膨胀的需求。[③] 有不少学者都关注了国体论在应对新的时代课题时发生的逻辑转变，这方面的著作如昆野伸幸的《近代日本的国体论——“皇国史观”再考》[④]、关口Sumiko的《国民道德与性别：福泽谕吉·井上哲次郎·和辻哲郎》[⑤] 等。

东京大学大学院综合文化研究科教授松浦寿辉（1954—）也注意到，国体论在近代以来的每次兴起，都出现在日本面临存亡的危机或是主观认为有这种危机的时候，因此他指出国体论是对外来危机的一种反

① 三谷太一郎：『近代日本の戦争と政治』，岩波書店1997年版，第200頁。

② 米原謙：『近代日本のアイデンティティと政治』，ミネルヴァ書房2002年版，第5頁。

③ 小熊英二：『単一民族神話の起源——〈日本人〉の自画像の系譜』，新曜社1995年版，第136—151頁。

④ 昆野伸幸：『近代日本の国体論——〈皇国史観〉再考』，ぺりかん社2008年版。

⑤ 関口すみ子：『国民道徳とジェンダー——福沢諭吉・井上哲次郎・和辻哲郎』，東京大学出版会2007年版。

应，而且是一种“过敏”的反应，它具有对外在威胁的“易感体质”。①而“比起它是什么来，‘国体’更重要的是要用这种过敏和由此产生的僵硬的防卫意识来定义”②。松浦指出，不像日之丸旗能代表日本一样，“国体”作为一个记号，其所代表的内容却模糊甚至空洞，因此“国体”作为一个表征符号而言是一个有缺陷的词语；但同时，“国体”正是由于表征功能不全才发挥了自身的功能。③松浦由此指出，“国体”是一种美丽的、有强大力量的空话，它是在危机意识的促发下为了凝聚共同体而打出的大旗，然而这个大旗所描绘的图案，除了它自身之外并不意味着任何其他东西。④

3. 由传统社会向近代过渡的角度

圣学院大学政治经济学部教授吉田博司（1948— ）的《近代日本的政治精神》，运用卡尔·波普尔“封闭型社会”和“开放型社会”的概念，指出昭和时期国体论的抬头，意味着由于近代化的各种矛盾和在国际上被孤立、已经不堪“开放的社会”重负的近代日本理性的败北。但是他同时指出，国体思想并不仅仅只是由完全封闭的政治原理支撑的极端的东西，明治期的自由民权运动、大正期的民本主义，都主张在国体（天皇主权）和议会制民主主义之间调和。在激烈的历史社会变动和帝国主义国际环境中，日本能够免于遭受分解、分割和革命的悲惨命运，国体这一封闭的政治原理所起的安定作用是不可小觑的。⑤

4. 宪法及宪政研究的角度

有些学者从宪法研究的角度对国体论进行研究，如法学者长尾龙一和增田知子。他们常以某位法学者的国体论为出发点，考察国体论与日本近代宪政之间的纠葛。长尾龙一（1938— ）对国体论的论述主要见于著作《日本法思想史研究》、《日本宪法思想史》和论文《国体论史考》。⑥

---

① 松浦寿輝：「国体論」，小林康夫、松浦寿輝編『メディア—表象のポリティックス』所収，東京大学出版会2000年版，第309—331頁。

② 同上书，第313页。

③ 同上书，第317页。

④ 同上书，第316页。

⑤ 吉田博司：『近代日本の政治精神』，芦書房1993年版，第6—7頁。

⑥ 長尾龍一：『日本法思想史研究』，創文社1981年版；『日本憲法思想史』，講談社1996年版；「国体論史考」，青木保〔ほか〕編集『近代日本书化論2　日本人の自己認識』所収，岩波書店1999年版，第63—85頁。

名古屋大学大学院法学研究科教授增田知子（1959—）在《天皇制与国家》中，分析了法学者穗积八束和美浓部达吉等人的论著，指出近代日本的国家体制是以国体意识形态为基础的君主专制主义与原理完全不同的立宪主义的复合构造。[①]

5. 历史上对“国体”的不同理解的角度

国学院大学日本书化研究所教授大原康男关注对国体理解的差异，他认为，仅仅从天皇与国家权力的关系上无法透彻了解近现代天皇制，只有从法的、政治的国体观中解放出来，才能窥见天皇的本质。[②] 他指出自明治以后，多义的国体观大致收敛为两个轴：（1）政治、法律意义上的国体观，把“万世一系的天皇进行政治统治”看作日本的国体；（2）历史、伦理意义上的国体观，即在第一种意思之外，还将皇位的观念、君民的伦理关系、法律、政治体制、惯习等包括在内，是日本存在构造的总体。这两种国体观一直保持着分化的状态，直到战争结束也未能统一起来。[③]

东京大学社会情报研究所教授姜尚中（1950—　）则专门区分了作为体制的“国体”和作为文化的“国体”，指出体制的“国体”体现在《大日本帝国宪法》和《教育敕语》等文本中，但与此同时还有一种“美学的”国体论，它以“反政治的或非政治的态度”出现，诉诸日本独特的文化，但也包含着转化为“全政治主义”的可能性。借助对国体论的二元性的解释，姜尚中指出“国体”在战后一边在形式上与以前断绝，一边又在本质上保持了连续。[④] 姜尚中是战后出生的在日韩国人，近年来在日本公共舆论界颇有影响，他的《民族主义》（Nationalism）一书是专门论述国体民族主义的专著，他对国体论的研究也具有与日本本土学者不同的视角。

在二元的“国体”当中，姜尚中更关注的是作为“文化”的“审美的”国体，他创造出了一个词语，叫“心情（こころ）主义”，即把“非政治”或“反政治”的审美化了的情绪性体验作为日本人国民认同

① 增田知子：『天皇制と国家』，青木書店 1999 年版。

② 大原康男：「明治憲法と天皇制」，国学院大学日本书化研究所編『近代天皇制と宗教的権威』所収，同朋舎 1992 年版；「天皇統治と象徴天皇の間」，国際交流基金『国際交流』，1995 年第 68 号。

③ 大原康男：「明治憲法と天皇制」，国学院大学日本书化研究所編『近代天皇制と宗教的権威』所収，第 162—164 頁。

④ 姜尚中：『ナショナリズム』，岩波書店 2001 年版，第 27、88—94 頁。

的根据。他对历史上四个阶段的国体民族主义做出分析之后认为，以“心情主义”为基础构建的君民一体的共同体，才正是日本的“国体”，而且这一层次的国体不会随着政治体制的变化迅即发生变化。在此基础上，姜尚中对日本战后民主化的出发点做出了犀利的批判，他指出天皇发出停战指令的“玉音放送”其实正是意图维持国体的宣言，而1946年的“年头诏书”也是强调“心情”的共同体主义，所以姜尚中把它看作是与美国协调后做出的新国体诞生宣言。①

由于日本战后以象征天皇制的形式保留了天皇，并且现任天皇（1989年成为天皇，年号改为平成）秉承不涉入政治的宗旨，在民众中保持了谦谦君子与和蔼长者的形象，作为个人获得了民众的尊敬，所以日本学者从今天的天皇制中较难生出对历史上的天皇制专制主义和国体论进行批判的动机。也由于战后民主化的发展，日本人由于自身的认同所系，也很少认为国体意识形态仍然是今天日本知识分子的课题。这就是战后过了70年后，除了右翼的叫嚣一直不变之外国体论很少进入学者研究视野的原因。然而在21世纪初，由一个非日本裔的在日学者出于对日本现实政治的关心，选择了国体论作为研究日本民族主义的视角，这本身即具有耐人寻味的意义。

以上是日本学者的研究情况。以下是中国学者对日本国体论的研究情况。

二　中国学界的研究

国内学界较少专门以日本的“国体论”为研究对象，可以说对于“国体论”，国内学界基本上尚未将其从“天皇制”的研究中分离出来作为一个独立的研究对象看待，对于国体及国体论的阐述多散见于对日本天皇制、民族主义、国家意识、国民特性和宪政制度等的研究。如向卿的《日本近代民族主义（1868—1895）》②、武心波的《“一元”与“二元”的历史变奏：对日本“国家主义”的再认识》③、陈秀武的

① 姜尚中：『ナショナリズム』，第92—93頁。

② 向卿：《日本近代民族主义（1868—1895）》，社会科学文献出版社2007年版。

③ 武心波：《“一元”与“二元”的历史变奏：对日本“国家主义”的再认识》，上海三联书店2008年版。

《近代日本国家意识的形成》[①] 等。除此之外，有些论文针对某位国体论者如会泽正志斋、北一辉等的国体论进行研究，或对国体论的某一项内容进行研究，如建国神话、家族国家观、皇国史观等。但综合来看，从整体上呈现国体论在历史上的全貌的研究尚未曾见。

在新中国成立前的日本研究中，竹内好曾举黄遵宪的《日本国志》、戴季陶的《日本论》和周作人的散文集为中国人所写的日本论的三“白眉”，并说“若要从其中只选一本的话，戴季陶当首屈一指”[②]。黄遵宪1887年的《日本国志》[③] 在“国统志”篇开宗明义地论述世界各国的国家形态，指出日本是绝无仅有的存在。戴季陶1928年的《日本论》已对日本的国体论有所提及。但他基本上把国体论看作是君权神授思想在日本的体现，没有看到国体论在政教关系上是与西方君权神授思想呈现相反方向的，这一点将在本书的第五章“国体论的宗教层面”中详述。同时，戴季陶没有看到国体论的意识形态性和建构性，也没有将它和宗教上的敬神思想区别开来，认为日本人的国体观念大都是由“一种神权的民族思想而来”[④]。但是此书没有给国体论贴标签，而是抱持着一种开放性的视角，指出日本书明必须要立足于“世界人类的普遍性”，否则就“一定要落到神权迷信上去”，但同时也指出了这一种自尊心也是日本“民族存在发展的基础”，敏锐地捕捉到了日本思想里“复古情绪中所含的创造精神”，这是难能可贵的。[⑤] 在这些研究之外，姚宝猷1935年的《日本“神国思想”的形成及其影响》[⑥] 和王迅中1942年的《日本历史概说》[⑦] 也值得参考。前者从历史、地理和民族传说等方面阐述了日本神国思想的来源，并指出了其对日本民族主义和帝国主义形成的影响。后者则有对

---

① 陈秀武：《近代日本国家意识的形成》，商务印书馆2008年版。

② 转引自许介鳞《谁最了解日本》，中国文史出版社1989年版，第2页。

③ 黄遵宪的《日本国志》写于1887年，但由于种种原因，直到1895年才出版。（清）黄遵宪：《日本国志》，吴振清、徐勇、王家祥点校整理，天津人民出版社2005年版。

④ 戴季陶：《日本论》，九州出版社2005年版，第16页。

⑤ 同上书，第14、31页。

⑥ 姚宝猷：《日本“神国思想”的形成及其影响》，国立中山大学文学院专刊第二期抽印本，1935年版。

⑦ 王迅中：《日本历史概说》，正中书局1942年版。

日本战前政治体制的论述。

在新中国成立之后的研究中，就著作而言重要的有哲学家朱谦之（1899—1972）的《日本哲学史》[①]和天津社会科学院王金林的《日本天皇制及其精神结构》[②]。朱谦之的《日本哲学史》是国内最早的日本哲学史的通史著作，书中没有系统地涉及国体论，只评述了会泽正志斋《新论》和北一辉《国体论及纯正社会主义》、《日本改造法案大纲》中体现的国体思想。由于囿于“哲学史”的范围，书中对国体论者的涉及比较有限，而且由于研究的开创性质，有的观点值得商榷。其一是，他认为会泽“整个思想体系都属于封建剥削的思想体系，没有什么新的内容可言”，这种评价有失偏颇。要想对以会泽为代表的后期水户学的国体论有中肯的评价，部分地需要跳出幕末时期，将视野向后延伸。水户学的国体论是幕末尊王攘夷思想的重要源泉，它不仅在幕末幕藩体制面临内外危机的情况下成功地统一了人心，而且被明治维新进一步继承，确立为近代天皇制国家的统治原理。会泽的国体论尽管具有复古和封建的一面，但同时又是近代国家意识和国民意识的早期体现。从意识形态方面来看，其思想已经部分地超出了封建秩序的框架，对近代以来的国体论具有开创性的影响。如果只着眼于其阶级性和保守性，仅仅贴上“封建的”标签予以否定，难免会遗漏对近代以来日本政治精神进行探索的绝好线索。其二，朱谦之对于水户学的定位是朱子学走向极端神道化走向保守的结果，但实际上，水户学前期虽明显属于朱子学系统，但后期已相当脱离了朱子学的框架。尾藤正英更是指出，所谓的水户学属于朱子学的系统，是水户学的主倡者为了获得认可而故意制造出来的一种幻象。因为作为一种新的主张，尤其是倡导者的身份属于中下级，为了立足就不得不依靠某种传统的权威。“大义名分”本不是朱子学的用语，而是日本的新造。[③] 对于后期水户学的评价，后来的《日本天皇制及其精神结构》就较为成熟。

---

① 朱谦之的《日本哲学史》最早于1964年由生活·读书·新知三联书店出版，2002年人民出版社发行了新版。

② 王金林：《日本天皇制及其精神结构》，天津人民出版社2001年版。

③ 今井宇三郎、瀬谷義彦、尾藤正英校注：『日本思想大系53　水戸学』，岩波書店1973年版，第560—561頁。

王金林的《日本天皇制及其精神结构》时间跨度大，从古代天皇制至战后象征天皇制，是一项具有代表性和权威性的基础研究。作为天皇制面临危机时出现的思想和思潮的代表，收入了会泽正志斋的《新论》、北一辉的《国体论与纯正社会主义》、美浓部与上杉的国体论争等内容，并做出了介绍和评论。

就论文而言，值得关注的是内蒙古大学历史系潘昌龙的《试论〈明治宪法〉中的国体论思想》① 一文。潘昌龙在论文中对国体论的内容和性质进行了定义，他指出："'国体论'严格地说是产生于日本封建末期、近代初期的一种'复古'的社会思潮，是在封建体制已不能适应历史进步和民族独立面临危机的背景下，在各种文化因素的作用下凝聚成的一种保卫民族独立，挽救封建统治的封建的政治观念。就对内来说，它力图使天皇统治永久地合法化；对外来说，它力图以大和民族神国、神系、神魂的狭隘的民族主义来抗拒以西方资本主义的入侵为代表的近代文明意识。应该承认，它是日本民族文化传统中的一部份。"②

文中指出"虽然对'国体论'还很难给它下一定明确清晰的概念，但至少可以归纳出以下三个基本信条"。一是"神国思想"，二是"尊皇思想"，三是"大和魂论"。③ 在国内对国体论进行的专门研究中，潘昌龙的这篇论文史料丰富，研究深入，观点明晰，是难得的一篇。由于其研究对象囿于明治宪法，不以提供一种整体的国体论视野为目的，而且仍把国体论看作封建的、复古的思想，因此存在一定缺憾。但即便如此，相对而言，文章对国体论的产生、性质和内容做出的评价比较中肯，尤其是指出了它是"披上政治神话的外衣构造成的一种人为的民族精神"，同时又"是日本民族文化传统的一部份"，这种全面的视角难能可贵，也使其观点颇具深度。但可惜的是文中对此只是点到为止，没有展开，而且作者之后没有将这项研究继续下去。

---

① 潘昌龙：《试论〈明治宪法〉中的国体论思想》，此文本为油印版，印于 1988 年 8 月，后作者略加修改后发表于《外国问题研究》1989 年第 1 期（此刊 1999 年起更名为《日本学论坛》，于 2009 年起又改用原名《外国问题研究》）。因发表于期刊上的论文日期较新，下文所引页码均指期刊版。

② 潘昌龙：《试论〈明治宪法〉中的国体论思想》，《外国问题研究》1989 年第 1 期，第 17 页。

③ 同上。

另外还有几篇正面涉及国体论的论文。社会科学院汤重南的《浅谈近代日本的国体——军事封建帝国主义》[①] 以军国主义的建立为主线对日本近代的产业革命、教育体制、法政体系等的建立进行了论述。北京大学政府管理学院张允起的《幕末明治初期的“宪法”与“国体”》[②] 在立宪思想的框架之内对“国体”进行了讨论，因而不得不遭遇“国体”的多义性以及在立宪思想上呈现似是而非的困难。广东外语外贸大学张宪生的《论日本近代民族主义的思想起源——读会泽安〈新论〉》[③] 对国体论的先驱者会泽正志斋的《新论》做了评述。还有哈尔滨师范大学王琪的《日本国体论源史考》[④]，尽管文中对国体论的渊源进行了追溯，但对日本古代、近世和近代不同的“国体”用法没有做出区分，而且对日本接受西方法学影响后从主权角度定义的国体以及日本传统语境下的国体用法也没有做出区分，于是难免导致使用上的混乱。王新生的《“神之国”与“国体”惹风波》[⑤] 则对2005年时任首相的森喜朗的“国体”发言做了简介。

除此之外，许多论文尽管没有专以“国体”为对象，但也部分地涉及了日本的“国体”，如：王金林的《近代天皇制的理论结构》[⑥]《江户幕府末期日本的国学和国学神道》[⑦]《日本天皇制法西斯主义的理论构成》[⑧]《皇室神道的形成与天皇的神化》[⑨]，陈秀武的《论日本大正时代的知识分子》[⑩]《记纪神话中的日本政治意识初探》[⑪] 以及著作《日本

---

① 汤重南：《浅谈近代日本的国体——军事封建帝国主义》，《日本研究》1999年第4期。

② 张允起：《幕末明治初期的“宪法”与“国体”》，北京大学日本研究中心编：《日本学》第十四辑，世界知识出版社2008年版。

③ 张宪生：《论日本近代民族主义的思想起源——读会泽安〈新论〉》，《东南亚研究》2007年第4期。

④ 王琪：《日本国体论源史考》，《哈尔滨工业大学学报》（社会科学版）2007年第6期。

⑤ 王新生：《“神之国”与“国体”惹风波》，《世界知识》2000年第13期。

⑥ 王金林：《近代天皇制的理论结构》，《日本学刊》1995年第6期。

⑦ 王金林：《江户幕府末期日本的国学和国学神道》，《日本学刊》1999年第3期。

⑧ 王金林：《日本天皇制法西斯主义的理论构成》，《日本研究》1995年第4期。

⑨ 王金林：《皇室神道的形成与天皇的神化》，《日本研究》2007年第1期。

⑩ 陈秀武：《论日本大正时代的知识分子》，《史学集刊》2002年第4期。文中有对北一辉的评介。

⑪ 陈秀武：《记纪神话中的日本政治意识初探》，《日本学刊》2007年第1期。

大正时期政治思潮与知识分子研究》①，武心波的论文《“天皇制”与日本近代“民族国家”的建构》②，等等。在港台学界，还有中兴大学历史系林正珍的《近代日本的国族叙事——福泽谕吉的文明论》③、李永炽的《日本的近代化与知识分子》④、台湾大学名誉教授许介鳞（1935—）的《谁最了解日本》⑤、香港城市大学中文系王小林的《“职分”、“世间”与日本资本主义精神》⑥，等等。

三　西方学界的研究

西方学界对“国体”在日本的重要性也有所体察，1937年颁布的《国体之本义》在1949年就被翻译成了英文。⑦ 但总体而言，国体论在西方学界仍是个相对受忽视的研究课题，从仅有的一些研究来看，研究者多是有在日生活经验并深谙日本历史、政治和社会特点的西方人，如B. H. 张伯伦（Basil Hall Chamberlain，1850—1935）和赖肖尔（Edwin O. Reischauer，1910—1990）。前者曾任东京帝国大学教师，是19世纪末20世纪初西方最著名的日本研究者之一。后者是美国公认的日本问题专家，曾于1961—1966年间出任美国驻日大使。另一些对国体论有所研究的就是进入西方学术界的日本籍学者，如Bob Tadashi Wakabayashi的*Anti－Foreignism and Western Learning in Early－Modern Japan*：*The New Theses of 1825*。而这仅有的一些研究，也大概可分为两种，一种是对某些国体论者的国体论的介绍性研究，另一种就是以西方对宗教的理解套用在国体论身上，其结果就是分不清日本的国体论与真正的宗教的

---

① 陈秀武：《日本大正时期政治思潮与知识分子研究》，中国社会科学出版社2004年版。

② 武心波：《“天皇制”与日本近代“民族国家”的建构》，《日本学刊》2007年第3期。

③ 林正珍：《近代日本的国族叙事——福泽谕吉的文明论》，台北桂冠图书股份有限公司2002年版。

④ 李永炽：《日本的近代化与知识分子》，台北水牛出版社1991年版。

⑤ 许介鳞：《谁最了解日本》，中国文史出版社1989年版。

⑥ 王小林：《“职分”、“世间”与日本资本主义精神》，国立政治大学东亚研究所《东亚研究》2005年7月第36卷第2期。

⑦ *Kokutai no Hongi*：*cardinal principles of the national entity of Japan*，由John Owen Gauntlett翻译，哈佛大学出版社1949年出版。后又于1974年推出新版。*Kokutai no Hongi*：*cardinal principles of the national entity of Japan*, translated by John Owen Gauntlett , edited by Robert King Hall, Newton, Mass. : Crofton Publishing Co. , 1974.

区别，从而多将观察的重点放在神道在昭和时期的被“恶用”上，把国体论消解到国家神道的问题中去。这也从一个侧面证明，由于近代化的相异背景，国体论作为日本这个后发国家向近代过渡过程中的产物，对于那些被作为近代化模板的西方国家而言还是稍嫌陌生的。

B. H. 张伯伦在写于1912年的文章《一个新宗教的发明》[①] 中，指出了明治时期伊藤博文等人所树立的天皇信仰其实是一种新的宗教，并不像他们宣称的那样是自然产生的现象。这篇文章在西方及日本学界都具有很大影响，就是因为它指出了国体的人为性质，对其意识形态性做了很好的揭示。对日本的国体有两种相反的看法，一是把它看作日本固有的传统，一是看作近代的新制，后一种看法的代表人物就是张伯伦。

赖肖尔在《当今日本人：变化及其连续性》中并没有专门论述“国体”，只简单地提到“国体”是“以天皇为中心的日本制度”，但他对日本近代前后的政治体制和天皇做了大量的论述。赖肖尔把日本作为“非西方”世界里近代化的成功典范，但他认为在近代以前，“日本人在他们的政治遗产中，没有任何民主思想的基础，也缺乏民主实践的经验”，在日本的封建时代，不存在不容剥夺的权利，在上下级之间也只是单方面地强调下级的绝对服从，因此“从这些方面来说，人们很难想象有哪种制度比日本向西方开放前夕的政治形态更缺乏民主思想和民主体制的基础了”。但尽管如此，像明治维新这样在政治经济和社会层面上的重大变革却能够被民众所接受，就是因为明治时期的统治者利用了“他们自己的古老的天皇统治制度”。相对于中国不得不借鉴外国的意识形态来进行根本性的改革，日本“由于利用了本国的意识形态，无疑减轻了这次剧烈变革可能造成的痛苦和创伤”[②]。由于是“恢复”皇室统治，所以明治维新所采取的变革就显得十分合理，尽管这在事实上导致了日本社会的全面改革。

尽管日本近代以前的传统文化在赖肖尔那里被评价为“缺乏民主”，但社会学家贝拉却把在日本传统社会内部寻找促发近代化的因素作为自己的课题。众所周知，贝拉的《德川宗教——现代日本的文化渊源》深受韦伯《新教伦理与资本主义精神》等著作的影响，其问题意

---

① Basil Chamberlain (1912), *The Invention of a New Religion*, London: Watts & Co., 17 Johnson's Court, Fleet St., E. C.

② ［美］埃德温·O. 赖肖尔、马里厄斯·B. 詹森：《当今日本人：变化及其连续性》，孟胜德、刘文涛、汪绍麟译，上海译文出版社1998年版，第241、229、230、79页。

识就是看日本的宗教中是否存在着像新教伦理那样的与资本主义相契合的精神和伦理。因此在“宗教与政治”一章中，贝拉将武士道以及幕末国学、水户学的国体意识作为分析对象，认为在当时封建割据和阶级差别的情况下，“国体”意识通过将忠诚集中到天皇身上，促进了权力的延伸和理性化。由于将天皇作为神、君主以及家长，贝拉认为日本“国家的概念就是把宗教的、政治的及家族的思想不可分割地熔铸在一起”。“‘国体’就是宗教实体和政治实体的同一化。”①

贝拉在此书中把宗教作为功能的概念加以利用，只要能够为人类行动提供终极价值和在人类遇到终极挫折时提供安慰，不管是否自称为宗教，都被贝拉归入宗教一类，因此国体论出现在“宗教与政治”一章中就可以理解了。但是虽然国体论有以宗教为手段实现政治目的的一面（贝拉将其称之为推动了“政治的理性化”），但反过来也使得日本近代的政治带上了浓厚的宗教色彩，原本是为达到政治目的而被创造的国体论后来出现了以手段取代目的的巨大转变，恰恰成为将日本近代政治推向非理性化的重要因素，从这个意义上来说，国体论在多大程度上可以称为“推进了日本的政治理性化”，是需要综合两方面的结果做慎重判断的。丸山真男评价贝拉此书时，说作者不愿意面对日本模式的缺点或者说不愿去计算日本近代化所付出的代价，就是在这一意义上所言的。同时丸山也指出贝拉在书中所用的“理性化”和“现代化”是带有极大模糊性的概念。②

尽管赖肖尔和贝拉都有意识地把日本作为“非西方世界”的国家看待，但都难免带了到日本寻找西方经验的对应物的意识（贝拉在《德川宗教》中寻找欧洲新教主义的日本版），他们虽然对日本的近代化保持了敏锐的观察力和审慎的态度，但对日本近代化特征中那些貌似与西方近代化相符、但在意义和结果上有重大不同的表现，往往关注不够，或是根本没有作为问题对待。

综上所述，因为国体论在战败前是国家意识形态，因此对国体进行的客观评价和研究在日本战败后才成为可能。但相较国体论在战前对于

① ［美］贝拉：《德川宗教——现代日本的文化渊源》，王晓山、戴茸译，生活·读书·新知三联书店1998年版，第125—128页。

② ［日］丸山真男：《评贝拉的〈德川宗教〉》，贝拉：《德川宗教——现代日本的文化渊源》附录三，第296页。

民众思想发挥的强大力量，战后对国体论的研究并不能算是深入，对国体论的研究并未引起足够的重视。在"国体"一词为何语义不清的问题上，前人的研究除了词汇混用和作为意识形态的独断性之外，并未提供其他的解释，而且也多是只涉及了国体的一个方面（政治、宗教或宪法），但本书试图强调的是，国体论是日本为完成近代国家建构而创立的，正是由于日本选择了一种与西方不同的近代化模式，"国体"才无法在西方的学问领域里找到一个对等的词汇，正因为"国体"是作为包括了政治、社会、宗教等方面的整体而存在的，"国体"才是一个无法仅仅归于法学政治学的词汇。而这个暧昧不清的概念所反映的，正是日本作为一个非西方世界里的后发国家不同于西方世界的近代化特征。这种解释和视角在先行研究中尚未曾见。

第三节 本书的研究方法与视角

一 研究方法

本书不专门以某位国体论者及其作品为研究对象，而是将幕末直至第二次世界大战结束期间历史上屡次兴起的国体论作为一个整体对待，视为国体论这一特殊的思想史现象在一百多年发展链条上的一个个不间断的节点。之所以这样做，是因为一直以来人们所批判的国体论，从其被揭示的特征和功能上来看，常常是指 20 世纪三四十年代的国体论，或是指以家族国家观为特征的国体论，而实际上这只是近代天皇制发展到法西斯阶段的国体论，是国体论发展到最后一个阶段的形态。在这个阶段，国体论发展到了登峰造极的地步，它的自我民族中心主义扩展到了顶峰，其非合理的一面也展现得最为淋漓尽致。① 但问题是，这个阶段国体论呈现的是一个极端状态，它的反动性特征当然在这个阶段最为明显，但国体论最初是为克服封建制的危机和回应近代国家建构的课题而出现的，而这个历史功能在它的极端阶段已被其反动性特征所压倒。

---

① 如在 1941 年文部省教学局编纂的《臣民之道》中，连吃饭、睡觉都成了与国家有关的事。"日常我等称之为私生活的，归根到底都是臣民之道的实践，都是翼赞天业的臣民的事务，都具有公的意义。……虽是一碗饭、一件衣，也不单单是自己之物，即便在游闲、睡觉之时，也不是离开国家的私我，一切都是和国家联系在一起。我等在私生活中也须勿忘归一天皇奉仕国家。"

如果仅从这个极端状态中去观察，就相当于仅从结果来看问题。当看结果的时候，事物的运动已经结束，因而呈现静止的面貌。当它尚在进行中时包含的许多歧异的方向和多元的问题，在完成了的形态中恐怕都消失了，呈现出来的只是单一的面貌。国体论从结果上来看，当然是反动的、自我民族中心主义的、独断和狂妄的言论，但是如果止于这个结果，日本近代化的特殊性和为了近代化在政治上所做的复杂取舍就完全无法进入视野。实际上，国体论出现在近代天皇制的预备期、摸索期、形成期、停滞期和法西斯期的每个阶段，在这个跨度达120多年（如果从1825年的《新论》开始算起）的时间里，国体论一直在发展演变，在不同的历史时期具有不同的历史功能。这只有将国体论视为一个整体才能把握。

本书拟采用政治思想史的方法，分析日本的近代化为什么会需要国体论这样一种思想，它又在一百多年的历史中对日本政治及精神领域发挥了何种功能和影响。当然，处理时间跨度这样长的一种庞杂思想，难免会牺牲某些有意义的细部，但要想真正把握国体论的实质，除了将它当作一个整体、考察在不同历史时期它的历史功能之外别无他法。从约120年的国体论史中剖开一个纵切面，要比仅从某一思想家的作品出发考察的横断面更能说明问题。因为国体论作为意识形态，具有掩盖某种现实的作用，所以它的实际意义并不完全等于被宣扬的内容。因此，本书将采取两种姿态，一方面主要采用文本分析的方法，深入思想的内部，把握其逻辑内容和发展轨迹；另一方面则立足于思想外部，着眼于政治思想与政治实践的双向运动，关注思想的社会功能。因此，对于国体论的考察必须既是理论的，又是历史的。一方面，需要分析它的价值观体系以及对它形成支撑的个人与国家的理论，厘清国体论的思想来源和发展演变；另一方面，作为一种观念和意识形态，国体论还产生并发展于具体的历史环境下，因此对它的考察还必须联系特定的历史状况和政治实践，分析它作为一种意识与社会存在之间的互动。本书力图深入国体论这一研究对象的内部，在“理解”的基础上（虽然理解并不等于赞成，但理解仍十分重要）做出思想批判，试图避免抽象的意识形态暴露和情绪化的政治表态。因为以抽象的方式对国体论名下的一切思想统统划为意识形态，站在它们的对立面进行否定的时候，同时也意味着遮盖了这些思想在历史中所担负的功能和历史责任。对于国体论的真正批判必须进入历史的具体状况之中，否则，预设了二元对立立场的抽象批判，不能透彻把握批判对象的本质，反而容易陷入与他们所批判的国体论者同样的逻辑。

通过国体论对日本近代政治文化做一接近，这种方法是否具有可行性呢？前人研究指出，一个社会占支配地位的概念，是这个社会政治文化的集中表现。通过这一概念，我们能获得接近这个社会文化的媒介。石田雄在《近代日本的政治文化与言语象征》中专门以“国体”这个语词为例，指出了语词与其背后的政治文化的关系。他也点明，通过考察一个语词随着时代变化而形成的轨迹，可以获得这个社会政治文化变迁的线索。①

“国体”并不是一个普通的概念。从明治时期天皇制国家确立起直到日本战败为止，国体论一直是日本正统的、官方的意识形态，它是天皇制国家的支配原理，也是权力的正当性依据，并通过国民道德教化长期控制了日本的国民意识。国体论与日本政治权力之间具有的这种亲缘关系，使它成为考察近代日本政治文化的一个绝好视角，是理解日本近代精神构造时回避不了的问题。本书的目的首先是从思想内部的逻辑演变来把握国体论的历史变迁，试图通过对国体论这一思想所经历的历史变迁，透视日本自明治维新始直到战败的近代天皇制国家到底具有怎样的精神构造。

在这样的视角之下，我们必须要注意两个问题。因为从语词本身的语义演变中透视社会的政治文化，有其视角上的局限，只有在对这一局限有清醒认识的情况下，才会获得时代的正确信息。第一个问题是，一个社会的政治口号所宣扬的内容未必等于实际的时代状况，出于种种现实的考虑，口号往往超前或滞后于现实，也就是说政治口号和意识形态所宣扬的内容与社会现实二者之间并不能直接画等号。比如明治宪法中虽然确立了天皇万世一系的统治为日本的国体，并在《教育敕语》中讴歌君民的情意和忠君的道德，但在这两个文本出现的明治初期，天皇由于在长期的武家政治中被架空，并不具备它们所宣称的那种权力，对

① 石田雄：『近代日本の政治文化と言語象徴』，東京大学出版会1983年版，第7—9頁。

于民众更是如同“云上人”，并无文本中宣称的那种密切关系。因此，虽然语词是社会现实的反映，但也必须分辨语词本身具有的“虚像”和“实像”。这就需要引进作为社会意识的语词与社会存在之间的互动关系这一视角。对于国体论这一天皇制国家的意识形态，要一方面从“内部”出发，分析内部价值及逻辑整合性，另一方面要从“外部”，揭示这一思想的社会背景、发挥的政治的和社会的功能，以及这一思想背后隐藏的主观动机和意图。

另外需要注意的一个问题是，国体论本身就是一个包含了异质因素的复合体，它不是一个均质的思想体系。国体论是一个统称，其内部包含了方向歧义的思想，并非铁板一块。作为后发国家，日本一方面要迅速实现近代化，另一方面又怕丧失了日本之所以为日本的东西，于是这两种意图同时被整合进国体论中，在国体论的内部形成对抗，同时又互相妥协。这使得国体论的内涵及表现形式都呈现出复杂的多样性：它既可以是神权政治的、保守的、法西斯主义的、文化帝国主义的，亦可以是民主的、激进的、国家社会主义（如北一辉）的，在政治体制上同时表现为君主立宪和君主专制，既表现为分权的、又同时是专制的，甚至维护君主专制的意识形态和反抗君主专制的革命思想，都可以奇妙地统一在“国体”这一个名称之下。如在北一辉身上体现出的以国体论对抗国体论的情形，以及 1935 年国体明征运动中体现出来的“显教对密教的征伐”等奇妙的现象。

因此，国体论不是一个用制度论就可以穷尽的问题，它虽然外在表现为政治制度——以天皇为顶点的绝对主义体制，但同时又内化于日本国民的精神结构之中，“国体”一词总也不能仅以西方法学的解释来定义，而总是被赋予“国家之根本”、“民族精神之源泉”之类的价值判断，就是一个很好的证明。而国体论也不能仅从制度背后的内容来把握。因为国体论不仅是制度背后的运作内容，其本身即体现为制度，那就是绝对主义的天皇制，所以“结构—内容”的分析框架对国体论也是失效的。

二　本书的视角

本书立足于这样的视角，即国体论作为一种言论和思潮是在日本与外部世界——主要是西方世界——大规模接触下出现的，它所处的历史位置正是日本从封建制向近代国民国家过渡这一过程。在这一视角之下，本书将思考如下问题。

（一）“国体”概念体现了日本作为异于西方的后发国家在近代化过程中的独特性

日本的“国体”是多含义、多侧面、多层次的含混概念，是日本近代一个有特定含义的名词，在西方政治学中无法找到一个与这一“国体”相对等的概念。其他的如“民族国家”、“民主”、“法”、“自由”等概念，也都无法以它们在西方国家里的含义原样套用在日本的近代语境中。要么是这些概念无法囊括日本的情况，要么是在日本使用这些概念的时候已不自觉地发生了语义的变化。而如果把目光扩展到日本以外，可以发现在中国也存在这个问题。中国的“民族”、“国家”等观念以西方现有的政治学的概念也无法给出合理的解释，这已是学界的公论。而这并不单单是词汇使用的问题。长期以来，由于现代社会科学多是西学，与西方国家的历史发展相适应，所以非西方国家在使用时不得不面临从西方借用资源的困境，而这些借用来的资源又存在着无法完全适用于本国情况的问题。在西方国家掌握现代社会科学话语权的情况下，许多西方学者或是由于对东方国家的情况不甚了解，或是由于西方中心主义的倾向，常常把西方现代科学里的概念类型作为唯一标准，而把那些不符合这些框架的东方国家的情况作为例外，抑或是将西方的理论作为现代、民主、进步、理性的标准，而把前现代、非民主、停滞和非理性等词加诸于东方国家身上。在这种情况下，研究这些与西方概念似是而非的概念和思想就有了特殊的意义，在厘清这一概念在东方国家语境里的用法的同时，本书也试图借由这一操作指出，同一概念在东西方的不同，其根本原因是概念所反映的历史事实的不同。就日本的国体论而言，它已不单是个词汇的问题，还是关系到日本的近代社会史、政治史、宪政史等诸多方面的问题，国体论中包含了政治家和知识分子对日本应走何种近代化道路的思考，他们既无法原样照搬西方的模式，又无法原样保存日本的传统，国体论所体现的正是他们在这一困境下的最终选择。

在上述视角下，本书将首先厘清“国体”的概念，并试图指出“国体”存在着三个层面：

1. 政治层面：不仅仅体现为政治制度（天皇制），同时还是其背后的运作原理；是近代天皇制国家的政治合法性理论和国家支配原理。

2. 社会层面：日本近代的国家和社会边界不清，国家与社会不是对立的概念，而是国家渗透甚至包括了社会，政治的原理渗透到了社会生活的方方面面。它是一套社会组织原理和价值体系，包含了日本人的国家观、道德观和伦理观，与日本的民族认同、民族存续的问题息息相关。

3. 宗教层面：呈现为一种与西方近代国家不同的政教关系。国体论一方面通过国家神道形成了一个以天皇为顶点的、金字塔形的国家祭祀体系，通过这种神社的等级体系来支配国民的信仰；另一方面又通过教育敕语、国民道德论等国民教化手段对本属国民私人领域的伦理和道德进行支配，以“非宗教的宗教”的形式对国民的忠诚进行着宗教般的极端要求。

（二）“国体”的两重性

保守（或是封建、反动）与进步、复古与革命、善与恶、对与错，这种泾渭分明的二元对立图示惯于在意识形态的批判中被使用，在国内外学界对日本的研究中，也常可见到这样的模式。但是，历史本身是复杂而具体的，担负了重大时代课题的历史人物尤其是政治家的决断一定是在具体的历史条件之下、在权衡纷繁复杂的利害关系之后做出的，他们在时机和顺序（timing and sequence）孰先孰后上常不得不有所取舍，因此我们看到的实际情况反而常常是，在一个人身上或是一种思想内部，并存着进步和反动两种对立因素，并在斗争和妥协这两极之间不停地交互运动。这使得某些历史人物和思想从表面看来并不一定呈现一以贯之的性格，而是处于不断的运动之中。因此，将事物简单分为好和坏的二元对立图示虽然在价值判断上方便易行，但在对人和政治的认识上却未必是一个好方法，如果不深入到历史的复杂性内部，就很难透彻把握人物和思想的性格，而有流于简单化和抽象化的危险。

国体论就具有这样的复杂性质。它一方面具有从封建制向近代国民国家转化的先进性，另一方面又有从封建社会脱胎而来的统治阶级的自我保存问题，使它又具有保守和反动性。更由于其中一直贯穿了日本民族的自我保存这条线，使得问题呈现出更为复杂的面貌。这种复杂性隐含了一个重要的提示，那就是国体论真正的问题，并不在于对它封建还是近代、是复古还是革新的甄别上，而在于这矛盾的两面性对立并存的状况之中。因此，不管是强调封建还是近代，单纯对其中一面的揭示无助于全面把握国体论的本质，必须超越二元对立立场的预设，才能接近其本质。

在日本战败之后，国体论作为天皇制国家的统治原理，被划拨到民主的对立面，对其封建保守性的揭露成了国体论批判的中心（而与之相对，右翼和保守的自由主义学者则竭力辩护，说国体论与民主主义并不矛盾）。国体论成为与民主截然对立的反动的代表，在这种批判的根底，依然存在着非常明显的二元对立思维，那就是绝对化了的“民主”对“反动”。国体论具有封建反动的性质是确定无疑的，但如果它纯粹是一个封建的复古的东西，很难想象靠它能完成日本近代化的任务。使国体论在近百年的时间里占据主导地位的，并不是国体论的封建性，而是因为它内部存在着与时代课题相适应的部分。如果仅仅看到它封建和反动的一面，而忽视它的近代性，那么当对战前进行清算时，就很容易认为国体论的内容不值得深入剖析，只贴上个“封建”的标签抛弃即可。这种轻易的否定，同时意味着对一个深刻的事实的忽略，那就是国体论不仅是推动幕末倒幕运动使日本进入近代化进程的思想基础，而且还在近代通过国民道德教化长期规定了日本的国民意识，如果对这一点缺乏足够的认识，就难以体会到与国体论相对决究竟是怎样一个艰巨的课题。仅仅贴上个“封建”的标签就将之抛弃的做法，很容易使国体论被排除在研究的视野之外。实际上，战后对国体论的研究之所以较少见到对其本质真正透彻的把握，这种简单的民主—反动二元对立的图示的影响是不可小觑的。

三　创新之处

本书的创新之处体现在以下方面。

（一）选题新颖

国体论是日本近代天皇制的核心意识形态，也是日本近代一个重要的政治、社会和文化现象，它在历史上的重要性与目前学界对其研究的不充分之间形成了反差，这本身亦成为国体论这一现象的组成部分，也成为国体论值得研究的一个理由。日本学界碍于这一课题的政治意义而有所回避，而中国学界多是将国体论作为天皇制研究、神道研究或政治体制等研究中附带提到的问题，基本上未将其作为一个独立的研究对象对待。而且这为数不多的研究也多是局限于某一人的国体论或国体论的某一侧面，难免会只见树木不见森林，对国体论这一日本近代史上反复出现的现象难以有整体的把握。本书试图超越简易的意识形态揭露，将论点不一、角度各异的国体论作为一个整体对待，考察国体论这一现象与日本的近代化课题之间具有何种关系，以及国体论对近代乃至现代日本精神构造的复杂影响。

（二）概念澄清

本书对“国体”与“国体论”的概念做了梳理与界定，澄清了学界对此似是而非的理解。国内现有研究的一个常见问题，就是将“国体”等同于“天皇制”，因之将国体论混同于天皇制论，而且由于并未对日本“国体”一词的含义和用法进行清晰界定，许多研究对“国体”的语义变迁没有意识，往往将自古以来的国体用法和明治之后的“国体”混同使用，这就导致了对“国体”和国体论似是而非的理解，无法对国体论回应近代化课题这一层性质有所认识，也就无助于揭示国体论的研究意义。

本书对“国体”的概念用法进行了梳理，在此基础上指出，国体论作为一种言论的兴起，是从封建时期向近代转化时才出现的现象，它与自古以来被使用的“国体”用法之间既有继承，又有明显的断裂，国体论是日本向近代国民国家过渡过程中一个特有的现象。国体论中近代的一面在国内学界的研究中并未受到重视，根本上与对“国体”用法的似是而非的理解有很大关系，概念的澄清虽是研究中的基础性工作，但由于“国体”的传统用法与近代用法在能指上并无太大不同，其区别在于所指，所以要在结合其历史功能的视角之下，才能正确甄别同一“国体”概念的语义差别。

（三）研究视角

迄今为止的研究多是把国体论当作纯粹封建的、复古的、前近代的东西对待。而本书认为，国体论作为一种言论与思潮，是在日本与西方文明大规模接触下出现的，它所处的历史位置正是在日本从封建制向近代国民国家过渡这一过程之中。立足于这样的视角，本书认为，国体论虽然包含大量迷信的、神秘主义的和前近代性质的内容，但它是以包含了前近代的形式存在的近代的东西。它具有两面性，既包含了对传统和封建制的打破，也包含了封建势力的自我保存。这两面性是一个不可分割的整体，国体论的性质只能从这个矛盾的同一性当中去寻找。

在此视角之下，本书试图指出一个超越国体论这一具体问题的问题，即对于东方世界里许多问题无法用西方现有的概念和理论框架来解释，如果削足适履地硬塞进西方的理论框架里去，无疑会牺牲东方世界里问题的丰富性，也会进一步强化西方中心主义的态度。其实，对这些似是而非的概念的梳理，恰恰蕴涵着真正了解东方社会的契机。这一视角在迄今为止的国体论研究中从未出现过。①

（四）观点的提出

第一，本书指出，国体论的目的一方面是为日本在近代化过程中采取的制度与政策提供正当性，另一方面是塑造和凝聚国家认同，吸取民众自下而上的支持，完成向近代国民国家的过渡，并维持政治体制和社会的稳定。它体现了日本的政治和知识精英对于近代化、对于日本在近代世界中的位置以及未来发展方向的反思，是一种自觉的建构。但与此同时，国体论又基于日本的传统思想与传统文化观念，是日本的政治与知识精英对近代性的理解和对日本传统的执着之间的一种调和。这种观点的提出在国内的研究中尚属首次，在日本学界的研究中也并不多见。

第二，本书指出了国体论有政治性、社会性和宗教性三个侧面，并以国家建构为主线对这三个侧面进行了剖析。这在以往的国体论研究中尚未曾见。以往的国体论研究往往只是追究其中一个方面，但对其他方面没有涉及，或是专注于某一个人的国体论，因此无法对国体论的整体有实质性的把握。

---

① 这种研究方法的一个最近的例子，是刘禾的《帝国的话语政治》（生活·读书·新知三联书店 2009 年版）。书中以清末与英国接触时围绕"夷"字的使用发生的矛盾为例，厘清了"夷"字在中国和英国的用法，揭示了"夷"这一语言符号背后，英国等西方国家在与中国交往过程中的帝国霸权的意图。

第一章　“国体”的概念考证与定义界定

第一节　日本“国体”概念的特异性

一　与现代西方法学概念的不同

简言之，国体论是对日本的“国体”是什么以及它为什么优越进行解释的言论与学说，所以要明确国体论的含义，必须首先了解日本的“国体”是什么概念。

现在大家已经熟知，英译为 constitution 的“国体”是现代政治学里的一个基本概念，意指国家的主权归属以及以此为基础的国家政治体制。但在中国和日本，在现代法学里作为主权归属的国家形态这个用法传入之前，就已经有“国体”这个汉字词汇的存在。尤其是在日本，在“国体”作为德文 staastorm 的译语被使用之前，“国体”已有日本本土的意义和用法，有自己的含义及语义变迁史，只不过是在翻译西方法学词汇时被再次利用而已。关于这一点将在本章和第二章里详述，这里只从结论上指出，后世形成蔚为大观的“国体论”所指的“国体”，是指日本作为国家之本来尊奉的国家体制及与之相关的历史文化传统，它特指日本以天皇为首的统治体制及天皇统治为核心的观念，是一个有特定含义的专有名词。这个意义上的“国体”在幕末直到第二次世界大战之间被使用，用于宣扬日本国家及民族的独特性与优越性。因此谈到国体论时，不是指普遍意义上对国家体制的探讨，而是指日本在特定历史时期、有特定内涵的一种论说，它只存在于日本的语境里，语义有着极大的限定。由于“国体”事关国家之根本，是日本民族独特性和优越性之体现，所以“国体”不可更改，具有无可置疑的绝对化特征。因此这个含有“国家之大体”意思的“国体”概念与现代政治学的“国体”并不属于同一系统，它并不纯属于法理范畴，而是实际上同时涉及了法律、道德和伦理等领域，因而具有现代政治学的 constitution 概念无法囊括的内容与意义。

国体概念的内容大致包括几部分：把日本看作以天皇为现人神的神国、强调天皇万世一系支配的正统性、对君臣关系的伦理化解释（“家族国家观”，君民关系有如父子，忠孝一致，祭政一致）、以日本为中心的差序的世界秩序论，等等。而如果要对国体论做一个描述性的定义的话，从功能上来说，它是近代天皇制国家的官方意识形态和统治合法性理论，同时又体现为一种历史观以及国家—个人关系原理，从凝聚了民族认同来讲，又可算是战前极富日本特色的民族主义。由于被国家权力以自上而下的方式灌输到国民意识当中，对日本国民思想的确立和日本国家的政治行为产生了重要的影响。它巨大的国民统合功能不仅在当时建立了非西方世界里唯一一个独立的中央集权的近代国家，也推动了日本全国民众走上战场，为日本民族和其他民族带来巨大的灾难和难以抚平的创伤。因与日本走上战争道路有着不可分割的联系，第二次世界大战战败后，“国体论”被当作与民主主义相悖的封建意识形态淡出了历史舞台，已不再被使用。

二　与中国“国体”语境的不同

“国体”是一个在中国也使用的词，事实上，日本的“国体”一词就来源于中国的古典，而且在中日两个国家，这个词仍都是“现役”即仍在被使用的词语。但这并不表明在国体论这个问题上中日两国存在着理解上的亲近性，恰恰是这种语词的共有使得人们反而容易对两国“国体”在含义和语境上的差异没有警惕，导致对没有相同文化语境的“国体”产生似是而非的理解，以至于成为真正理解日本国体论的一个障碍。

其原因之一在于，日本“国体”的概念自古代以来经历了一个复杂多变的过程，尤其是进入近代前期以来，它成为一个对天皇统治的正当性进行论述的专有名词，学者、官方对这个意义上的“国体”进行了持续和大量的论述，解释日本的国体是什么以及强调日本国体的优越性，这些数量庞杂的论述就是“国体论”。国体论不但是日本自明治以来直至第二次世界大战结束期间官方唯一的意识形态，而且由此产生了如皇国史观这样的历史叙述、以“国体”为旗号的“国体民族主义”

以及全面规定了战前日本人精神结构和思维方式的“国体”禁忌（taboo），以及与此历史叙述相关联的民族精神以及价值观、文明观等。这使得日本的“国体”不仅在概念内容和语境上与中国的“国体”截然不同，它在日本近代史上对政治、思想、文艺、学术等各个领域发挥的全面深入而持久的意识形态功能则更是中国的“国体”一词所陌生的。所以说，虽然中日两国共有“国体”这个词汇，但并不表明也共有这个词的内容和意义。

原因之二在于，不仅日本的“国体”一词曾负载了在中国未曾有过的含义与功能，而且在中日两国还都存在着现在使用的“国体”与自己历史上使用的“国体”一词含义迥异的现象。因此，不仅中国人容易从自己的文化语境出发而对日本的国体论形成似是而非的理解；而且在日本，由于现在的“国体”一词已另起炉灶，成为一个完全切断了与历史联系的新词，致使现在日本的年轻人存在着对国体论的理解困难甚至完全无知。由于日本历史上一边深受汉文化的影响，一边又形成了本土化的学问，所以这种中日两国之间语词共有而语境和语义不共有的现象，往往不在少数。除“国体”之外，“儒教”、“忠君”、“汉学”、“国学”等语词，也都是典型的例子。[①] 甄别汉语里有的同种语词在日本具有的不同文化语境和负载的功能，是中国学者相较西方非汉语文化圈的学者来说，不得不多做的一件工作，也是学问的开始。

（一）中国古代的“国体”用法

我国的《汉语大词典》对“国体”的解释如下。[②]

1. 大臣辅佐国君，犹人之有股肱，故称之为国体。《谷梁传·昭公十五年》：“大夫，国体也。”范宁注：“君之卿佐，是谓股肱，故曰国体。”三国魏刘劭《人物志·流业》：“其德足以历风俗，其法足以正天下，其术足以谋庙胜，是谓国体，伊尹、吕望是也。”

---

① 比如桥川文三曾指出，原来总被叫做同文同种的日本和中国，很多词是同文，但意思却差得很远。他指出，他所经历的最特殊的例子，是“国学”、“国体”这些词。比如“国学”，他最早接触到的是章太炎的《国学讲演录》、《国学概论》等书，最初他感到很异样，因为日本的国学指的是日本的学问，一定要提到本居宣长和平田笃胤，而中国则是将经史子集为中心的中国传统的学问称为国学。橋川文三：「国体論の連想——その含羞と畏怖」，『橋川文三著作集』第二卷所収，筑摩書房 1985 年版，第 119—120 頁。

② 罗竹风主编，汉语大词典编辑委员会、汉语大词典编纂处编纂：《汉语大词典》缩印本，汉语大词典出版社 1997 年版，第 1717 页。

2. 国家的典章制度；治国之法。《汉书·成帝纪》：“儒林之官，四海渊原，宜皆明於古今，温故知新，通达国体，故谓之博士。”宋陆游《谢台谏启》：“望重朝纲，学通国体。”清姚莹《与陆制军书》：“国体具存，纪纲不紊。”

3. 国家或朝廷的体统、体面。《明史·徐溥传》：“外国相侵，有司檄谕之足矣，无劳遣使。万一抗令，则亏损国体。”《平山冷燕》第一回：“今恐叨饮过量，醉后失仪，有伤国体。”

4. 表明国家根本性质的国家体制，是由社会各阶级在国家中的地位来决定的。

前三例是“国体”的古代用法，最后一例是现代用法。其中，《汉书·成帝纪》里的“儒林之官，四海渊原，宜皆明於古今，温故知新，通达国体，故谓之博士”，是阳朔二年（即公元前23年）的一份诏书，根据日本学者的研究，这是最早以“国体”一词出现的例子。①

其实以上解释并未全部涵盖中国古代“国体”的用法。比如，《管子·君臣下》里有“四肢六道，身之体也。四正五官，国之体也”的说法。其中，“四正”指君臣父子之道，“五官”指五行之官，② 意思是，“身”有“体”，国也有“体”，如同四肢六道是人身的组成要件一样，君臣父子之道和官制是国家的组成要件。这里“国体”的意思是国家的核心组成部分或曰组成要件。将国家作为如人体一样的有机体，这种看法在中国的古籍中并不少见，《春秋公羊传注疏》中就表达得更清楚：“郑杀其大夫申侯。其称国以杀何？”意思是，郑是个国家，为什么把“杀”这个用于人的词用在国家身上？回答是，“诸侯国体，以大夫为股肱，士民为肌肤，故以国体录”③。这里的“诸侯国体”即诸侯以国为体，君与国为一体，所以诸侯杀人和国杀人是一样的，因此称郑国杀人。这里的“国体”有两层意思，一层在与人体并列的意义上使用“国体”一词，第二层含义意指“国君一体”，即君主与国家是一体的，这与上述《管子》之例稍有不同。

总而言之，日本使用的“国体”一词来源于中国的古典文献，但正

---

① 内務省神社局：『国体論史』，東京製本合資会社 1921 年版，第 1 頁。

② 五行之官，指按金木水火土分司不同职能。

③ 何休注，徐彦疏：《春秋公羊传注疏》，僖公卷十。

如 Joseph Pittau 所指出的，中国古代所使用的“国体”与君主制并没有什么关系。[①] 与君主制紧密联系在一起，是“国体”一词传入日本之后发生的变化。

（二）中国近代的“国体”用法

在上文中已经指出，“国体”一词最早见之于中国的古典文献中，中国古代所用的“国体”意指国家的重要组成部分、国家的典章制度或国家的体面，没有特别的神秘含义，仅仅是个一般词汇。但这个词汇传入日本后，在日本近代被赋予了特定含义，成为一个新的专有名词。这个新词无论对作为它起源的中国用法还是日本的古典用法而言都稍嫌陌生。因为它已经从原本具有一定普遍意义的层次缩减为只适用于日本的、与特定的国家体制（近代天皇制）捆绑在一起的、和所谓的日本传统紧密相连的日本民族性的东西。但是到了 20 世纪 10 年代，尤其以 1915 年为顶峰，中国却开始大量地使用“国体”一词，而且这个“国体”与日本国体论意义上的“国体”具有非常接近而微妙的关系。

众所周知，在辛亥革命的成果落入袁世凯手中之后，他上演了一出复辟帝制的闹剧。就是在这前后，围绕着“国体”的讨论大量出现。1915 年，袁世凯的美国顾问古德诺发表了文章《共和与君主论》（8 月 3 日北京《亚细亚日报》），提出“中国如用君主制，较共和制为宜，此殆无可疑者也”。这篇文章被帝制派加以利用，为袁世凯复辟帝制制造舆论，于是引出了一大批讨论“国体”和“国性”问题的文章。这篇文章发表后没多久，筹安会成立，讨论国体问题，把民国以来的政治动荡全部归咎于共和国体。那个时期的“国体”是在这样的语境下被使用的：辛亥革命以共和取代君主制，所以国体发生第一次改变，而袁世凯的复辟帝制，就成为国体的第二次改变，由于是对君主制的恢复，所以袁世凯是以“恢复国体”为口号的。面对袁世凯逆时代潮流而行的举动，梁启超发表了《异哉所谓国体问题者》和《国体战争躬谈》等文章加以痛斥。这里“国体”的含义是指袁世凯以君主制取代共和制的行为，这里说的“国体战争”，是 1915 年发动

① Joseph Pittau (1967), *Political Thought in early Meiji Japan*, 1868 – 1889 , Cambridge, MA: Harvard University Press, p. 215.

的反抗袁世凯帝制运动的第三次革命战争。在这个意义上被使用的“国体”一词与日本同时代的“国体”意思非常接近。桥川文三曾在论文《国体的联想——其含羞与畏怖》中对这一点表示了浓厚的兴趣。①

桥川文三指出，在反对袁世凯、“拥护国体”发展成全国性的运动时，在日中国留学生在神田的日本基督教青年馆召开了反对帝制的集会，表明“中华民国是民主国体，永远不会变更，这是约法记载的，没有置疑的余地”，猛烈攻击“借口国体研究”阴谋“国体变更”的筹安会为“大逆不道”。桥川文三深感兴趣的是，这里的体制变更其实是更适合用“政体”一词的，但是却不用“政体”而用“国体”，而且从其热烈的口吻来看，这里所说的“国体”已超越了单纯的“政体”的变化，具有超出其字面意义的更为神圣的号召力，这与日本的情况非常接近。所以桥川文三甚至怀疑，从这个词语的用法和时代来考虑，也许是直接从日本传过来的。②

无疑，日本的“国体”一词最早是来源于中国古典，但是考虑到日本明治维新之后国体论已占据官方意识形态的地位，再加上当时日本对袁世凯称帝的支持以及梁启超等人与日本的渊源，中国 1915 年前后的“国体”用法是极有可能受到了日本影响的。如果是这样，那就是原本取自中国古典的“国体”一词，在日本近代前后形成了一个新词之后，又反过来在近代中国与特定的政治局势相连接，形成了一个反对袁世凯复辟帝制的政治高潮。所以对于中国来说，这个意义上的“国体”反而是个舶来品，美国的约瑟夫·列文森也曾经指出过这一点。③

---

① 橋川文三:「国体論の連想——その含羞と畏怖」,『橋川文三著作集』第二卷，第 121 頁。

② 同上书，第 121—123 页。辛亥革命、五四运动前后的知识分子多有留学日本的经历，他们对日本和中国当时的政局都保持着强烈的关心，在这个历史时期的知识分子对日本国体论有怎样的观点，反过来又如何影响了对中国时局的看法，两国知识分子在国体问题上有否相互影响，是个颇有意义的研究课题，容笔者作为今后的课题进行研究。

③ ［美］约瑟夫·列文森:《儒教中国及其现代命运》，郑大华、任菁译，广西师范大学出版社 2009 年版，第 254 页。但不同的是，列文森没有发现日本的“国体”一词其实源自中国古典，他误认为“国体”本身就是一个古老的日本词。

当然，就这段时间中国所用的“国体”来看，它与日本国体论意义上的“国体”用法存在着相当的不同。梁启超之所以反对国体变更，并不是认为中国有固有的国体，而是出于立宪和护宪的目的，或是防止国家社会出现动荡，中国的“国体”并不指某一特定的政治体制。[①] 然而，本应是政治学领域里的“国体”一词却能超出学问的领域，引发超乎寻常的情绪和行动的能量，在这一点上却是和日本相同的。由于与国家民族存亡联系在一起，引发民族共同体的想象，使这一原本是普通的政治学用语的“国体”具有了超出其字面的巨大的象征性意义。比较这段时间中日两国“国体”用法的异同，应是个很有意思的研究课题，容笔者今后做进一步的探讨，这里只想指出“国体”所负载的思想史的含义与它所发挥的作用之间的关系这一点。

（三）中国现代的“国体”用法

新中国成立后将国体定义为“国家的阶级性质，即社会各阶级在国家中的地位”，因此“中华人民共和国的国体是人民民主专政，实质上是无产阶级专政”[②]。这个强调阶级斗争的定义带有浓厚的马克思主义色彩，是个极具中国特色的定义，尽管从规定政治权力的性质而言它也具有一定的普遍意味，但由于日本的“国体”一词严重依赖特定的历史上下文，中国现在的国体定义绝非理解日本“国体”论的有效工具。

第二节 日本“国体”用语的历史概览

一 近代以前的“国体”用法

（一）古代的“国体”

日本书献中最早出现“国体”一词，是在公元 927 年《延喜式》

① 梁启超 1915 年拒绝了袁世凯的儿子袁克定希望他撰文支持变更“国体”的要求。他曾公开声明，国体问题是他尤其不愿意谈的，他只论政体，不论国体。他希望在维持国体不变的情况下对政体有所改革，（“吾所为只论政体，不论国体者，常欲在现行国体之下，求政体之改革”），“此无他故焉，盖以政体之变迁，其现象常为进化的，而国体之变更，其现象常为革命的。谓革命可以求国利民福，吾未之前闻”。见“梁任公与英报记者之谈话（1915 年 9 月 4 日）”，梁启超著，陈书良选编：《梁启超文集》，北京燕山出版社 1997 年版，第 592 页。

② 辞海编辑委员会编纂：《辞海》，上海辞书出版社 1999 年版普及本，第 2165 页。

卷八的“出云国造神贺词”[①] 中：“天穗比命国体见遣时。”

“出云国造”是指上古时代统治“出云国”（现在日本的岛根县东部）的地方官职，这一“神贺词”就是当时担任出云国造官职的地方官在良辰吉日面见天皇时奏上的贺词，表达对神的敬意及对天皇的臣服。出云国在日本神话中占有重要地位，因为神话中关于日本建国的传说就发生在出云国及其周边。《古事记》中记载，天照大神派遣其第二子天穗日（比）命从天庭（高天原）降至人间——苇原中国（《日本书纪》中称为“丰苇原千五百秋瑞穗国”，指日本），平定了这一地方，原来统治着苇原中国的大国主神奉命将统治权让出，作为“让国”的条件，神社出云大社得以建立，作为大国主神栖身之处。之后天照大神之孙执三种神器降临此地进行统治，这是神话中日本建国的开始。而后来承担出云大社祭祀任务的出云国造，就是天穗日命的子孙。所以这一神贺词的内容除了包括对出云国众多神明的祭祀之外，还包括出云国造进行这一祝祷的缘起，而“天穗比命国体见遣时”谈的就是这一日本建国的传说，意思是派遣天穗比命去看看丰苇原瑞穗国是个什么样子。这里的国体，读音为 kunikata（クニカタ）或 kuniburi（クニブリ），指国家的形态、样子，不仅在读音上不同于近代国体论的“国体（kokutai）”读法，而且在含义上也不包含近代国体论中将天皇万世一系作为“国体”之核心的意思。

除此之外，在日本古代出现的“国体”用例，据里见岸雄的搜集，奈良朝还有一例，平安朝有三例，其中也许有读作 kokutai 的用例，但都没有超出“国家的形态、国家的风气、国家的体面”等用法。尽管里见如获至宝地提到平安朝的真言密宗僧侣曾有“国家的本体”这种带有哲学本体论意味的用法，但他也指出，这并未成为后世德川时期国体论兴盛时的用语来源，水户学者仍是从中国借来了“国体”这一文

---

① 延喜（901—923），醍醐天皇（898—930）在位的年号。平安时代的律令以及追加法令的实施细则，叫做“式”。《延喜式》记载了平安初期的律令实施细则，共五十卷，公元 905 年（延喜五年）由醍醐天皇敕令编集，公元 927 年完成，公元 967 年施行。《延喜式》之前还有《弘仁式》和《贞观式》。祝词原本是献给神的词语，是古神道里的祷词。祝词被收入《延喜式》第八卷里，传到今天的有 27 编，外加中臣寿词共 28 编。这里的用例取自『国史大系』第 13 卷，第 278 頁。

字和用法。[①] 因此本书将古代的其他用例从略，不做详细介绍。

总之，这些在日本古代文献中出现的“国体”用法无疑与“国体论”的近代谱系不相关，因为它一是不独与“日本”这一国家挂钩，二是尽管涉及了日本建国的神话，但并不直接指向天皇。不过“国体”这一词汇的出现为后世国体论提供了一个得以借用的“壳”，这个“壳”在古代并未填充日本独特性的内容，但当后世往近代过渡时，“国体”一词就被民族主义者填充进新的内容而“借壳上市”，终于充当了民族主义发展中的重要角色。

（二）近世的“国体”

在德川时代，首次出现了国体论意义上的“国体”用法，即“国体”的近代用法。里见岸雄 1933 年的《“国体”的学语史的管见——关于国体一词的用例用法的研究》和帝国学士院 1937 年的《帝室制度史》根据现有的资料，都把德川中期的儒学者栗山潜锋[②] 1689 年的《保建大记》作为“国体”近代用法的最早用例。《保建大记》中对于“国体”的使用有两处，一处是对于称日本为夷狄的宋朝明州刺史的书翰，认为后白河天皇如不驳回，“非所以示国体于遐迩也”[③]，这里的国体指国家的威严、国家独立的体面。另一处是“自宇多帝停谥，朱雀帝停皇号，上皇太后，以寺院自居焉。不啻宗孝言所谓，莲府化梵宫也。阙大典，损国体莫大焉”。这里的国体，指国家之大体、立国之本义。意思是，自从宇多天皇以来，为了节俭，代代天皇不要谥号，朱雀天皇甚至连皇号都不要，自称某院。因为信佛法，成为上皇之后将居所移至寺院，太后也信佛为尼，自称某院，此后天子的住所也成为寺院，称院号，臣下不奉谥，国家缺乏大典，天子如乞食头陀一般，有损国家之大体。

之所以把栗山潜锋的《保建大记》作为国体近代用法的起源，是因为它是现有的近世资料中找到的“国体”的最早用例。这两例用例里

① 里見岸雄：『国体学総論』，『日本国体学』第一卷，日本国体学会展転社 2005 年版，第 120 頁。

② 栗山潜锋（1671—1706），日本江户中期的儒学者，山崎暗斋的门下，任水户藩的儒官。精通历史，曾接受德川光国之邀，从事《大日本史》的编纂，曾任彰考馆总裁。著《保建大记》、《倭史后编》等。

③ 『国民道德叢書』第二篇，第 124—128 頁。转引自里見岸雄『国体学総論』（『日本国体学』第一卷），日本国体学会展転社 2005 年版，第 124 頁。

的“国家之大体”的用法，与中国古代用法（见第一节，中国古代的“国体”用法）的第3种相类，从栗山潜锋作为儒学者的身份来说，他的“国体”用法应当是从他的汉学素养里而来。里见岸雄也指出，虽然日本古代的“国体”用例与中国古代的“国体”用法之间并没有关系，然而就日本近世“国体”的用语来看，虽然没有直接证据，但难以否认，其起源一定与中国古代的用法之间具有某种关系。①

然而栗山潜锋使用的“国体”虽然指的是国家的体统，却并没有为“国体”赋予具体的内容，也不包含日本作为国家的独特性诉求在内。因此他的用例被作为国体近代用法的“起源”，真正使“国体”带上近代色彩的，是江户时代末期的会泽正志斋。

二　近代国体论的嚆矢：会泽正志斋的《新论》

会泽正志斋又名会泽安，是后期水户学的代表人物之一。水户学是江户时代后期随着水户藩藩主德川光国编纂《大日本史》而兴盛起来的一大思想体系。水户学提倡“大义名分”论和尊王思想，可看作朱子学的一个变种，为幕末的尊王攘夷运动提供了理论依据。虽然复古的国学派也有很多国体尊崇的论述，但是使国体论发展至顶峰的，是后期水户学派。② 水户学派的学者对国体的使用达到一个高峰，国体的用法和大致内容由此确立，后来对“国体”的使用则是由水户学的用法继承而来。

内务省神社局的《国体论史》称，会泽是以国体尊严论为核心的水户学的集大成者，说德川时代的国体论以会泽达到极致也并不过分。③ 会泽对国体的集中论述收录于《新论》和《迪彝篇》，其中又以《新论》的影响最大。《新论》写于1825年，奉行锁国政策已近200年的德川幕府在这一年发布了异国船驱逐令，命令一旦发现有异国船只靠近日本沿岸，立即予以炮击驱逐。而在此前的1824年，曾有英国的捕鲸船在水户藩所辖的大津靠岸，船上的英国船员上岸寻找食物，时任江户幕府“进物番上座”司掌大名、旗本与将军之间供品赐品往来的会泽

① 里見岸雄：『「国体」の学語史的管見：国体の語の用例及用法に関する研究』，里見日本书化学研究所1933年版，第9頁。

② 内務省神社局：『国体論史』，東京製本合資会社1921年版，第65頁。

③ 同上书，第66页。

正志斋奉藩命会见了登上日本土地的捕鲸船船员，从与他们的接触中，会泽对外部世界有了切身的感受，也对自外于外部世界的日本产生了强烈的危机感。在幕府依然不改其锁国作风，于1825年发布异国船驱逐令后，会泽带着强烈的国际危机意识写作了《新论》。在《新论》中，会泽不仅确立了国体的近世用法，而且随着这部著作在幕末诸藩志士间广为散布，这一词语成为指代日本特色的用语广泛传播于志士之中。

《新论》中对“国体”的使用可举以下四例①：

（1）“至如足利义满，则屈膝称臣于明，内为王臣，而称臣于外，非人臣之节矣，而天下无之怪也，身操天下之权，而称臣于异邦，使异邦视天朝如藩臣，亏国体也甚矣……”

（2）“近世陋儒俗学……而或昧于名义，称明清为华夏中国，以污辱国体……”

（3）“举而大观之，果为中国耶、明清耶，抑西洋耶。国之为体其何如也。夫四体不具，不可以为人，国而无体何以为国也。”

（4）“……敢陈国家所宜恃者，一曰国体，以论神圣以忠孝建国，而遂及其尚武重民命之说。”

会泽在《新论》中并没有专门解释“国体”的概念，他所用的“国体”有两方面的意思。一方面仍沿用了以往的“国家的体面”之解［第（1）、（2）例］，另一方面指的是国家的形态，国家的一体性，这是他着力论述的一面，也是近代国体论才有的内容。他认为，日本必须要有日本独特的，能与中国印度西洋相区别的、确定的国家姿态。

总体而言，以会泽为代表的德川时代的“国体”，用来指与外国相比的日本国家的特色、国家组织的优秀，而这个特色主要是指日本是神国、皇统连绵、国无二君等。这种国体论是在皇室与幕府的关系、日本与外国的关系刺激之下，其名分意识和独立意识开始觉醒时，作为一种口号提出来的。其他学者，尤其是神道家和国学者还经常使用其他词语来表达与“国体”相同的意思，如神道、惟神之道、古道、皇道等。直到明治时代，国体或国体论这一用法才占据压倒性地位。② 德川时期

① 会沢正志斎：「新論」，今井宇三郎、瀬谷義彦、尾藤正英校注『日本思想大系 53 水戸学』所収，岩波書店1973年版，第386、388、389、382頁。第四例中的“神圣”指神武天皇。

② 里見岸雄：『国体学総論』，第162、146頁。

的宿儒山县太华曾说过：“国体一语，宋时之书等往往有之，然我邦之书中未尝见之，此语之用当始于水府。”他认为“国体”一语在日本的使用是从水户学开始的，他并不认为“国体”是传统儒学中的观念，并带着贬抑的口气批判为“古人不言之新奇之语”。①

因此从结论上说，国体论所阐述的“国体”，是由中国传入日本经过一段时间的使用后，逐渐与日本的国家和民族特色相结合而产生的新词。而“国体”一语经幕末到明治变得大众化并成型为一个有固定用法的词汇，会泽正志斋的《新论》功不可没。

三 近代的“国体”：明治直至战败

在进入明治时代以后，“国体”一词发生了三个方面的变化。第一，在含义上，作为专指以天皇统治为核心的国家形态的用法固定下来，成为日本近代历史上的一个专有名词。它专指在神敕的基础之上，万世一系的天皇作为现人神进行统治的日本独特的政治形态，以及支持这种政治形态的伦理观、历史观和世界观。在这个用法上，“国体”前常冠以“万邦无比”、“金瓯无欠”等表示赞叹和褒奖的形容词，在直到第二次世界大战结束为止，专门用以表达日本民族的优越性。“国体论”就是对这个意义上的日本“国体”进行的论述和议论。第二，在使用范围上，如果说在明治以前，“国体”尚只是流行于知识阶层的一个用语，那么在明治维新以后，“国体”一词的影响在纵向和横向上都得到了扩大。通过《军人敕谕》（1882）、《大日本帝国宪法》（1889）、《皇室典范》（1889）和《教育敕语》（1890）等的颁布，国体论的官方正统意识形态的地位由此确立，自此以后，“国体”变成了不可触及的权威，不仅经常出现在官方文件、天皇诏敕甚至法律等文本中，并且经过明治、大正、昭和（直至战败）时期对国民的长期国体教育，“国体”一词也广泛而深入地普及到了一般国民之中。“可以说在二战结束前，凡接受过国民教育的日本人中，没有一个不知道‘国体’这个词的。”② 第三，在功能上，如果说后期水户学的国体论还属于在野学说，

---

① 山県太華：「講孟劄記評語」，转引自尾藤正英「水戸学の特質」，『日本思想大系 53 水戸学』所収，第 556—557 頁。

② 里見岸雄：『国体学総論』，第 97 頁。

尚能发挥对政治实践的建言和批判作用的话，那么在进入近代以后，国体论成了正统的意识形态，其判断标准被统治阶层所垄断，成为一种对现行政治体制赋予正当性基础的辩护学说。①

“国体”尽管在日本近代地位极其重要，但它并没有一个能够被各方普遍接受的统一的定义。大致说来，在近代日本，对日本“国体”的理解存在着两个层面，也可以说存在着两个相互对立的认识系统，其一是政治的、法律的层面，它以主权之所在作为国体的划分标准，因此日本的国体就是“万世一系的天皇进行政治统治”。其二是历史的、伦理的、感情的层面，它不是从权力的角度，而是把日本的国体看作是包括了法律、政治体制、君民伦理、风俗习惯、国民性等在内的日本国家民族的整体，把它看作日本悠久历史的产物、民族信仰和传统文化的凝结、国民性的体现和伦理的规范。如果从讨论的范畴来看，第一种属于西学传来以后依据西方法学政治学的范畴对国体所做的定义，是技术性的判断；而第二种理解则产生于日本本土的语境，一方面，它发端于传统学问的范畴，从儒学、水户学、国学等学问中汲取思想来源，另一方面还包括无法归入学问领域的、心情的层面。如果从是否带有价值色彩来看，第一种往往不带有价值色彩，第二种则必然包含价值判断。当然，这样的区分只是为了分析的便利，在现实的论者身上这种划分未必是截然对立的，从法律角度论述国体的人有时也同时将其看作民族认同和日本传统文化的精华所在，比如穗积八束，他一方面把“统治权的主体为天皇”看作日本的国体，把国体定义为制度性的范畴；另一方面，他又把对天皇（民族祖先威仪的体现）的“忠”作为对家长（家族祖

---

① 从表面上看来，国体论在日本近代形成了一统天下的局面，一切学说和思想都以不违反国体为存在的根据。但是否因此就能说国体论在近代完全消解掉了所有对立的契机、完全丧失了对现有体制进行批判和抗议的性质，也不尽然。这要分两方面来看，诚然，在官方一侧，作为对体制的正当性理论，它无疑是以维护而不是改变现行体制为目的，在这个意义上，国体论是一种保守的思想无疑。然而在另一方面，从民间而言，有的学者和社会运动家在不触动“国体”宗教般的权威的前提下，利用了“国体”含义的暧昧不清，在国体的框架之下，以其独特的国体论批判现行的体制违反了日本固有的“国体”。在这一点上，国体论又会成为革命的思想。比如福泽谕吉、北一辉等就是如此，北一辉的著作就叫做“所谓国体论的复古的革命主义”。对于这些革命的思想仍然不反“国体”这一点，并不能仅仅用权力的高压来解释，同时也因为“国体”在根本上是日本民族认同的凝结体，它关系到日本民族生死存亡的问题。也就是说，日本近代的异端思想不是站在正统思想的对立面，而是“从正统中产生的异端”，这是日本近代思想史上的一个重要特征。

先威仪的体现）的“孝”的延长，将忠孝一体作为日本的国体。其实这根本上是因为国体自身即具有两面性，一方面，“政治的官僚机构、议会制度一边握有高度的政治权力，一边同时与非政治的超越者天皇（宗家的家父长）相连接，使整个天皇制支配体制一方面具有高度的权力色彩，一方面又形成了一个心情的体系”。① 国体的这两个方面无媒介地组成了一个整体，之所以做这样的区分只是为了分析的方便，因此不妨将这两种情形作为两极，论者是在这两极之间，或是靠近前者多一点，或是靠近后者多一点。

《大日本帝国宪法》和《教育敕语》被看作是明治天皇制国家的两大支柱，其中，前者被认为是体现了法学观念上的国体，而《教育敕语》中体现的则是历史的、伦理的观念上的国体。② 然而，《大日本帝国宪法》中并未出现“国体”一语，之所以被看作是法学上国体的体现，是因为其第一条规定“大日本帝国由万世一系之天皇统治之”，由此被以穗积八束为代表的部分法学者作为对国体的描述。而伊藤博文对帝国宪法的官方解释——《帝国宪法义解》则明确提出了法学意义上的国体，并揭示了宪法与“国体”的关系。其中说道：“天皇之宝祚承之于祖宗，传之于子孙，为国家统治权之所在，而宪法则尤其揭示大权之所在，并以条章形式明确标记，以示并非因宪法而新设国体，而是固有之国体因宪法愈益巩固。”③ 这里从统治权之所在来定义国体，是在西方法学政治学范畴内探究国体。

如果说明治宪法是从法的方面、从合法性的角度对天皇统治进行了规定，那么《教育敕语》就是从道德的、伦理的角度进行的阐释。《教育敕语》文字极为简洁，开头即指出，“朕惟我皇祖皇宗，肇国宏远，树德深厚。我臣民克忠克孝，亿兆一心，世济厥美。此乃吾国体之精

① 石田雄：『近代日本政治構造の研究』，未来社 1956 年版，第 11 頁。

② 国学院大学日本书化研究所編：『近代天皇制と宗教的権威』，同朋舎 1992 年版，第 162—164 頁。

③ 伊藤博文：『帝国憲法義解』，国家学会会長渡辺洪基発行，1889 年版，第 1 頁。http：//kindai. ndl. go. jp/BIImgFrame. php? JP_ NUM = 40023544&VOL_ NUM = 00000&KOMA = 1&ITYPE = 0. 日本国立国会图书馆的网页上专设了一个数据库，名为“近代日本人的肖像”，免费提供近代日本著名人物著作的电子文本，其中许多文献年代久远，为研究者提供了极大便利。详见「近代日本人の肖像」，日本国立国会图书馆（http：//www. ndl. go. jp/portrait/contents/index. html）。

华，而教育之渊源亦实存于此”。接下来是臣民应具备的道德条目：“尔臣民应孝于父母，友于兄弟，夫妇相和，朋友相信，恭俭持己，博爱及众，修学习业，以启发智能，成就德器。进而扩大公益，开展世务，常重国宪，遵国法，一旦有缓急，则应义勇奉公，以扶翼天壤无穷之皇运，如是者不独为朕忠良臣民，又足以显彰尔祖先之遗风矣。斯道也实为我皇祖皇宗之遗训，而子孙臣民之所当遵守。”最后指出国体有其所谓的普遍适用性，“通诸古今而不谬，施诸中外而不悖。朕庶几与尔臣民俱拳拳服膺咸一其德”。这就是《教育敕语》的全部内容。《教育敕语》的颁布是近代日本国体论史上具有开创性意义的事件，可以说是国体的确立宣言也不过分。但由上可见，《教育敕语》也并没有专门解释“国体”是什么，而是在“臣民”应遵守的道德纲目中专门突出了忠孝之道，以此作为“国体之精华”，其根本是忠君爱国一体论。

1884 年，围绕着明治宪法的起草，时任枢密院议长的伊藤博文与参议金子坚太郎之间就国体问题产生了论争，因二人对国体的定义不同，因此对明治宪法制定后采用立宪政治是否会改变日本的国体这一点，两人的意见截然不同。这表明，在明治宪法确立之前，重臣当中对“国体”并没有统一的见解。国体这个词语明治宪法中虽然没有使用，但在《教育敕语》中被赋予了重要的意义。事实上，正如桥川文三所说，正是通过 1890 年《教育敕语》的颁布，日本的“国体”才开始被赋予了新的权威。然而《教育敕语》对“国体”的定义并不明确，使人有种隔靴搔痒之感，甚至给人感觉好像是在特意回避任何限定似的。[①] 值得注意的是，国体定义的暧昧性是一直贯穿日本近代的一个特征，然而这并不妨碍它作为不可触及的权威的地位的确立。

1925 年日本公布的治安维持法中，规定“以变革国体或否认私有财产制度为目的组织结社，或是知情加入者，处以十年以下徒刑或监禁”。这是在宪法制定后日本法律中首次出现“国体”一词。然而“国体”的定义到底是什么呢？既然已经作为法律用语出现，就无法回避对“国体”的定义进行规定。1928 年大审院的判例把国体解释为“万世一系的天皇君临总揽统治权”的国家样式，用帝国宪法第一条、第四条的

---

① 橋川文三：「国体論の連想——その含羞と畏怖」，『橋川文三著作集』第二卷所収，第 144 頁。

规定予以“定义”，丸山真男指出这无异于一种“散文样的规定”，“国体”的定义仍然“被包裹在几重厚厚的云层中，不轻易露出其核心”。他认为，毋宁说“将国体用特定的‘学说’和‘定义’进行逻辑化的行为，直接意味着在意识形态上将国体限定和相对化，因此都被谨慎地避免”①。

1935年，日本以“国体”为名展开了对主张天皇权力应受议会制约的“天皇机关说”进行排斥打压的“国体明征运动”，1937年文部省颁布《国体之本义》。《国体之本义》是以接受这一运动的形式公布的，成为国体明征的国民性教科书。如同“国体”在近代前夜的首次勃兴一样，《国体之本义》中充满了共同体在受到改变和解体、消灭的威胁之下的危机意识。

《国体之本义》开头即提出，随着日中战争的爆发，日本的国运得到显著扩张，但同时也迎来了“思想上、社会上的混乱和转换的时期”。而这种“国民思想之相克、生活上之动摇和文化上之混乱”，都是“西洋个人本位的思想”蔓延造成的危害，所以只能让“国民洞见西洋思想的本质之同时真正体会我国体之本义”，这是《国体之本义》的编纂意图。为了应对内外的危机、给共同体以心理的安定，将内部累积的危机能量向外部一举释放，《国体之本义》反复使用了这种“国体”的言论模式。

《国体之本义》在开头即说明，“大日本帝国由万世一系之天皇奉皇祖之神敕永远统治之，此乃我万古不易之国体。基于此大义，作为一大家族国家，亿兆一心奉体圣旨，发挥克忠克孝之美德。此乃我国体精华之所在”。这是将“忠孝之道”作为“国体之精华”的《教育敕语》逻辑的延续，表示了“忠孝一体”是“国体”的核心。而且天皇的统治也不是君主主权那样的政治统治，而是纯粹发自内心的自然的感情构造。姜尚中指出，以这种“心情主义”为基础构建的君民一体的共同体，才正是“国体”。②

四　作为西方法学用语译语的“国体”

上文已经指出，对于“国体”一词的理解在日本存在着两个完全不

---

① 丸山真男：『日本の思想』，岩波書店1961年版，第33頁。

② 姜尚中：『ナショナリズム』，岩波書店2001年版，第80頁。

同的系统。其一就是日本自古以来所使用的国体，这一词汇远在王朝时代即开始使用了，是日本固有系统里的“国体”；其二就是在日本学习西方近代法学时、作为德语 Staatsform（意为 type of state）的译语所使用的“国体”。前者用于显示日本国家的本质，是一个有特定含义的概念，而后者则是一个适用于任何国家的一般概念，是一个法学用语，“在宪法学和国家学中，国体指从主权所在来区分的国家形态，主权在君则称君主国，主权在民则称共和国，因主权的运用所形成的统治组织则称之为政体”①。

法学者在明治二十年代学习德国的国法学时，把“国体”作为德文 Staatsform、法文 Form de l’ état 的译语来使用。这一法学上的用法是由穗积八束开创的。穗积八束指出：“考虑到国体这一成语，其用例并不唯一，一直以来通用的国体是泛指国家民族之特性，主权之所在虽亦是国家的特色之一，但（国体——引者注）并不仅限于这个意义。然今若专从法理方面观察国家，主权之所在乃极为重要显著之特征，而又无确切称呼之成语，故予使用国体之称谓，以便法理之解说。”② 从这段文字中可以看出，在翻译的过程中，法学者应该是考虑了或者是采用了德川时代以来的国体用法。这也说明，对于使用日本语境里已经有特定含义的“国体”一词作为现代西方法学范畴的一个词汇，其中存在着一个语义不完全对等的问题，而当时的法学者对此是有自觉的。

穗积八束在论文《帝国宪法的法理》中指出，宪法“第一条大日本帝国由万世一系之天皇统治之，其主旨在定国体。定国体就是定统治权之主体和客体。本条明文指出，统御之主体在万世一系之天皇，统御之客体是大日本帝国”③。这明显是从西洋法学的角度来定义“国体”。这个用法不仅是穗积八束一人的见解，而是在明治宪法制定前后通行于研究西洋法学的法学者之间的用法。内务省神社局编纂的《国体论史》也引用了穗积的《帝国宪法的法理》，并评道：“论国体时主要以统治权的主体为何加以区别的一派（主要是国法论者），其始作俑者就是穗

---

① 昭和出版研究所編集：『日本百科大事典』第6巻，小学館1963年版，第36頁。

② 穂積八束：『憲法提要』上卷，有斐閣1968年版，第52頁。

③ 国家学会雑誌第二巻第25号以下（1889年3月以下）。转引自里見岸雄『「国体」の学語史的管見：国体の語の用例及用法に関する研究』，第11頁。

积。”① 之后日本的法学者基本上沿袭了这一用法。

然而需要注意的是，日本对“国体”理解的两个系统中，其一是法学的系统，但这并不是说，所有的法学者都在这个意义上使用“国体”。如法学者美浓部达吉就一直坚持要将“国体”一语从法学领域中排除出去，他认为将国体一语限定在国民道德意义上是可以使用的，而作为法学上的概念使用的话，“徒引起概念的错杂，宜避免之”②。其实，以什么为分类的标准，由根据想推导出什么结论而定。穗积为了论证国体的不变性，以主权的所在作为国体分类的基准。而美浓部主张不在法学意义上使用“国体”，是为了提倡立宪主义，排斥将君主权力做绝对化理解的君主主权说。

而对于“国体”的理解存在着的这两个系统，一直保持着分化的状态，直到第二次世界大战结束也未能统一起来。战败后日本进行新宪法的制定时，在议会上产生了国体是否因之变化的讨论，从一个侧面也证明了日本自古以来的传统的国体概念和法学系统的国体概念在那个时代仍未充分达成一致。

五 “国体”的译语：“国体”的对外自我表达

由于“国体”本没有一个统一的定义，再加上它被看作日本民族和国家独有的现象，号称“万邦无比之国体”，因此在翻译时很难找到相对应的外语词汇。但正因为如此，在翻译时才不得不把在日语语境里那些不言自明的东西以明文表达出来，这也成为“国体”对外的自我表达，也使得这些译语可能比“国体”这一日文词汇更能表现其复杂的内涵。

在官方文件中，比如1890年的《教育敕语》里有“国体之精华”的说法，文部省1909年刊行的《汉英德法·教育敕语译纂》中，对“国体之精华”翻译如下：

文部省的汉译：国体之精华

文部省的英译：the Glory of the fundamental character of Our Empire

文部省的德译：die edle Bl űte unseres Staatsgebildes

---

① 内務省神社局：『国体論史』，第175頁。

② 美濃部達吉：「日本憲法」第一巻，第346頁。转引自里見岸雄『国体学総論』，2005年版，第255頁。

（意为：我们政治体制的宝贵血液）

文部省的法译：La grandeur du caract ère fondamentale de Notre Empire

（意为：我帝国的基本特征）

在当时文部省对《教育敕语》的英译中，将“国体”翻译为 the fundamental character of Our Empire，也就是“我帝国的根本性质”。这虽是官方的翻译，但依然是个需要进一步说明的解释，因此学者对此颇多诘难，并不认可。比如政治思想史学者桥川文三就认为如上任何一种翻译外国人都理解不了，还不如译成“我国建国的奥秘”（わが建国の arcannum）更容易理解。[①] 桥川的这种译法没有解释国体是什么，而是着眼于它在日本近代国家建构中所起的作用，这是很特别的一种翻译思路，单纯从翻译的角度来说不见得出众，但从国体研究的角度来说无疑揭示了国体创出的实质。

再如国体论的官方意识形态解释者、哲学家井上哲次郎（1855—1944），虽是参与翻译敕语的当事人之一，但他无论如何都觉得这个翻译并不充分，因为他认为国体的“体”字没有被翻译出来，缺少了国家的体系、帝国的体系这一层含义。他认为至少应该翻译为 the fundamental character and form of Our Empire。但他对此依然不满，因为这样虽然国体这两个字都有了，但还不能算做好的翻译，因为文部省的翻译有六个单词，他再加上 and form 就变成了八个单词，这已经不能算是翻译了，而是解释。不过，他认为国体只能进行解释，西方语境里没有和国体相对应的词汇，虽然德语里的 Staatsform 意思有些接近，但还是没有包括日本所说的国体的意思。[②] 而里见岸雄则在他的书 *Japanese Civilization: Its Significance and Realization* 中认为翻译成 The Japanese National Principles 更为妥当。但同时他也认为外语很难正确翻译日语里自古就有的“国体”一词。[③]

其实，“国体”一语这样难以翻译，在根本上还是因为“国体”在日语语境里就是一个极其暧昧的词语。由于它既是一种政治体制，又是

---

① 橋川书三：「国体論の連想——その含羞と畏怖」，『橋川文三著作集』第二卷所収，第 144—145 頁。

② 井上哲次郎：『新修国民道徳概論』，三省堂 1928 年版，第 29—30 頁。

③ 里見岸雄：『「国体」の学語史的管見：国体の語の用例及用法に関する研究』，第 40 頁。

一种社会、历史和文化的综合物，所以难以用一个词全面涵盖这两个层面，再加上它在被确立为国家意识形态后带上了宗教般的神圣色彩，所以以一般的用语将其概念化的行为本身就变成了亵渎神圣，这也使得翻译"国体"变得困难。对多种译法进行总结以后，其英译大致可分为以下几种。

1. national

显然这种译法的译者一般都认为，国体在英语的现成词汇中很难找到一个单一的词汇能表达出国体的全部含义，所以只能用多个词汇来表达。国学院大学日本书化研究所教授大原康男曾经根据前人对国体理解的不同，对国体的译语做了如下归纳①：

（1）national character，national genius（有时也有 national constitution），等等。这种译法着眼于国家的性格、特质、体质等从外部可以认识的各种国家标志。

（2）national entity（本质），national substance（本体），national basis（基础），等等。这种译法吸纳了部分国体论者对"体"和"用"的区分，将重点放在国家内部的核心价值上，表现了国体之"体"、"大本"的含义。

（3）national form，national polity，等等。这种译法主要着眼于国家的形体，尤其是政治形体（《宪法义解》大致翻译成 national polity）。

（4）national organization，national structure，national system，national constitution，等等。这种译法将重心置于国家的内部构造和组织。

（5）national principle，national life，national independence，等等。这种译法试图反映国家的政治、道德、宗教的原理（principle），或是运行中的实体（life）、国家的自主独立性（independence）。

此外，还有 national essence、state structure、kokutai、National Communitys② 以及 national body、Nationalwesens③ 等用法。

---

① 大原康男：「天皇統治と象徴天皇の間」，国際交流基金『国際交流』1995 年第 68 号，第 17 卷 4 号，第 30 頁。

② Joseph M. Kitagawa（1974），"The Japanese 'Kokutai'〈National Community〉History and Myth，" *History of Religions*，Vol. 13，No. 3.（Feb.，1974），p. 209.

③ Martin Repp，"Reviewed work（s）：Shintô und die Konzeption des japanischen Nationalwesens（kokutai）. Der religiöse Traditionalismus in Neuzeit und Moderne Japansby Claus Antoni，" *Asian Folklore Studies*，Vol. 58，No. 1（1999），p. 244.

2. nationality

在明治初年，因为不满当时的皇学者狭隘的皇族至上主义，洋学者及启蒙知识分子常以他们的西学素养与其进行思想上的斗争。在国体一词的使用上，双方也显示了重大的对立。1879年吉冈德明在《开化本论》中对洋学者对国体的不同见解表示了不满，称“然近世皇国之人不信自国上古之纲纪，更如洋学者之流，为外藩之国风所迷，扬言国体乃洋语中‘Nationality’，即一国之人民相依维持政权，自主独立，不受他国人之羁绊，谓之国体。故而其国人民丧失统治权受他国人所制御时，名之曰国体的断绝”①。尽管对洋学者的国体论持不屑的态度，但从中可以窥见，洋学者的“国体”一语从英语nationality而来。

这个意义上的“国体”借用了nationality的“国家独立之地位”、“国民性”等含义，这就有了把国体从原本由封建时代延续下来的封建忠诚转化成符合近代国民国家的要求的意义，洋学者对国体的这种见解可看作对传统国体论的颠覆。而其中，对国体做了实质性讨论的是福泽谕吉。

福泽谕吉在《文明论之概略》第二章“国体”中，提出了他极其独特的国体论。“‘体’就是集体的意思，或是形体的意思。即物体集合起来形成与其他物体相区别的形式。因此，所谓国体就是同一个种族的人民聚集在一起，忧乐与共，对自己与对别国人形成区别，自己内部相互之间比对待别国人优厚，内部彼此协助比为别国人更加尽力，在同一政府之下进行自我支配，不喜欢受其他政府的统治，祸福皆自我担当并且独立。西洋语中称为‘nationality’者即是。”② 福泽的“国体”定义依据的是英国哲学家J. S. 密尔的《代议制政府》（*Considerations on Representative Government*，1861）第16章的“nationality”的概念。“凡世界上的国家，各有其国体。中国有中国的国体，印度有印度的国体，西洋各国也各有一定的国体，并且对于其国体没有不尽力加以保护的。考察国体的由来，有基于同一人种的，有基于相同信仰的，或由于语言，或由于地理，情况各不相同。但其最主要的因素是，同一种族的人

---

① 《开化本论》为吉冈德明受加藤弘之《国体新论》和儿岛彰二《民权问答》刺激而作。吉岡徳明：「国体」第二，『開化本論』，『明治文化全集』第20卷，第302頁。转引自里見岸雄『国体学総論』，第130頁。

② 福沢諭吉：『文明論之概略』，岩波書店1962年版，第37頁。

民经过共同的社会历史沿革，有着共同的怀古之情。”①

传统国体观念的核心就是天皇与臣民之间君臣关系的绝对性、天皇制国家体制的正统性和皇统的连续性。而福泽却把这三个核心置换成了“国体”（国民性，nationality）、“政统”（political legitimation，政治权力体制）和“血统”（line）三个要素，把“国民”放到了国体概念的中心。日本当时的“国体”论调只是着眼于血统的绵延，并自诩“金瓯无缺”、“冠绝万邦”，而福泽指出，即使在北条、足利等叛臣掌握实权的年代，也依然保持了血统的绵延，因此血统绵延并非难事。而如果日本被俄国人或是英国人控制了实权，即便保持了皇统的绵延，也只能说日本的国体被改变了。而日本的政统自古至今也屡次变革，并非一成不变，没有什么值得骄傲的。所以日本所值得庆幸的，并不在于血统或是政统，而是在于自开国以来，政权从未落入外人之手。所以“国体是国家的根本，政统和血统，只是随着国体的盛衰而共同盛衰”②。所谓“国体”，指的是一个国家和国民的独立。因此他轻易地超越了皇统一系的问题，在他那里，“政统（政治权力体制）”的变化未必会导致国家独立的丧失，而“血统”的延续也不能成为国家独立的保障，所以要护持的“国体”，既不是天皇制国家体制，也不是皇统的连续性，而是一国人民的独立。要保持日本和日本国民的独立，目前最紧要的就是要提高人民的智力，一扫沉溺于旧习的精神状态。而旧习中之最甚者，莫过于“虚威”。而“虚威”就是借神武天皇的肇国神话来虚饰权威，愚弄下民。对于千方百计地捏造天皇建国神话的皇学者来说，没有比这更激烈的国体论批判了。

就这样，福泽用拥有共同历史的政治单位的 nationality 的独立和存续来定义国体，将后期水户学以来的国体概念从根本上进行了转换。③他提出了与政治体制（“政统”）和皇统的连续性完全不同的国体观念，割断了传统的国体论纽带，构筑了全新的国体论。可以说，福泽借助明

① 福沢諭吉：『文明論之概略』，岩波書店 1962 年版，第 37 頁。

② 同上书，第 43 頁。

③ 关于福泽谕吉对传统国体论的根本转换，可参照米原謙：『近代日本のアイデンティティと政治』，ミネルヴァ書房 2002 年版，第 17—24 頁；安西敏三：「国体観念の転回——国体・政統・血統——」，『福沢諭吉と自由主義——個人・自治・国体』，慶応義塾大学出版会 2007 年版，第 77—111 頁。

治政府的对外危机意识，巧妙地将"国体"脱胎换骨为近代的民族主义。日本的知识分子面对国际上被孤立和军事上被侵略的危机，寻找到皇统的连续性这个神话作为精神依托。而福泽成功地将这一滋生于皇统一系和祭政一致土壤中的国体概念，移植到了带有普遍意义的、国民国家的土壤中来。[①] 然而遗憾的是，福泽对国体论和皇统史观的尖锐批判并没有能扭转历史的方向，日本的近代化恰恰是随着把人民化为忠良臣民的天皇制国家的成立而实现的。

3. kokutai

西方学者对"国体"在日本的重要性也给予了关注。因为"国体"在日本近代作为专有名词使用，西方并无对应的事物和词汇，因此在西方学界还有一种倾向，就是直接用日文的读音 kokutai 来表示"国体"。

1937 年文部省颁发的《国体之本义》在 1949 年被翻译成英文，并由哈佛大学出版社出版，翻译者 John Owen Gauntlett 直接将"国体之本义"的日文读音音译过来，并加了副标题，译成 *Kokutai no Hongi*: *cardinal principles of the national entity of Japan*，意为日本国家实体的基本原理。再如 Joseph M. Kitagawa 1974 年的论文《日本国体的历史与神话》（The Japanese "Kokutai" (National Community) History and Myth），其中指出，当日本人提到民族共同体（National Community）的重要性的时候，他们有独一无二的理解，常被翻译成 national character, national substance, national essence, national basis, national polity, state structure, 或是 kokutai。[②]

再如以下两本著作，也都是直接将"国体"音译过来使用。John-Paul Reed (1940), *Kokutai*: *A Study of Certain Sacred and Secular Aspects of Japanese Nationalism*, Chicago: The University of Chicago Libraries. 以及 Harold J. Wray (1971), *Changes and continuity in Japanese images of the Kokutai and attitudes and roles toward the outside world* : *a content analysis of Japanese textbooks*, 1903 – 1945.

六 战后的"国体"用法

终战前后，"国体"一词又以"维护国体"（日文为"国体護持"）

---

① 米原謙：『近代日本のアイデンティティと政治』，第 18 頁。

② Joseph M. Kitagawa, "The Japanese 'Kokutai' 〈National Community〉 History and Myth," *History of Religions*, Vol. 13, No. 3. (Feb., 1974) p. 209.

或“国体变革”等面目频频出现。1945年，日本在战场上的颓势已无可逆转，此时日本的上层统治者就开始争取以“维护国体”为条件的媾和。天皇和上层一直希望从同盟国获得保全国体的承诺，以此作为结束战争的条件，但没有得到明确答复。1945年7月28日，在日本对敦促其投降的《波茨坦公告》表示拒绝后，美国于8月6日和9日相继在广岛和长崎投下两颗原子弹，无奈之下天皇终于在8月14日决定接受《波茨坦公告》，签署《终战诏书》，并于次日通过广播亲自向国民宣读，这就是著名的“天皇的‘玉音放送’”。战争虽然结束了，日本貌似无条件接受了投降，但从种种资料看来，情形并非如此简单。

《波茨坦公告》第六条规定：“欺骗及错误领导日本人民使其妄欲征服世界者之威权及势力，必须永久剔除。”但日本在决定接受《波茨坦公告》的时候，提出了“帝国政府……（中略——引者注）在了解不包含变更天皇统治国家的大权的要求之下，接受宣言”的条件。不变更“天皇统治国家的大权”，就是维护国体。在战败已成定局、日本民族处于生死攸关的绝境关头，日本的统治层关心的头等大事仍然是保持国体。由于联合国答复，“天皇及日本国政府的国家统治的权限”“从属于联合国最高司令官”，日本最终的统治形态“根据国民的自由意志”决定，因此御前会议围绕着国体是否变化展开了激烈的争论，以致延误了投降的最终决定。在战败之际，面对《波茨坦公告》的最后通牒，日本统治阶层就是拘泥于“国体护持”，才延误了投降的最佳时机，酿成了广岛、长崎的惨剧。

不仅如此，使数百万军人放下武器的《终战诏书》中，完全没有出现“投降”、“败北”等词语，也没有出现诸如战争是“非正义的”之类的反省，而是天皇表明，“帝国之所以向美、英两国宣战，实亦为希求帝国之自存于东亚之安定而出此，至如排斥他国之主权，侵犯他国之领土，固非朕之本志”。而且为民众因战争所受的戕害“五脏为之俱裂”，并为“今后帝国所受之苦”，“朕欲忍其所难忍，耐其所难耐，以为万世之太平计耳”。对战争负有不可推卸责任的天皇，此时却以挽救民族危亡挺身而出的姿态出现，“如仍继续作战，则不仅导致我民族之灭亡，且将破坏人类之文明。如此，则朕将何以保安亿兆赤子，陈谢于皇祖皇宗之神灵乎！”在诏书的最后，天皇表示欲与“臣民同在”，“举国一致”致力于未来日本的建设，“朕于兹得以维护国体”、“誓必发扬国体之精华，不致落后于世界之进化”。从诏书中可以看出，甚至战败也未能使日本从道义上否定其“大东亚”理想，《终战诏书》中的价值观并不都是因为战败才想出的托词，而是与“国体”逻辑有着必然的联系。

《终战诏书》鲜明地反映出，日本的当权者对待这场自己发动的侵略战争，有的仅仅是作为被害者的意识，而没有反省自己首先是加害者。“朕对于始终与帝国同为东亚解放而努力之诸盟邦，不得不深表遗憾。”这显示天皇在宣布终止战争的时刻，仍然表示日本的战争是为解放东亚而进行的，如今选择结束战争，只是“时运之所趋”、为了保全国体而做出的决定（在美国投放原子弹之前，日本表示拒绝《波茨坦公告》时，表示誓将战争进行到底）。以宗教般的力量禁锢日本约半个世纪的“国体论”，在日本民族面临生死存亡的重大时刻，重又成为民族存续的依托，但同时，这种对待战争的态度，也与占据正统地位的国体论有着必然的关系，这种战争观为日后日本在战争性质和战争责任上的态度反复和后退直接埋下了种子。

战败后第二年年初，天皇发布了“年头诏书”。诏书因否定了天皇是现人神，从而被认为是天皇对自身神性的否定，天皇从此由“神”变成了“人”，因而“年头诏书”又以“人间宣言”闻名。但仅否定了天皇的神性，并不能认为日本的当权者试图放弃战前的“国体”。其表现之一是，“年头诏书”是 GHQ（联合国军总司令部）起草的，但在修改过程中裕仁天皇却执意将明治天皇的“五条御誓文”加了进去。1868 年颁布的“五条御誓文”[①] 是明治天皇率百官群臣向天地神明的誓约，以“大定国是，立保全万民之道”，是确立天皇政治和宗教权威的重要举措。“年头诏书”指出誓文“睿旨公明正大”，无须再增加新内容，战败后建设新日本，仍“须依此宗旨”。换言之，天皇认为君主制与民主主义并不相悖，而且民主主义早在明治时代的“五条御誓文”中就已体现，战后日本的民主主义改革，自应继承“五条御誓文”的精神。学者王金林认为，此举表明，天皇“不仅仅是表示自己从神坛走

① “五条御誓文”共五条：广兴会议，万机决于公论；上下一心，大展经纶；公卿与武家同心，以至于庶民，须使各遂其志，人心不倦；破历来之陋习，立基于天地之公道；求智识于世界，大振皇基。

向人间，更重要的是要通过诏敕表达保存天皇制的理念”①。表现之二是，“年头诏书”的目的是为鼓励国民从战后废墟中站起来，重建日本，如果这种动力仍要到传统中去挖掘，那么比起诏书中重新强化天皇与国民的感情联系、强调爱家爱国的做法来，似乎诉诸“勤劳”、“勇敢”等传统更为合理。在这里，战前的家族国家观又现端倪。

“朕与尔等国民共存，常欲同利害，分休戚。朕与尔等国民间之纽带，始终以相互信赖与敬意结成，非单依神话与传说而产生。非基于此种虚构之观念，即天皇为现御神，且日本国民为优越于其他民族之民族，进而应负有统治世界之使命。”“夫观爱家之心与爱国之心在我国尤为强烈，应扩充此心，向完成人类之爱献身效力。”

天皇虽然在诏书中否定了自身的神性，但天皇的地位并未因此坍塌，这一方面是因为诏书中已明确，天皇受民众的信奉与爱戴是出自“信赖与敬意”，非出于天皇是“现御神”的观念，所以即使否定了天皇的神性，天皇与民众之间的关系并不会因此受到冲击。另一方面，天皇由神坛中走下来，反而可以因“人”的身份更加拉近与民众的距离。值得注意的是，在日本战败，应向国民诉诸全新的国民信念的时候，天皇提出的仍是皇民之间的感情维系和爱家—爱国模式，而这些，却同时也是要求日本国民对日本发动和扩大战争予以支持时诉诸的精神构造。民主化是日本战败后的最大课题，但从“年头诏书”中看来，民主的课题早在近80年前的“五条御誓文”以来就已实现，于是民主化这一重大课题就这样被“合理”地忽视下去，而本应脱胎换骨的“战后”就巧妙地与“战前”有了“连续”。② 不仅如此，姜尚中指出“人间宣言”还“为3月6日的‘宪法改正草案纲要’的发布做了伏笔，同时也意味着向战后‘国体’迈出的决定性的第一步”。“‘诏书’通过‘否定’突出了与‘军国日本’的‘断绝’的同时，也周到地塑造了‘国体’的‘连续’的印象。”③

John Dower更表示，一方面，“年头诏书”不过是与美国“商议的、具有东方特征的”“国体”的再生宣言。另一方面，还意味着以战败的

---

① 王金林：《日本天皇制及其精神结构》，第436页。

② 从这一点上来说，“年头诏书”单因“人间宣言”而闻名，在否定天皇神性这一点上似乎有过于强调之嫌。

③ 姜尚中：『ナショナリズム』，第92、93頁。

“奇迹”为杠杆，通过与更上层的权力进行从属性的合作，修复了向帝国方向扩散的“国体”的破绽，使其看起来像是与民族（ethnic）的“日本人”、“日本国民”完全符合一样，收缩为“单一民族的”国民国家。“脱殖民地化”的课题不仅没有被主动把握住，反而被一下子扔掉了。①

1946 年的帝国宪法改正议会引发了国体是否因新宪法而改变的争论。战后的日本国宪法废除了明治宪法中天皇总揽统治权的规定，主权属于日本国民，天皇成了“日本国的象征”，不再拥有政治权限。那么新宪法是否更改了国体？如果按照前文所述的第一种（政治的、法律的）理解，那么新宪法必然带来国体的改变。有些法学者就持这种见解，如佐佐木惣一、横田喜三郎等。但另一方从第二种（历史的、伦理的、感情的）理解出发，认为新宪法更改的是法律的政治的制度，即天皇制，而这种制度并不是国体，而是政体。所以新宪法改变了天皇制即政体，但国体却没有根本的改变。见解不同的学者与知识分子之间因此产生了大量争论，最著名的就是和辻哲郎与佐佐木惣一的争论。政府的结论则是，日本以天皇为中心实现国民统合的国家特色仍然存在，因此持国体不变论，变化的是政体，也就是说，只要天皇还在，国体就没变。1946 年 7 月 2 日的朝日新闻评论说：“给人留下了在维持国体的掩护下保存旧国家体制的浓厚印象。”② 宪法学者、国务相金森德次郎的见解可作为政府观点的代表。他认为：“所谓国体，是扎根于国民内心深处、在与天皇的联系中实现国民的统合、以天皇作为‘憧憬的中心’并且国家在此基础上存在的我国特色，我们将之译为国体。”当时的吉田茂首相在回答社会党及川议员质询时回答：“万世一系的天皇在上，君民之间没有任何对立状态，自日本有史以来君民之间就没有任何违背之事，这就是我国的国体。”

然而，尽管日本国内各个立场上都有辩解国体与民主主义绝不相悖的意见存在，但它毕竟与战争和军国主义有着不可分割的联系，于是随着新宪法的制定和普及，在战后急速的民主化浪潮之下，在日本战败后一二十年的时间里，作为思想史概念的、与战前天皇制体制抱合的“国

① 姜尚中:『ナショナリズム』，第 94 頁。

② 里見岸雄:『国体学総論』，第 237—240 頁。

体”概念在言语层面悄然消失，被另一个完全不同的“国体”词汇完全掩盖。如果现在问日本人“国体”是什么的话，得到的答案恐怕大多是“国民体育大会的简称”，这就是日本现在所使用的“国体”。考虑到“国体”一词在近百年（若从幕末会泽的《新论》算起，到战败则有120余年）时间里发挥的超乎寻常的统治力，那么在短短时间内却完全从主流话语界退出（当然右翼一直在叫嚷），也是颇为怪异的一个现象。

对于这一现象，一方面，我们既可以说战后的日本以“国民体育大会”这一毫不相关的另外一个新词完全覆盖了历史上的“国体”一词，从而实现了与历史联系的切断。另一方面，如果将“国体”放到更大的历史范围内来看，又可以说，本来作为一个普通用语的“国体”，在历史上特定时期被赋予了特殊的意义，在这段历史结束之后，“国体”又重新变成了一个日常用语。但不管用哪一种视角，“国体”是一个特定历史阶段被赋予特定意义的词语，已是非常明确的。

GHQ在战后初期对日本采取了一系列民主化政策，试图铲除天皇制意识形态，如废除了治安维持法，禁止出版《国体之本义》、《臣民之道》，冻结天皇资产，废除神道特权，实行政教分离，等等。力图取消“带来战争犯罪、战败、苦恼、贫困及目前惨象的意识形态”，“防止利于宣扬军国主义和极端国家主义的活动重新出现”。但是“国体”从言论中退后了，它在思想上的影响却没有被根除，反而在战后的政府和学者言论中发现“国体”“连续”的印象。政治思想史学者桥川文三指出了“国体”在战后“反转过来又再度成了极具暧昧色彩的阴影，而且更加能感觉到这种令人毛骨悚然的实在感在什么地方飘浮着”①。

2000年5月和6月，以“失言”著称的日本前首相森喜朗接连做出了“神之国”和“国体”的发言：“希望国民牢记日本国是以天皇为中心的神国”，“（日本——引者注）共产党……不承认天皇制，要解散自卫队，也不承认日美安保条约。这样的政党……怎么能保卫日本的安全、日本的国体?”森喜朗的发言受到了国内外舆论界的严厉批判，但

---

① 橋川文三：「国体論の連想——その含羞と畏怖」，『橋川文三著作集』第二巻所収，第135頁。

与其说舆论的反对是由于发言中的迷信色彩（“神国”）和保守立场，不如说更因为战前曾与军国主义和天皇制法西斯主义有密切联系、日本战败后退出历史舞台几乎成为一个死语的“国体”一词，却在战败半个世纪之后，从日本的国家元首口中再次出现。联系“国体”概念在日本近代史上的重要意义，日本的有识之士有理由担心，如上发言不仅仅是一种“失言”，而是暗示了某种思维或意识在战后的延续。

第三节 “国体”与“政体”

上文已经提到，在西方近代法学传入日本之后，日本的法学界出现了按照主权归属来划分国体的主张。然而，以主权归属定义的政府组织形式，在现代法学里是属于“政体”（polity）的概念范畴。古希腊的亚里士多德在《政治学》中即按照掌握最高治权者人数的多寡，将政体即政治制度（politeia，constitution）分为君主政体、贵族政体和共和政体。[①] 应该说，日本近代在使用“国体”一词时，与西方的“政体”概念有着复杂的重叠和交错。比如，里见岸雄曾说：“本来，西洋法学里国体的概念要么遵从古代希腊国体的三分法（君主国体、贵族国体、民主国体）以来的传统，要么由于现在没有所谓贵族国体了，而遵从马基雅维利的二分法（君主国体、共和国体）。”[②] 里见所用的“国体”实则是西方法学里的“政体”概念。《花柳春话》（1878—1879）中讲道：“罗马之国体有三变。第一为君民共治、第二为合众共治、第三为君主专治而亡。”[③] 这也是在西方的“政体”的意义上使用“国体”概念。那么是否在日本近代就只用“国体”而没有“政体”一词呢？答案是否定的，实际上，这两个词不仅在日本近世以来都有使用，而且二者之间的关系错综复杂，不仅成为国体论者不得不专门做出解释的一个问题，也成为直到第二次世界大战结束为止一直困扰法学者的一个难题。

① 这是正宗的政体，与之相对，如果当权者只照顾部分人而不是全体城邦的利益，就相应地存在三种“变态政体”：僭主政体、寡头政体和平民政体。［古希腊］亚里士多德：《政治学》，吴寿彭译，商务印书馆 1965 年版，第 136—137 页。

② 里見岸雄：『「国体」の学語史的管見：国体の語の用例及用法に関する研究』，第 48 頁。

③ 『日本国語大辞典第二版』第 5 巻，小学館 2001 年版，第 592 頁。

一　宪法学中的“国体”与“政体”：穗积八束与美浓部达吉

不管“国体”与“政体”被如何定义，都是涉及国家政治体制的重要概念，于是首当其冲成为从事国家根本大法——宪法研究的学者绕不过去的问题。在近代日本的宪法学、国法学者当中，在对“国体”和“政体”的使用上大致可分为两派。一派可称作国体政体二元论，另一派可叫作政体一元论。其实这两派的划分正与日本早期宪法学中两大派别的划分相一致。日本的宪法学最早发端于明治十年代制定宪法和确立立宪政体的时期，宪法学的确立之初即与当时的政治实践相连动。早期的著名宪法学者有末冈精一、有贺长雄、穗积八束、一木喜德郎等。在这其中又可分为两派，穗积八束的宪法学因主张天皇拥有主权，而被称作“天皇主权说”，而另一派末冈精一、有贺长雄、一木喜德郎的宪法学则被称作“天皇机关说”，主张天皇如同其他机构一样是国家的一个组成部分，其权力是有限的。

认为国家权力是无限的穗积八束（1860—1912）和继承其衣钵的上杉慎吉（1878—1929），在“国体”的问题上属于国体政体二元论者。他们把按统治权来区分的国家形态称为“国体”，在他们那里，国体按照主权之所在来确定。如穗积八束在《宪法提要》（1910）中称：“国家具有主权，而主权在国家组织中之存在样式却不唯一，此样式之异同谓之国体之别，国体由主权之所在来区分。”① 如果君主掌握主权，就是君主国体，如果国民掌握主权，就是民主国体。值得注意的是，最早将“国体”一词纳入法学领域的，正是穗积八束。是他最早给传统的“国体”用语赋予了法学含义。“考虑到国体这一成语，其用例并不唯一，一直以来通用的国体是泛指国家民族之特性，主权之所在虽亦是国家的特色之一，但（国体——引者注）并不仅限于这个意义。然今若专从法理方面观察国家，主权之所在乃极为重要显著之特征，而又无确切称呼之成语，故予使用国体之称谓，以便法理之解说。”② 所以，穗积是把原来可算作广义的国体一语拿到法学领域，重又打造了一个作为法学概念的狭义的“国体”。

① 穗積八束：『憲法提要』上卷，有斐閣 1968 年版，第 52 頁。

② 同上书，第 52 页。

同时，穗积也使用政体这一概念：“国家之体制由统治主权之所在、及其行动样式所决定。前者谓之国体，后者谓之政体。”① 穗积将主权的行使方式谓之政体，并把政体分为专制政体和立宪政体，在他看来，明治宪法制定前的日本是君主国体、专制政体，而宪法制定后则是君主国体、立宪政体。那么国体与政体是什么关系呢？“国体由主权之所在而定，政体由主权行动的形式而分。不辨别二者遂不能明白宪法之大义。政体之异同并不意味着国体之异同，国体相同者政体可以不同，政体相同者国体也可以不同，政体不能动摇国体，能随时势之需而变动。”

与之相对，另一种观点则把穗积等人所说的国体称为“政体”并拒斥“国体”这一概念，因此可称作政体一元论者，代表人物是批判性继承了一木喜德郎宪法学的美浓部达吉（1873—1948）。美浓部达吉拒绝在法学领域同时使用国体、政体两个概念，在他那里，国体是个历史的、伦理的概念，像 national character 一样，无法作为一个法学概念来对待，所以他主张把“国体”从宪法学中排除出去。与第一种观点相对，对于按统治权来区分的国家形态，美浓部不把它叫做“国体”，而是称之为“政体”。他认为：“虽然国家之统治组织因各国之国法而有所不同，但就近代国家而言，国家首先可以分为统一制之国家与联邦制之国家，而在统一制之国家之中，又可进一步分为君主制及共和制这两种政体。”② 他认为政体指的就是统治组织，在 1889 年（明治 23 年）帝国宪法制定之前的日本是专制君主政体，宪法制定之后则是共和制政体。

美浓部不把统治和统治权看作国体，而是作为政体的问题，这与以穗积八束、上杉慎吉为代表的第一种观点是正面冲突的。然而，这并不是单纯的因概念界定不同而引发学术分歧（争论）的问题。因为概念只是一个借以阐发观点的媒介，在有些情况下，即便对概念的定义不同，也可能在概念的内容上达成共识；但在美浓部与穗积那里，事实并非如此，可见双方真正的分歧并不在于概念本身，而在于接下来的结论，在于对日本应建立何种政治体制这一现实问题的立场。正如家永三郎指出的那样，这两派的分歧虽然表现在对天皇的看法不同，“但从思

① 穗積八束：『憲法提要』上卷，有斐閣 1968 年版，第 53 页。

② 美濃部達吉：『憲法撮要』，有斐閣 1923 年版，第 49 頁。

想史的观点来看，把天皇看作主权者还是国家的最高机关这一点恐怕并不是有决定性意义的思想上的对立点，在这一学院派宪法学内部的对立点上包含了思想史上最重要意义的，其实是认为国家权力是有限的还是无限的这一点”①。

穗积的“天皇主权说”主张国权无限制，因此作为主权者的天皇的大权也应是绝对不受限制的，由此得出了君主的权力无限制的结论。在他“君主国体”的绝对化概念之下试图维护的是君主专制体制，虽然也声称“立宪政体”，但在“政体可变，国体不可变”的原则之下，无非是在立宪的外表之下维护天皇的绝对权力。而以美浓部为代表的“天皇机关说”则试图维护君主立宪制，主张天皇的权力应受议会限制。因此，两派的分歧分明是一个超越了单纯学术论争的政治问题，因此两派之间围绕着对1889年明治宪法的解释，在1911年明治末大正初展开了一场著名的学术争论——“天皇机关说”与“天皇主权说”之争，并在1935年又发展成国体明征的政治运动，也就可以理解了。

1911年的“天皇机关说”争论在本书第二章第三节“大正与昭和初期的国体论”部分将会做出详述，这里只想指出，这两种立场的对立实则是更深层次的制度性矛盾的外在化体现。这一争论围绕着对1889年明治宪法的解释展开，它意味着对明治宪法中天皇权力的规定存在着两种不同的解释。其实，天皇机关说和天皇主权说看似对立，但在对明治宪法的解释上，两者都有其立论的依据。因为明治宪法中所规定的天皇地位实际上同时具有两种不同的性格，一种是君主立宪政治，一种是君主专制政治，这种矛盾的规定源于日本作为后发国家在近代化过程中不得不将西欧国家分为绝对主义国家和近代国民国家两个阶段实现的近代化压缩到一个阶段来实现的特殊现实。而这两种对立的学说实际上是对其中一种天皇形象的解释。

1912年，美浓部在《宪法讲话》的“序”里指出，“我国施行宪政已二十余年，宪政之智识尚未广为普及，此为意想之外。就连专门学者论宪法之事时，亦听见不少借国体专门鼓吹专制思想之主张，压抑国民之权利，要求其绝对服从，欲在立宪政治之假想下行专制政治之实”，“余最为勉力之处，乃明宪法之根本精神，排除流布于部分人中之化装专制政治

① 家永三郎：『美濃部達吉の思想史的研究』，岩波書店1964年版，第1頁。

之主张”。[1] 从这段话里可以看出，在明治宪法施行20余年后，宪法学者仍然在“国体”一词上各说各话，在“国体”问题上各存专制与开明两种截然不同的主张，这种现象很难仅以法学界学术水平的参差来解释，其根本原因实则存在于明治国家政治体制自身具有的双重性。

然而，“天皇主权说”与“天皇机关说”这一见之下泾渭分明的两种主张，也并非没有共同点。

第一点共同之处，就是在双方眼里，“国体”都不是一个以纯粹法学概念就能囊括的纯粹学理性概念，而是有着深厚伦理道德和历史传统等附着于其上的价值性概念。

值得注意的是，穗积虽然给“国体”赋予了明确的法学定义，但在他那里，国体也并不是一个纯粹的法学概念，“在主权的所在这一形式上的法学概念之上，它还包含了主权的性质和渊源。而且很明显，后者被认为有决定性的重要性”[2]。穗积说：“国体是民族的确信的结晶。……（中略——引者注）民族的确信是法律的渊源，这是历史派法理学大家的定论，予在读萨比尼诺之书时常感叹此说义理之深远实乃通于古今之达观，其言虽未及国体之事，但其理同之。”[3] 穗积所说的“民族的确信”即我们今天所说的“民族认同”，穗积认为法律虽可以人为制定，但并非无本之木，法律实则需要建立在这一民族的惯习与认同之上，而在他眼里，国体是民族认同的结晶，因而国体是法制与政体的渊源与基础，没有国体，法制亦是无本之木。

这一认识并非穗积本人的独到见解。法律的制定不是一个单纯的数学问题，还跟这一国家的历史和民族特性密切相关，在西方的古罗马时代，尤其是中世纪封建制下的欧洲，对于习惯法都有着异乎寻常的重视，这是并非仅存在于日本近代的一种人类社会史的经验。因此，不仅是日本的“国体”一词，英语语境里的constitution也不是一个脱离伦理、历史色彩的“无色”创造物，这在白哲特的《英国宪政》中有着相当多的论述。就这一点来看，虽然穗积努力将“国体”一词纳入法学领域使其成为一个法律用语，但他对“国体”的法学定

① 美濃部達吉：『憲法講話』，有斐閣1912年版，第2—3頁。

② R. H. マイニア（佐藤幸治、長尾龍一、田中成明訳）：『西洋法思想の継受』，東京大学出版会1971年版，第69—70頁。

③ 穂積八束：『憲法提要』，第70—71頁。

义其实隐含了道德等价值色彩，这也使他的国体概念无法具备学理上的严整性，这表现为他一方面试图将其吸纳为一个法律概念，另一方面又在非法律和大于法律的范畴上使用它，因而不得不陷入了概念混乱和前后矛盾的尴尬境地。但是，就其对于法律基于民族惯习和认同的认识而言其实有着相当的正确性，反而认为制度可以如同成品一样拿来就用的想法其实是天真的。这就是在穗积八束身上存在的悖论。然则如果是这样，对于把“国体”从法学领域驱逐出去的美浓部达吉又该如何评价呢？

美浓部法学的一个显著特点就是逻辑的严整性，而这种与穗积宪法学高下之判立别的逻辑严整性，不能不说很大程度上得力于美浓部把“国体”从宪法学中排除出去的做法。然而，美浓部将“国体”排除出法学领域，并非由于觉得“国体”不足以成为一个学术问题或觉得“国体”不重要，而是美浓部恰恰看到了“国体”一词上附着的伦理色彩从而认识到无法将其窄化为单纯的法律用语，才用将“国体”排除出法学领域的做法，成功地保全了“国体”一词的历史的、伦理的特质。在“国体”一词上保持其价值性内容的这种努力，美浓部与穗积其实没有根本的不同，在法律需要民风民情做基础这一点上，美浓部也有着相同的见解。美浓部法学真正区别于穗积法学的，是美浓部对国家的权力设置了界限，防止其滥用。

第二点可算作美浓部与穗积法学之间共同之处的，是美浓部对“国体”的重视。美浓部不主张在法学中使用“国体”，并不意味着他对“国体”持轻蔑态度，也不意味着他不相信日本有其独特的国体，如下几段话清楚地表明了他在国体问题上的态度。美浓部认为：“国体是日本固有的词汇，在外语中没有与之确切相对应的词语。……（中略——引者注）它并不是相当于 Staatsform 或 Verfassungsform 等词语的单纯法律上的概念，而是一直以来都用于指日本国家中最为重要的历史的以及伦理的特质。它离不开万世一系的皇统，离开了就无法思考国体的观念。而‘万世一系’即以过去的历史事实为最重要之要素，因而国体一语不是单纯的法律观念，而是以国家的历史特质作为其观念的要素。”① 所以他并不贬斥国体，反而反复主张国体的重要性。他之所以主张把国体排除在宪法学之外，只

① 美濃部達吉：『日本憲法の基本主義』，日本評論社 1934 年版，第 12—13 頁。

是因为他认为按照统治权的所在来定义国体缺乏学问上的意义，同时也认为把国体限定在纯粹法学领域是做不到的，他认为国体只能是一个广义的历史性概念。

美浓部在《日本宪法的基本主义》中指出：“然则日本国体的特色何在？一言以蔽之，就在于日本的民族在最初建立统一的国家以来，一直有万世一系的皇统在上，不管政权和兵权如何变迁，皇室总是作为国民生活的最高的中心被敬仰，国民对皇室的尊崇忠爱之感情，几乎可谓是宗教性的信仰。日本国体的特色就在于此。”① 美浓部也承认，明治建立起来的君主制就是以这样独特的国体为基础建立起来的，把国体限定在法学的范围内来定义，反而损害了国体的独特性。

于是，穗积八束和美浓部达吉的观点看似针锋相对，但在国体问题上二者却有着奇妙的汇合点。当然，这个汇合点是极其有限的，最终二人的学术走向毕竟大相径庭，但这一汇合点的存在本身对于理解“国体”在日本近代国家体制中的重要性却是至关重要的。

1935 年，进入昭和时代的日本发生了一场“国体明征运动”，以右翼分子攻击宪法学者美浓部达吉的“天皇机关说”违反“国体”开始，最终成为一场国体论在全国范围内打压异端的政治运动，并直接导致了右翼和军部法西斯主义的上台。有学者将 1911 年开始的“天皇机关说”与“天皇主权说”之争叫做第一次天皇机关说争论，把 1935 年天皇机关说再次受到攻击的事件即国体明征运动称作第二次天皇机关说争论。在第一次争论中，美浓部学说压倒上杉学说占据了优势，成为法学界的主流。而在第二次天皇机关说争论中，天皇机关说最终被明令禁止，政府最终宣布“天皇机关说”违反国体应予铲除，运动由学术争论直接变成了政治斗争。

在理解美浓部达吉对于“国体”的态度上值得注意的一点，是在国体明征运动中“天皇机关说”与国体论的关系。虽然美浓部达吉的“天皇机关说”在国体明征运动中被当作“反国体”的事物列为首要打击对象，但实际上，天皇机关说并未从根本上破除国体论。

美浓部达吉 1935 年 2 月 25 日在贵族院为自己辩护时，并不是以革命者的姿态揭穿国体论的本质，而是证明自己的著作完全没有违反国

① 美濃部達吉:『日本憲法の基本主義』，日本評論社 1934 年版，第 4 页。

体，说攻击他的菊池武夫没有看懂自己的书，才会攻击他否认国体。他说他的《宪法精义》第 15 页至第 16 页明确写着，"日本国体的基础是君主主权主义，再加上从西洋文明传来的立宪主义，这就是日本宪法的主要原则，即君主主权主义加上立宪主义，而且万世不易，自日本开辟以来不曾变动，在将来也永远不变"。他认为，君主主权主义是日本宪法最宝贵的，也是最根本的原则，他之所以受攻击，是因为他认为天皇的统治大权不是万能无限制的，还需要依照宪法的条规行使。① 由此观之，天皇机关说并未从根本上破除国体论，它只是主张天皇的权力也要受宪法约束，主张天皇的统治大权不是为了他一人的利益而行使，而是为了全国家。美浓部认为这才是符合日本自古以来的国体。

正因为美浓部的天皇机关说并没有在根本上触动国体论，所以在国体明征运动中备受迫害的美浓部，在战争刚刚结束、天皇本人面临是否被作为战犯起诉的关键时刻，没有以反对天皇制、主张国民为主体的民主主义旗手出现，却"以'君权主权主义'者的形象站到历史舞台上来"。1946 年 1 月，他在《世界》杂志的创刊号上发表了题为《民主主义与我国议会制度》的论文，特别强调了两点。第一，拥戴"万世一系的皇统"，对皇室"怀尊崇忠诚之念"，实是日本"国民团结的中枢"，"最大的优点"。如果失去"中枢"，日本就会陷入极度的混乱，就无法"建设新日本"。第二，日本虽有民主主义化的必要，但这种民主主义化并不是以国民为主体的民主主义，而是"在君主制下的民主主义"。主张君主依宪法总揽统治权完全适用于战后制度。② 如果看不到天皇机关说并不破除国体论这一点，就无法理解美浓部的这种举动。里见岸雄就认为美浓部战前战后对国体的态度是"学术上的矛盾"。但从机关说与国体的关系来看，这种表现看似"转变"，其实是前后一贯的。这对于正确理解天皇机关说以及国体论根深蒂固的影响非常重要。③

① 美濃部達吉：「一身の弁明」，歴史研究会編：『日本史史料［5］現代』，岩波書店 1997 年版，第 58—59 頁。

② 王金林：《日本天皇制及其精神结构》，天津人民出版社 2001 年版，第 430—431 页。

③ 在战后的有些知识分子身上也有类似的现象发生。在战争时期，南原繁就已经对以国家神道为基础并且通过天皇的神化而产生的"国体信仰"进行了明确的批判。战后他对于国家神道的废除与天皇的"人间宣言"也表示了强烈的支持，但同时却放弃了原来对天皇制本身的否定态度。他否定的是神格的天皇，但拥护的是人格的天皇。他转而把人格化的天皇作为"日本国家统一意志的体现者"，以保证"日本历史的延续"。

二 法学家之外的学者的区分：井上哲次郎与和辻哲郎

（一）井上哲次郎的国体政体论

在国法学者之外，又是怎样看待国体与政体的呢？一种观点以井上哲次郎为代表。井上哲次郎认为，国体的概念远比国法学里论述的更为广泛，不是一个纯粹法学领域的词汇，日本的国体是以万世一系的皇统为基础而成立的。而对政体他遵循国法学者的定义，指主权运用的方式。他认为日本的政体是随时代而变的，王朝时代与武家时代不一样，明治时代（立宪政体）又与武家时代不同。但因为任何时候主权都在天皇那里，所以日本的国体一直未变。因此他把国体与政体的分离看作日本国体的第一大特色。而外国的国体与政体则无法分离，政体变了国体也跟着一起变。最明显的就是法国，从王政变为帝政，又变为共和政体，国体也跟着一起变，不存在新中国成立以来一直不变的国体。①

其实，井上对国体和政体的划分有其特定的意图在内。因为国体论中万世一系神话的建构，是为了给明治国家的统治提供政治正当性。但是如何来解释与此不相符的历史事实呢？比如，在南北朝时期同时存在着两个天皇和两个朝廷，而且在武家政治时代天皇长时期被从政治上架空，在这些史实面前，“万世一系的皇统”就很难站得住脚了，既然国体以此为基础，那国体的“万古不易”也就无法成立了。但井上用国体与政体的分别来解释，就巧妙地解决了这个问题。宣称国体是主权所在，而主权一直是在天皇手里的，所以国体从未变过。但是主权行使的方法却在某些时代有所不同，这个主权的行使方式就是政体。国体不变，政体却可以多种多样，随时代不同而变化。在井上那里是有着把国体论作为人为建构意识的自觉的。

（二）和辻哲郎的国体政体论

另外一种观点以和辻哲郎为代表。他对历史上使用的“国体”一词持有异议，他认为，以谁总揽统治权来区分的国家形态，应该是“政体”的概念，而不是“国体”。这个政体的概念已经在世界上通用了，再用国体这个词语，是把“国体问题导入迷路的原因”，不应该用这个

① 井上哲次郎：『新修国民道徳概論』第三章「国体と国民道徳」，第32—37頁。

暧昧的国体概念。法学者虽然自己用的“国体”概念很精密，但论述的时候还是不得不涉及与自己用的不同的国体概念，陷入混乱。所以和辻说，国体这个概念本身，就是混淆的产物，或者说是没有打算精密思考的人创造出来的。而且国民都统一自觉的尊皇思想也被和封建的忠君思想等同起来，错误构成了国体概念的基调。和辻认为，如果早就用政体这个词，不管是什么样的独裁统治者都不会恶用这个概念为有力武器了。这恶用时的标语，就是国体明征。帝国宪法中明确规定天皇是统治权的总揽者，根本没有再值得明征的必要。如果称为政体的话，也许就不会发生政体明征的运动了。①

上文已经指出，国体定义的暧昧和混乱问题背后存在着深层的制度化的原因，而和辻把国体问题归结为单纯的词汇问题，不能不说是极其表面化的理解。但和辻哲郎如上见解的提出是在 1947 年，当时围绕着新宪法的制定有否改变国体，在日本政界和学界引起了一场争论。和辻的如上见解是对法学者佐佐木惣一的“国体变更”论做出的回应，他通过把国体一词的重新定义，巧妙地得出了国体没变的结论。

三 “国体”与“政体”的纠葛

“国体”是从水户学中产生的概念，而“政体”则是 constitution 的汉译，这两者本来并非一对对立的概念，然而在日本却逐渐在对立的意义上被使用。最早将国体和政体明确区别开的，是加藤弘之。② 他在 1870 年《真政大意》中给秋月种树的序文中说，“重君是我国之国体，保民是我国之政体”，在 1875 年的《国体新论》中又说，“国体是眼目，政体是达到此眼目的方法”③。

加藤这里的“国体”还不是日本的特殊用法，而是一个普遍指国家体制的一般名词，接近于德语里的 Staatsform。后来穗积八束持国体政

---

① 和辻哲郎：「佐々木博士の教示について」，『和辻哲郎全集』第 14 卷所収，岩波書店 1962 年版，第 387 頁以下。

② 关于加藤弘之在《邻草》（1861 年）和《立宪政体略》（1868 年）中对政体的论述，可参见张允起《幕末明治初期的“宪法”与“国体”》，《日本学》第十四辑（北京大学日本研究中心编），世界知识出版社 2008 年版，第 127—130 页。但此文将《邻草》的书写年份错认为 1862 年。

③ 加藤弘之：「国体新論」，植手通有責任編集『日本の名著 34　西周　加藤弘之』所収，中央公論社 1984 年版，第 405 頁。

体二元论，即“国体”是主权所在，可分君主国体、民主国体，“政体”是主权运用，可分立宪政体、专制政体。但在加藤弘之那里，一切国家的国体都应以确立立宪的权利关系为目的，而政体则可以因国家不同而采取君主政体、民主政体，后来穗积八束的国体政体的定义正好对加藤的论述做了一个 180 度的转换。从穗积八束开始，“国体 = 天皇主权”这个国家学的定义就确立下来，并占据了正统学说一样的地位。但穗积的本意不是推崇而是反对立宪主义和政党政治，拥护君主专制，因此他为这一理论附加了如下的条件：政体是可变的，而国体则是天壤无穷的，国体不可变。但是把明治宪法下的天皇制定义为“君主国体—立宪政体”，这种理论如果延伸下去难免走向这样的结论，即天皇只握有主权而不行使，也就是说天皇“君临而不统治”，这样也是符合国体的，而这则与穗积试图实现君主专制的意图背道而驰，反而接近美浓部的天皇机关说的主张，因此这一理论自身就包含了矛盾和混乱。因此，甚至在右翼理论家当中，都有很多人反对将“国体”一语消解在德意志国法学的框架之内。[①]

国体政体的区别给学习宪法的学生们带来了持久的困惑。因为他们一边要承认政体有变化的可能性，但对于国体，却要相信它永久不变地存续下去，对此不能有丝毫的怀疑，在这一点上，国体有类似于宗教信仰一般的绝对性，这超出了学问和理性的范畴。在一个确立了现代法政体系并依法治理的国家里，宪法是国家的根本大法，它是一切法律体系的根本，也是国家的政治宣言。然而有意思的是，在日本的近代，对一个思想或一个人而言，最大的罪名不是说它“违背宪法”或是违法，而是“与国体相悖”或是“反国体”。一旦被贴上“反国体”标签的话，担此罪名的人马上就会被作为“非国民”对待，思想也顿失立足之地，“国体”造成的恐怖实非仅仅法律意义上的，而是类似于中世纪的宗教裁判所把宗教异端烧死在火刑柱上一般。从这个意义上讲，近代日本虽然具有完备的法律体系，但是与其说是法治，不如说是“国体治”。

因此“国体”是一个“超越了所有的政治性概念”[②] 的用语，它是

① 長尾龍一：『日本憲法思想史』，講談社 1996 年版，第 203 頁。

② 桥川文三语。橋川文三：「国体論の連想」，『橋川文三著作集』第二卷所収，第 147 頁。

一个无法消解在法学领域里的词汇。围绕着国体和政体两个概念产生的纠葛，其实是围绕着宪法、在学自欧美的立宪主义思想和幕末以来的天皇制意识形态之间产生的激烈的思想冲突。

结　语

综上所述，“国体”是一个历史的概念，这个概念的意义和内容的变化，是日本近代国家意识的觉醒和对自己国家体制认识变化的缩影。

日本近代的“国体”专指日本以天皇统治的观念为核心的国家体制，同时，它又是日本民族对于自己国家独特性的一种自我意识，这种自我意识兴起于幕末时期，成为倒幕运动的思想武器，在明治初期，启蒙思想家又借“国体”拥护立宪反对封建专制，但以1889年《大日本帝国宪法》和1890年《教育敕语》的颁布为标志，近代天皇制国家得以确立，自此直到战败为止，国体论成为日本的官方意识形态。因此它具有以下几个典型特征。

1. 国体论是出现在一段特定历史时期之内的现象，是伴生于日本近代化的一种社会意识，也就是说，它是一种近代现象，而非单纯的封建复古之物，它的产生、兴盛和破灭都是日本对于近代化课题的一种回应。尽管国体论者一贯宣称日本的国体是自开辟天地（肇国）就已确立并贯古通今，但对于这种国家独特性的意识出现得却没有那么早，事实上，只有到了幕末时期，“国体”的说法才开始被大范围使用。或者说，不管“国体”是否如其所宣称的一直未变，但国体论却是晚近时期（幕末）才出现的，这一事实却是确定无疑的。

2. 国体论是战败以前日本近代的国家意识形态，它在近一百年的时间里凌驾于政治、历史、文学、宗教、民俗等一切领域之上，成为不可置疑的绝对价值，带有宗教般的魔咒力量，这种“国体”是汉语里的“国体”甚至是在西方法学里被日本翻译成“国体”的原词都感到陌生的语境。

3. 国体论是与战前的天皇制国家体制相抱合的一种意识，并被当作一种价值判断标准，这种标准由于高度依赖日本的独特性，是缺乏相对化契机的自我中心主义，因此反而阻碍了它在世界范围内与普遍性的联系。

4. 由于国体论的存在高度依赖特定社会背景与时代氛围，因此战败宣告了它的破产。由于升级为极端国家主义，并在20世纪三四十年代推动日本走上侵略战争道路，这使国体论蒙上了一层极不光彩的“光环”，因此战后民主化过程中它被当作不合时宜的事物，长期处于学问关心之外。

“国体论”更重要的研究价值并非在于语义学上的辨析，它作为一种正统的政治意识形态与政治实践的互动才是更值得关注的课题。在这一过程中显现出近代日本在不同时期对所面临的政治课题的回应方式、对合理的政治制度的思考方式和摸索过程。

第二章　国体论的学说史概述

——“国体民族主义”的视角

“国体论”是对围绕着“国体”论述日本国家和民族独特性的诸多言论的统称，它并不是一套逻辑明确内容严整的思想体系，而是包含了庞杂的内容和歧异的方向，因此同在“国体论”这一名称之下，论者的意图、观点可能大相径庭，甚至可以不夸张地说，由于没有一个统一的“国体”定义，在有些情况下，很多论者唯一的相同之处只是他们都在阐述“国体”这一点。因为国体论所涉内容并无定规，若将各时期对国体有过论述的人物的观点一一罗列，反而会造成关注点的分散，无助于对于国体论这一现象形成整体性的认识，因此本章试图抓住各时期国体论中持续出现的一条主线，以此为视角对国体论做一纵向的考察。考虑到国体论的核心内容就是对日本国家和民族独特性、优越性的陈述，而纵观日本近代以来民族主义的兴起，可以发现“国体”几乎每次都是重要契机和推动力量，战前日本民族主义的发展脉络基本上可以用“国体民族主义”的说法来概括，因此本章将以民族主义为视角，对国体论做一学说史的纵向分析，而在接下来的第三至第五章将从政治、社会和宗教三个层面进行横向分析。

里见岸雄的《国体学总论》按照时间顺序和学问领域对历史上繁芜的国体用法做了详尽的梳理，类似于一本国体用语字典，内务省神社局1921年的《国体论史》也按时期列举了历史上众多对国体的论述。读者可就具体的国体用法进行查阅。因此本书在这一章里论述国体论的演变时，将回避列举式的介绍，而是将重心置于国体论与时代课题之间的对应关系以及国体论因时代变化而产生的逻辑变化和功能变化。

第一节　幕末“早期民族主义”中“国体”概念的成型

一　对绝对主义国家的朦胧需求

在近代前夜的幕府末期产生的民族主义，存在着与近代民族主义相异的诸多特征。但它仍然在思想和行动上为后者做了重要的准备，因此被称作早期的或前期的民族主义。① 为了应付西方文化的冲击，尤其是基督教的影响，德川幕府自 17 世纪 30 年代开始实行锁国政策（1635 年的海外渡航禁止令和 1639 年的葡萄牙船来航禁止令），但这并不能使日本免受西方的侵犯，势力日益增长的西方国家纷纷前来日本叩关，使幕府的统治面临瓦解的危机。如何维持民族独立、避免成为列强的殖民地成为当时日本面临的最大课题。围绕着“开国”的要求，幕末的志士从不同的立场出发形成了锁国与开国、攘夷与勤王的各种时局论，这形成了早期民族主义的言论空间。要求举国提高海防意识的“海防论”和要求增强国内经济实力以此提高军事实力的“富国强兵论”成为早期民族主义第一和第二个阶段的表现形式，然而现行的政治体制却为这个课题的实现设置了重大障碍，因为国内积贫积弱的形势根本在于制度性的矛盾。所以从富国强兵论开始发展出第三阶段的思想，中央集权绝对主义色彩的国家构想开始成熟，这就是以国体论为体现的尊皇论。

作为对统一国家的需求和对民族危机的反映，“国体”一词开始频频出现在水户学者和国学者对日本国家的论述当中。这是国体论在历史上的首次勃兴。“国体”的使用本不是自幕末才开始的，但在这之前它只是一个十分普通的概念，多是笼统地指国家的形态或是国家的大体，只有到了幕末尤其是后期水户学那里，“国体”才有了特定的含义和全新的地位，并与尊王攘夷思潮结合形成了幕末轰轰烈烈的一大政治运动，最终导致了幕府统治的覆亡。这其中又以会泽正志斋的《新论》为后世国体论的嚆矢，近代“国体”的用法和大致内容基本上由此确立。

① 丸山真男在《日本政治思想史研究》中将幕末国民意识的苏醒称作“前期的国民主义”，中文本译作“早期民族主义”。［日］丸山真男：《日本政治思想史研究》，王中江译，生活·读书·新知三联书店 2000 年版，第 279 页。

1824年，英国船为了补充燃料和水，登陆水户藩所属的大津海岸，这对一直奉行锁国政策的幕府而言是极其重大的事件。会泽正志斋被派去和英国人交涉，以笔谈者的身份亲历这一事件，直接感受到了冲击。1825年2月，幕府发布了异国船驱逐令，命令将接近海岸的异国船只一律赶走，对登陆的外国人进行逮捕或处死，表达了强硬的方针。会泽写《新论》，就是在之后的三个月，直面俄罗斯船和英国船进出日本近海的状况，而国内对于这个现状，却只是说“他们是蛮夷，来的不过是经商的船舶，或是渔船，不是什么大患”（“论者皆谓彼蛮夷也，商舶也，渔船也，非为深患大祸者焉”①），因此对时局没有紧迫之感，也没有任何防备对策。而在会泽这里，他则意识到光富国强兵是不够的，更重要的是思想上的统一。会泽为了向藩主建言而总结自己的想法，于是在1825年《新论》成书。《新论》分“国体”、“形势”、“虏情”、“守御”、“长计”五个部分，相对于其他部分只有一节，第一大部分“国体”又分为上、中、下三章，在全书中占据了重要的地位。

然而会泽在《新论》中并没有专门解释“国体”是什么意思，之所以将他看作国体论的集大成者，是因为他最明确地将国体做了系统化的阐述，并为之赋予了重要的地位。被奉为幕末尊王攘夷思想之“圣典”的《新论》，主题是如何强化幕府统治，建立足可“攘夷”的政治体制。会泽在当时“生于皇国，而不知皇国之所以为皇国”② 的思想现状下，认为必须要意识到幕藩体制具有与外国的政治体不同的特征，而这正可以激发民族凝聚力和自豪感。所以《新论》在进入具体的时务论之前，首先从“国体”的叙述开始。他所用的“国体”，一方面仍沿用了以往的“国家的体面”之解（“使异邦视天朝如藩臣，亏国体也甚矣”），另一方面指的是国家的形态，国家的一体性。他认为，日本必须要有日本独特的、能与中国印度西洋相区别的、确定的国家姿态。于是在《新论》中论述国家所宜仰仗的五项内容（“国体”、“形势”、“虏情”、“守御”、“长计”）中，开宗明义首倡国体，并且唯独就“国体”分上、中、下三章讲述，在全书中占据了重要的地位。

---

① 会沢正志斎：「新論」，今井宇三郎、瀬谷義彦、尾藤正英校注：『日本思想大系 53 水戸学』，岩波書店1973年版，第383頁。

② “生于皇国，而不知皇国之所以为皇国，何以立天地之间”，吉田松阴语。见德富蘇峰『吉田松陰』，岩波書店1893年版，1981年刷，第82頁。

会泽《新论》的目的是试图建立起一个足以与西方（尤其是基督教）相对抗的日本固有的国家体制，这一理想的国家构想就是在万世一系的天皇之下，“亿兆一心”，将统治建立在君臣间深厚感情的基础上。他认为国家要想长治久安，不能倚仗外敌不来搅扰，而是要靠“亿兆”对天皇自发和主动的服从与忠诚，以此保证上下一心，“民志一而天人合矣，此帝王所恃以保四海，而祖宗所以建国开基之大体也”，这是会泽国体论的核心。早期的民族主义往往偏重于经济军事方面，而会泽则没有把西方的叩关仅仅看作“为渔为商”，而是满怀“恶知今日之渔船商舶果不为异日之战舰也”的忧患意识，他痛斥盲目自大的轻敌思想，意识到光富国强兵是不够的，更重要的是思想上的统一，因而强调“思想国防”[①] 的重要性。其中，会泽对基督教给予了高度警戒，把它看作西欧军事侵略日本的先锋，会泽在《新论》的“虏情”部分里指出，“西夷”之所以能在海上纵横跋扈近300年，不断扩大领土，并非由于他们的“智勇”卓越，也并非是他们的“礼乐行政”完备，更不是人力所不及的神的力量，他们之所以能“逞伎俩”的唯一根据，“独有一耶稣教而已”。由此会泽指出了当时论者只谈“富国强兵、守边之要务”的不足，如果“今虏乘民心之无主，阴诱边民，暗移之心。民心一移，则未战而天下既为夷虏之有”。因此为了对抗西欧，光靠增加军备是不够的，必须在日本建立起能与之相对抗的日本的意识形态体系，这就是建立在天照大神神话基础上的国体。

他对国体的论述可以总结为三点。一是君臣大义。“国体”上篇开宗明义指出，“帝王之所恃以保四海而久安长治天下不动摇者”，不在于用强权使万民“畏服”，而在于“亿兆一心、皆亲其上而不忍离之”。日本长期以来“一姓历历”，没有人敢“觊觎天位”，并非偶然，这种独特的国家统治在于有君臣大义。“夫君臣之义，天地之大义也。父子之亲，天下之至恩也。义之大者，与恩之至者，并立天地之间，渐渍积累，洽浃人心，久远而不变，此帝王所以经纬天地纲纪亿兆之大资也。”[②] 会泽以君臣大义对日本统治独特性的解释在之后的国体论中被

① 丸山真男：『日本の思想』，岩波書店1961年版，第19頁。

② 会沢正志斎：「新論」，今井宇三郎、瀬谷義彦、尾藤正英校注：『日本思想大系53 水戸学』，岩波書店1973年版，第382頁。

一以贯之地继承下来，并在以后被用来与西方的社会契约论相对抗。

二是忠孝一致、祭政一致，这是君臣大义的体现。“神圣以忠孝建国”，忠孝是建国的根本。在会泽那里，忠与孝是统一的，自天皇以至庶民都要尽孝，庶民对家父长的孝移向君主，就是忠；天皇又是天祖的子孙，天皇向祖先尽孝的方式就是祭祀。于是忠孝一致，祭政一致。这样的目的仍是统合民心，加强国家这一统一体。朱谦之认为会泽的国体论上篇讲“尊皇”，中篇论“强兵”，下篇论“富国”。① 但通观全文，会泽的最终着眼点仍在于如何使“天人为一，亿兆同心”。天人为一就是听命于天皇，亿兆同心就是统合民心，这是一种强化国家体制的构想。

三是以日本为中心的等级秩序的世界观，也是一种将中国的华夷秩序颠倒过来的日本式华夷秩序观。这包括两方面：一是日本对世界，二是日本对中国。《新论》开篇就将世界按人的自然形体进行划分，指出日本处于地球的头首，是“太阳之所出，元气之所始”，可为“万国之纲纪”，而称呼西方国家为“西荒蛮夷”，指它们处于腿或后背的位置，因此民智不开。而对于日本与中国的关系，《新论》则将传统儒学中的华夷秩序颠倒过来，将原本华夷秩序的中心国家中国替换为日本，将日本称为“中国”、“神州”，对中国则用“汉土”、“明清”等指称。并贬斥近世儒学为“陋儒俗学”，称其只知道仰慕汉土，“而或昧于名义，称明清为华夏中国，以污辱国体……”②

所以，会泽为日本描述的是一种建立在记纪神话基础上的、万世一系的天皇为统领的祭政一致的国家体制，是“亿兆一心、皆亲其上而不忍离之”的忠孝一致、祭政一致、本末共强的国家体制。他把它叫做“神州”。虽然在会泽等人的尊皇攘夷论之前，作为早期民族主义的体现，还存在着海防论和富国强兵论，但只有以会泽为代表的“国体论”在明治新国家体制建立之后仍然沿用并被确立为官方意识形态，这使它具有一种区别于海防论和富国强兵论的性格和特殊的地位，可以说，幕末的国体论为明治新政权提供了建构新的国家体制的一种初步轮廓，国体论当中具有某种可以超越不同时代、为国家和民族建构提供养料的成分。

---

① 朱谦之：《日本哲学史》，人民出版社2002年版，第59页。

② 会沢正志斎：「新論」，『日本思想大系53　水戸学』所収，第388頁。

二　内在矛盾

水户学原本信奉的是“尊王敬幕”的理念，但这一理念自身暗藏着分裂的契机，因为这是以幕府忠诚于朝廷为前提的。德川时代的忠诚模式是等级制金字塔式的，即每一个等级的人都对自己的主人忠诚，藩士的忠诚对象是自己的藩主，藩主的忠诚对象是幕府，幕府的忠诚对象是天皇。可称之为《新论》姊妹篇的《迪彝篇》里这样讲道：“天子代天工弘扬天业。幕府佐天朝统御天下。邦君（诸侯）皆是天朝之屏藩，将幕府之政令传布于其国。臣民者各从其邦君之命。即在道理上遵从幕府之政令，实行敬奉天皇、报答天祖之道。”[①] 就这样形成一个等级制金字塔体系：（天工）—天皇—幕府—诸侯—“臣民”，所有“臣民”的忠诚都被吸收到这一等级体制内，幕藩体制也因此得到强化。这样一来，只要幕府对皇室是忠诚的，就能保证下面每一个序列内的人都对皇室忠诚。换言之，自幕府以下，对天皇的忠诚都是间接的。所以水户学提倡的“尊王敬幕”，当在攘夷问题上朝廷和幕府的立场发生对立的时候，就陷于不得不在“尊王”和“敬幕”之间二者择一的处境。幕府主张开国，朝廷主张攘夷，而当时水户藩的藩主德川齐昭与幕府的大老井伊直弼对立，于是水户学的“尊王敬幕”就转变为“尊王攘夷”，走上了倒幕的方向。

虽然幕末的国体论最终成为推翻幕府统治的思想动力，但在本意上，《新论》的主题是如何加强幕藩体制，来为“攘夷”的政治体制服务。书中虽然出现了对绝对主义国家的朦胧需求，但是这一体制的构想是把民众排除在外的，其国体论的根底是对国内的下层民众（会泽称之为“奸民”）与外来势力（“狡夷”）相联合动摇封建统治秩序的恐惧，充满了对民众的不信任和愚民观。他提出的举国体制尽管多少具备了超越了藩的范畴的日本国的意识，但其出发点是以维持旧有的封建秩序为目的的，至于这一思想最终越出了创造者的构想，突破了自身的理论框限，则是思想本身与政治时局相结合发生的力量。

---

① 转引自橋川文三、鹿野政直、平岡敏夫『近代日本思想史の基礎知識：維新前夜から敗戦まで』，有斐閣 1971 年版，第 6 頁。

第二节　明治时期的国体论

一　明治七、八年：启蒙思想对传统国体论的批判

幕末的国体论虽然带有近代意味，但由于其自始就是为了强化幕藩二元体制而构思的，在为尊王攘夷转变为尊王倒幕运动的过程中发挥了重大推动作用之后，它的历史使命已经算是完成。当日本进入明治期向中央集权体制的方向前进的时候，水户学、国学的国体论的某些内容就成为近代化和文明开化的障碍了。

这个时期对国学者和水户学者的国体论发出了激烈批判的是加藤弘之和福泽谕吉，他们来自于与传统国体论者不同的思想阵营——承担了明治初期启蒙任务的明六社——并在扭转传统国体论的同时阐述了他们新的国体认识。加藤弘之的《国体新论》（1874）和福泽谕吉国体论（见之于1875年《文明论之概略》）的中心内容是反驳国学者的国体论中把人民当作君主私有财产予取予求、民众只知服从上级的奴隶风气，以此对“国体”的定义进行了扭转。加藤弘之从启蒙的角度重新阐释国家政府成立的缘由以及君民之间的关系。他立足于天赋人权、自由平等，提出“国家以人民为主眼，以谋求人民之安定幸福为目的，而君主及其政府，专为实现此目的而存在，此为国体，是国家之大趣旨”①。

而福泽谕吉则通过把“国体”解释为nationality，从民族主义的角度定义国体是自国人不失去自国的主权，强调要在内部形成民族认同。并以“天不造人上之人，亦不造人下之人”的名言将他独特的国体论与启蒙民众的使命结合在一起。

福泽谕吉在《文明论概略》里说：“（前略——引者注）一听到有人谈论公民权利平等的新学说，守旧者就立刻认为这是共和政治论，从而提出：如果在我们日本主张共和政治论，那么，我们的国体怎么办，甚至还要说这将招来不测的大祸，而为之惶惶不可终日仿佛国家将陷于无君无政的大乱中。”② 而革新论者则一开始就把守旧者当作敌人，于

① 加藤弘之：『国体新論』，植手通有責任編集『日本の名著34　西周　加藤弘之』，中央公論社1984年版，第390頁。

② ［日］福泽谕吉：《文明论概略》，北京编译社译，商务印书馆1959年版，第3页。

是形成敌对之势，意见无法趋于一致。福泽的叙述从侧面为我们刻画了当时的政治形势和思想氛围，由此可见，当时对政治体制的讨论无论如何无法回避“国体”问题，而对政治和国家体制的设想以某种“国体论”的形式出现也就不难理解了。事实上，在明治七、八年（1874 年、1875 年）间，日本出版了许多围绕国体进行论述的书籍，出现了一个国体论的小高潮。

二　明治二十年代：国体论作为官方意识形态的确立

在明治二十年代（1887 年）之前，对天皇制的摸索经过了一个试行错误的阶段。幕末国学者和后期水户学的国体论一起在尊王运动中发挥了重要影响，正因为如此，在明治初期摸索近代国家体制的过程中，曾有过试图以此为蓝图恢复祭政一致的神权政治的短暂时期，这一时期（1868—1871）被信夫清三郎称为“神政绝对主义”① 阶段。在政治实践中，这一摸索体现为“神祇国家”或“神道的国家”的建设，比如神道国教化运动。

但在启蒙思想的影响下，政府也意识到先期的“神祇国家”的设想一是不具备实现的现实条件，二是与建立近代国家的目标背道而驰，因此转而摸索适合日本近代化路线的国家体制。期间政府派出岩仓考察团（1871 年 11 月—1873 年 9 月）赴欧美考察宪政，民间也出现了蓬勃的自由民权运动。与官方民间对国家体制的摸索相对应，在明治二十年代出现了国体论的第二个高潮，国体论作为日本为构建国民国家（nation－state）而创立的官方意识形态的面目出现，在文本上则体现为 1889 年颁布翌年施行的《大日本帝国宪法》和 1890 年颁布的《教育敕语》。在这被称作明治国家两大支柱的两个文本中，《大日本帝国宪法》被认为是体现了法学政治学观念上的国体，而《教育敕语》中体现的则是历史、伦理观念上的国体，这两者分别是制度层面和伦理层面的国体宣言。政府此后并以《教育敕语》为基础对全体国民进行了自上而下的长期而深入的国体教育。

---

① ［日］信夫清三郎：《日本政治史》第二卷，周启乾、吕万和、熊达云译，上海译文出版社 1988 年版，第 3 页。

三　明治三四十年代：国体论的新表现——家族国家观

（一）背景及新国体论的确立

前已述及，日本在国体问题上一直存在着法学和伦理学两种解释系统，但在明治时期一直是法学的解释占据相对优势。因为它适应了为久未掌握政治实权的天皇在明治初期赋予权力正当性的需要。面对着明治初期权力多元化的政治现实和建立中央集权的统一国家的政治课题，以万世一系的血统为依据的国体论成功地为天皇的主权赋予了正当性。在经过了20多年的漫长摸索和试行错误之后，以明治宪法和《教育敕语》等的颁布为标志，天皇制在制度上终于得以确立。可以说，"以明治二十年代为界，关于体制正统性的争论大致得到了解决"①。在之后的中日甲午战争中，明治天皇一改武家时代天皇的"云上人"形象，亲赴广岛大本营指挥战事，进一步确立了天皇作为民族象征的地位和权威。因此在甲午战争之后，专门论证天皇统治正当性的问题似已不再紧要，而摆脱欧美学问的框架、专门以日本学问和传统为解释基础的国体论的发展成为可能。日俄战争中对世界一流强国俄国的军事胜利，也使日本从单纯模仿西方的复杂情结下解脱出来，日本民族的实力和自信心获得提高，对日本民族独特性的诉求上升，于是日本在中日甲午战争、日俄战争胜利后，国体论以一种新的形式出现，这就是家族国家观。

家族国家观产生的另一个背景，就是日本的传统家族道德和家族制度在迅速的近代化进程之下面临瓦解。经过中日甲午战争、日俄战争后，日本的资本主义经济迅速发展，产生了新的阶级关系，下层人民生活愈加贫困，于是，原先的社会结合开始解体，农村共同体原本的结合出现动摇。同时，城市里也开始面临"家长制危险的时代"（1893年5月2日国民新闻社论），"家族主义与个人主义"成为思想界的重要问题，这正是家族制度解体的事实在思想上的反映。应运而生的工人运动和社会主义运动不仅在思想上开始批判天皇制，而且还出现了直接的行动，即1910年受幸德秋水无政府工团主义思想影响的"大逆事件"。近代天皇制所据以建立的忠诚基础遭到了前所未有的危机。在此背景

---

① 丸山真男：『忠誠と反逆——転形期日本の精神史的位相——』，筑摩書房1998年版，第105頁。

下，政府除了采取取缔社会主义运动等措施外，还在思想层面上以国体教育加强对国民思想的控制。这一时期最明显的动向，就是对家族国家的强调。

（二）家族国家观的主要代表人物及内容

自甲午战争后，思想界出现了大量论述日本主义、日本伦理和家族制度的作品。作为家族国家观的官方意识形态宣扬者，可以举出加藤弘之、穗积八束和井上哲次郎等，而其中又首推井上哲次郎。

1890 年从德国留学回国后就任帝国大学文科大学教授的井上哲次郎被文部大臣委以撰写《教育敕语》公定解说书的重任，1891 年，井上哲次郎推出了敕语的公定解说书《敕语衍义》，提出“国君之于臣民，犹如父母之于子孙”，初步显露了家族国家观的萌芽。日俄战争后，井上于 1911 年在《东亚之光》杂志上发表《我国体与家族制度》，将日本是以皇室为总本家的巨大同族集团的国体论体系化，大要是：家族制度分为个别家族制度与综合家族制度两种，日本是综合家族制度的终极形态，家长就是天皇；自日本建国以来，君臣上下的关系就带有家族的性格，在个别家族制度中，家长是家族的中心，同理，在综合家族制度的日本，总本家皇室的家长——天皇——是国家的中心，综合家族制度与日本的国体是一致的。①

1891 年，在井上推出《敕语衍义》的同一年，同是国体论的有力论者的法学者、东京帝大教授穗积八束②，引起了著名的民法典论争。在明治前期，为了废除与外国签订的不平等条约，取消治外法权，日本开始了迅速制定和完善法典的工作。以合法性规范人的行为需要人的均一，这与之前建立在君臣、父子、夫妇、兄弟等特殊主义人际关系基础上的伦理体系发生了龃龉。法典的完备使妻子起诉丈夫、子辈起诉父亲等有失“伦常”之事的出现成为可能，所以穗积八束反对政府在外国人顾问的进言下以法国民法为模板制定民法案，他的理由是“民法出，忠孝亡”。1897 年穗积八束出版了《国民教育 爱国心》一书，书中称“天祖是国民的始祖，皇室是国民的宗家。（子女——引者注）自应敬

① 井上哲次郎:「我が国体と家族制度」,『東亜の光』六卷九号（1911 年），第 2 頁。

② 关于穗积八束与国体论，详见松本三之介『天皇制国家と政治思想』（未来社 1969 年版）、長尾龍一『日本法思想史研究』（創文社 1981 年版）。

拜父母，何况一国之始祖耶?""我帝国是同一人种、经过同样历史变迁的一大民族形成的纯正的血族团体。"在穗积看来，以利害的一致和人为的契约结成的国家，其统合力要劣于血族团体。利害可以因状况而变化，人为签订的契约也可以人为地解除，而"血族相依是自然的团结"。而且约束下的服从是强制的，祖先教下秩序和敬爱两者兼具。[①]

加藤弘之在1905年做了"吾立宪的族父统治的政体"的演讲，明确提出"吾天皇……实是日本民族之族父且君主"[②]，之后又在1907年的《吾国体与基督教》中宣称："日本之国体乃日本民族之父——帝室掌握万世统治之大权，抚育族子之吾臣民，族子之吾臣民接受统治，尽臣子之道。"[③] 并宣扬这是日本的祖先崇拜。

于是，从明治三十年代后半（1900年左右）开始，日本不仅在国家层面、还在所有集团的层面上开始强调"家族主义"，以井上哲次郎为首的意识形态宣扬者带动了一股强调臣民义务的所谓"国民道德论"的热潮，同时，小学的修身教科书在穗积八束等的推动下得到了全面修订（1910年完成）。通过这种种动向，对家族国家的强调达到高潮，家族国家观得以全面确立。

日本政治思想史学者石田雄在《明治政治思想史研究》中对作为天皇制意识形态的家族国家观做了专门而深入的研究，他指出，虽然1890年的《教育敕语》中就有"克忠克孝"，井上哲次郎1891年的《敕语衍义》中也说过"国君之于臣民，犹如父母之于子孙，即一国乃一家扩充而来，一国之君主指挥命令臣民，与一家之父母以慈心吩咐子孙，并无相异"[④]，这都可以看作是家族国家观的萌芽，但实际上从整体看来，在《教育敕语》刚发布的时期内，家族国家观尚未成为整个伦理体系的核心。直到明治三四十年代，作为天皇制国家意识形态的家族国家观才得以确立。[⑤] 一个标志性的事件就是1911年的修订教科书[⑥]

① 穗積八束:『国民教育　愛国心』，八尾発行1897年版。

② 『国体論史』，内務省神社局1921年版，第234頁。

③ 同上书，第235—236页。

④ 井上哲次郎:『勅語衍義』卷一，1891年版，第10頁。转引自石田雄『明治政治思想史研究』，未来社1977年版，第6頁。

⑤ 石田雄:『明治政治思想史研究』，第6—7頁。

⑥ 1911年的教科书是对1904年教科书的修订。1904年版教科书根据《教育敕语》的精神编纂，是日本最早的国定教科书，但其内容离家族国家观尚相距甚远。

中，家族国家观完全成了核心的概念，在“国民道德论”的名义之下，家族国家观全面盛行。

家族国家的国体论中包含了天皇统治（向下）和国民服从（向上）的双向的正当性论据，同样是从社会关系上说明天皇的统治，但与西方的社会契约论完全不同。以契约论为基础的国家论，君主制国家的正当性要从君主与国民的契约上来论证，但日本以天皇是国民本家的家长来论证，用家族的温情掩盖了实际的权力支配关系。但值得注意的是，这种国体论虽然是人为创造的意识形态，但也不是无中生有的捏造，是与根植于“家”社会的近代日本社会秩序相符合的。

（三）政府的家族国家观教育

1898 年日本公布民法，以旧武士阶层（主要是明治的贵族、官僚组成）的家族秩序为政府公认的理想家族。其中第四编、第五编是家族法，规定任何人都属于某一家族，家的统率者是户主，家族成员要受户主权力的支配。明治民法中的家族法为家族制度意识形态的发展起了划时代的作用。它以法的名义使官方推崇的家族制意识形态[①]被合理合法地推广开来，并在国民教育中发挥了强大的渗透作用。

政府对国民思想的控制手段之一，就是加强对学生思想的控制，加强修身教育。1908 年文部省着手国定教科书的修订。删除了旧教科书中自由主义的思想，代之以“国体之精华”、“建国”、“忠孝一致”、“皇祖皇宗的遗训”等课文，尤其是加强了“家族国家观”的教育。如新教科书中《忠孝》一课中写道，“予敬爱父母，乃出于人情之自然，忠孝大义由此至情而发。……我国以家族制度为基础，举国为一大家族，皇室为我等宗家。我等国民以子对父母的敬爱之情，崇敬万世一系之皇位，乃是忠孝一致”。[②]“家族制度是我国的基础。个人对家的观念的厚薄，关系到人民对国家的观念的厚薄，爱家之心即是爱国之心，孝亲之心即是忠君之心的基础，此为我国之特征。”[③]

① 关于明治民法确立的家族制度的特点以及在政治层面上造成的重大影响，可参考川島武宜「イデオロギーとしての家族制度」，『世界』1955 年 3 月号。

② 《国定教科书高等科第三学年用》，1911 年。转引自王金林《日本天皇制及其精神结构》，天津人民出版社 2001 年版，第 336 页。

③ 《国定教科书高等科第三学年用》，1910 年。转引自王金林《日本天皇制及其精神结构》，天津人民出版社 2001 年版，第 336 页。

然而，家的原理要想扩大为国家的支配原理，并不是顺理成章的事，至少在封建社会固有的一系家族（一子继承制）之下是不可能的。因为它与祖先祭祀权的观念相抵触。一系家族对自己最早祖先的祭祀权只属于这一系的子孙，其他家族要想祭祀就是“越祀”。如果照这一观念，让全国的家庭共同祭祀皇室的祖先天照大神就存在难度。所以，在一系家族制度在事实上已崩溃、其观念已经淡薄的情况下，家族国家观才可能成立。[①] 但反过来讲，如果家族制度完全崩溃了，那家族国家观也就没有存在的余地了。它是在对传统的家族制度和家族道德进行保存、改造的基础上确立的。

就这样，在甲午战争、日俄战争后，国体论的内容与功能都出现了转变。在内容上，国体论的重点由幕末的“祭政一致”“神国论”，经过明治初期对万世一系的皇统的正当性的强调，在甲午战争后，转为皇室是日本国民的总本家（宗家）、国民是分家末家、上下相和的家族国家观上来。在功能上，以 1910 年的大逆事件为转折点，国体论的主要功能也发生了变化，“迄今为止勉勉强强在维持并深化同化和统一功能的以天皇为中心的系统，终于走到了同化和统一的极限，开始退却，转换为防御和排斥的系统”。[②]

（四）家族国家观的悖论及对国体论的批判

虽然家族国家观宣扬“一国乃一家之扩充”（井上哲次郎《敕语衍义》），试图将家族爱导引到对国家的忠诚上来，但它蕴涵着重大的矛盾，那就是——建立家族之上的家族感情，并不能直接转化为近代国民国家所需的爱国心。

从构成原理上来看，家族与国家属于不同层次的人类组织。就连保守派知识分子和辻哲郎都指出：“把国家看作家族只能是比喻而已。家族是人伦组织中最单纯的一种，是直接的，始终靠情谊来连接的。它的内部不存在规约契约。而国家则是人伦组织的最高阶段，情谊的色彩再怎样浓厚，它仍然是需要算计的社会。更何况国家用以宪法为首的诸多法律对自己作了规定，它在本质上与单纯的、直接状态的家

---

① 「家族国家」，政治学事典編集部：『政治学事典』，平凡社 1954 年版，第 164 頁。

② 久野収、鶴見俊輔：『現代日本の思想——その五つの渦』，岩波書店 1956 年版，第 137 頁。

族是不同的。家族再怎么扩大也是家族，离国家相差甚远。所以用家族国家的概念把国家用家族来理解的一切尝试，都会导致对国家的理解错误。”所以和辻哲郎严厉批判家族国家观，认为“家族国家这种概念的产生，不能不说是我学界最为不幸之事”[①]。应该说，和辻哲郎指出的是家族国家观与近代国家在原理上的龃龉。在封建时代，权力由于地方割据而被分散，国家对个人生活低度干预，民众与国家的连带感淡薄，所以传统家族主义能与封建国家相契合。但明治时期致力于建立的是近代国家，其一个重要任务是将原本在阶级、身份、种族上各不相同的人转变成在统一的国民国家面前平等的、均一的成员——国民（nation），以此获得民众对政治的自主性投入。而家族国家观则是反其道而行之，它不是把国民从家族以及其他前近代集团的束缚下解放出来，培养出具有高度政治自主性的近代市民，而是把民众局限在家族这种一次集团当中，靠培养对政治无关心的只知道服从的“忠良臣民”来确保体制的安稳。

“忠良臣民”的创出固然有利于统治，但也成为近代化的绊脚石。因为对家族的爱属于对环境的朴素热爱，“由于环境爱从自己的中心呈波纹状扩展，其密度与距离成反比，所以，多少带有抽象性的国家这一环境，同更直接的村落乃至家族的环境相比，其亲近性自然一定是淡薄的。因此，在某种情况下，乡土爱别说是培养民族意识，它反而却是一种桎梏”[②]。F. Hertz 也曾指出，“national feeling 与 home feeling 不是同一种东西”，近代国民国家的爱国心往往是在牺牲或是分离家族感情的基础上才得以建立的，因此家族感情并不能直接转化成爱国心甚至成为后者的妨碍。[③]

这就是家族国家观的悖论，由于朴素的家族主义与近代国家的构成原理相龃龉，家族国家观一方面背负着近代化的课题，一方面却又由于其不合于近代的性质而妨碍真正的近代化。这种矛盾在日本的现实中得到了体现。早在 1906 年，评论家山路爱山就敏锐地指出，“受国家主义

---

① 和辻哲郎：「国民統合の象徴」，『和辻哲郎全集』第 14 巻所収，岩波書店，第 324 頁。

② ［日］丸山真男：《日本政治思想史研究》，王中江译，生活·读书·新知三联书店 2000 年版，第 269—270 页。

③ F. Hertz, *Nationality in History and Politics*, 1944, pp. 149 – 150.

教育出来的日本思想界，反而不可思议地产生出许多诅咒国家的思想"，以家族国家观为中心的国家主义教育的刻板推行，反而酿成了国民从儒教主义的立场产生的对国家主义教育的反感。日本的青年对忠君爱国教育感到厌倦，在日俄战争期间，在青年尤其是知识青年当中，正在进行的"辽阳大激战反而没有对壮士剧的评判更能牵动他们的心"。[①] 1904年，著名诗人与谢野晶子发表了为即将参加旅顺战役的弟弟所作的诗《愿君勿死》。诗中写道："啊，亲爱的弟弟，我为你哭泣，但愿你不会死去。如果你能活着回来，母亲会多么欢喜！含辛茹苦养育你到二十四，难道是为了对你说：杀人吧，或者去死?!"[②] 这首影响深远的诗，从一个侧面体现了当时源于家族的自然感情与国家自上而下谋求的所谓"爱国心"之间的紧张与排斥。

本来天皇制国家采用家族国家观，是试图用家族道德塑造顺从的国民，通过国民的"非政治化"来确保体制的安稳，但结果是回避了国民对统治的政治性反抗的同时，也无法获得国民的政治性投入。忠君爱国的教育越是普遍化，国民自发的忠诚反而成比例地松懈，国民中出现了"冷国家"、"热个人"（德富苏峰语）的倾向。在第二次世界大战中尤其是"总力战"体制下，这种倾向表现得更为明显，国民"耽于家庭生活"，出现了逃避国家需求的"利己主义"。"实施强制疏散计划、征用配置劳动力以及扩充工业生产力的过程中所受到的顽强心理抵抗，不是别的，正是来自家族主义以及'农本'思想和'乡土爱'。"[③] 就这样，家族国家观反而最终酿成了"国"与"家"的对立，出现了"国"与"家"对个人的争夺。

在这一时期不得不提的是北一辉（1883—1937）的国体论。北一辉可算作近代以来对国体论意识形态的虚伪性进行彻底批判的第一人。1906年，年仅23岁的北一辉自费出版了《国体论与纯正社会主义》一书。他的国体论主要集中在书中的第四编"所谓国体论这种复古的革命

① 山路愛山：『現代日本教会史論』，1906年，第167—168頁。转引自石田雄『明治政治思想史研究』，第11頁。

② 转引自松本三之介《国权与民权的变奏——日本明治精神结构》，李冬君译，东方出版社2005年版，第178—179页。

③ 丸山真男：「日本におけるナショナリズム」，『丸山真男集』第五巻所収，岩波書店1995年版，第70頁。

主义”中。他主要以穗积八束和有贺长雄为批判对象，批判以他们为代表的所谓的“国体论”所描述的“国体”并不符合当时日本的实情，也没有反映日本民族的历史，因此北一辉把这种国体论称作破坏今日之国体的“复古的革命主义”。他辛辣地批判道，因为万世一系的天皇是主权所在，所以主权在天皇，这种逻辑是关于国体的循环论，日本国民都是“让万世一系这句话敲打了头盖骨的白痴”。[①] 这都是因为日本没有对国家进行进化的分类，日本民族的历史和今日的国体一步也不能容忍这种“国体论”的存在。

北一辉深受进化观点的影响，从国家社会进化的角度提出了自己的国体论与天皇观。他认为，从进化的角度来看，日本的国体直到中世都是“家长国”，而明治维新后的国体是“公民国家”，国体正从天皇主权的家长国，向国家主权的“公民国家”转变。在家长国国体之下，国家只有两个要素——国土和人民，国家是统治的客体，只是君主的私有物，为君主的利益而存在。君主立于国家之外，是统治的主体，按自己的目的和利益统治国家。但在进化至公民国家国体之后，国家包括三个要素——君主、国土、人民，国家是主权的本体，国家是一个自有其目的的、生存进化的个体，按国家的利益和目的统治，不再是家长国时代物格化的国家，而是法律上具有人格的国家。君主也不再是独立于国家之外的特权者，而是国家的一员，与其他分子共同成为国家的机关。臣民的义务不是通过直接与天皇缔结契约而产生的义务，而是作为国家的一分子对国家负担的义务。

他的观点可以简化为下图：

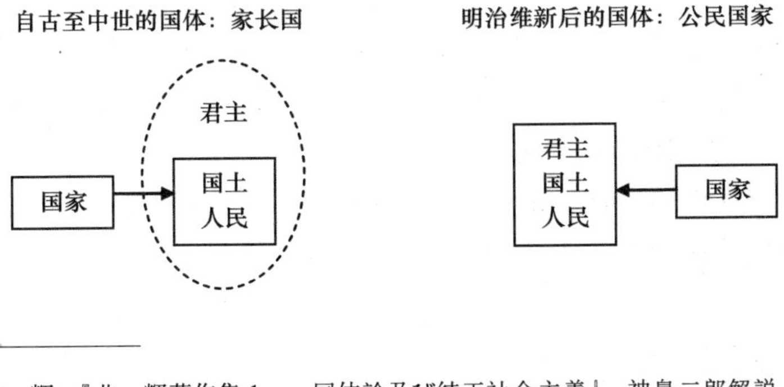

① 北一輝：『北一輝著作集 1　国体論及び純正社会主義』，神島二郎解説，むすず書房 1959 年版。

由于该书辛辣批判了当时国体论的虚伪，揭示了天皇的非神性和国家主权不属于天皇，引起很大反响，因此很快就被当权者禁止发行。虽然北一辉的思想后来成为日本法西斯的经典，但不能因此否定他对迷信的“国体论”所做的深刻剖析和颠覆，执笔时作为一个社会主义者，他的天皇观、国家观、君民关系论，都具有时代进步意义。学者王金林评论说，虽然他的所谓“纯正社会主义”算不得“纯正”，但他的“国体论”却不能不说是在当时历史条件下，第一个直接针对近代天皇制的“异端”学说。① 这个评价是客观的。

第三节　大正与昭和初期的国体论

一　大正时期：从同化与统一转向防御与排斥的“国体”

（一）大正时期的国体论

这一时期从整体上来说，由于明治时期国体教育效果的显现，以及大正德谟克拉西运动的影响，国体论在思想界的势头明显减弱。

自《教育敕语》发布以来，经过长时间的国体教育，原本仅是统治阶层观念的“国体”普及到了全体国民之中。明治天皇去世时国民表现出了真诚的追慕之情，乃木希典大将夫妇随明治天皇殉死的行为也在国民中传为美谈，从一个侧面印证了上述事实。然而，这反过来也使得研究讨论国体问题的必要性显得不再那么迫切。这一时期，除了法学者在讨论宪法问题、伦理学者在讨论教育的指导原理即国民道德论时对国体论有所涉及之外，国体论在思想界的势力已呈显著凋落之势。这一时期的国民道德论也多是竞相寻求与法学解释的一致，仅有少数值得关注，如加藤玄智的宗教学研究②、白鸟库吉的语言学研究和亘理章三郎的文献学研究。另外，筧克彦的国体论也值得关注，但除此之外在社会上发生影响的国体论几乎没有。

这一时期值得一提的事件是大正初年法学领域的一次著名的国体论争——1911—1913 年在法学者美浓部达吉和上杉慎吉之间发生的天皇

---

① 王金林：《日本天皇制及其精神结构》，天津人民出版社 2001 年版，第 330 页。

② 加藤玄智：『我が国体と神道——日本人の国体信念』，『加藤玄智集』第 5 卷，明治聖徳記念学会 1933 年版，東京弘道館 2004 年発行。

机关说争论。由于争论一方的上杉慎吉和其师承的穗积八束都是代表性的国体论者，并且两派的争论内容直接关涉“国体”及宪政的关系（上杉慎吉对美浓部学说的批评即以“有违国体”为由），因此这次发生在法学上的论争就成为国体论史上的一次重要事件。天皇机关说力行立宪主义，排斥将国土和人民悉数看作君主之私有物、主张天皇拥有绝对无限权力的天皇主权说，力主将这种国体论排除在法学领域之外。由于主张立宪政治、限制君权、加强议会的作用，符合了明治国家的政党内阁制趋向，美浓部的天皇机关说取得了论争的胜利，成为法学界的主流，同时也成为政府依据的学说。天皇机关说对天皇主权说的胜利表明，日本政治的趋势是实行政党政治和立宪主义，主张绝对专制的国体论并不能成为政府的指导性学说，这在政治精英和知识分子阶层之内是有共识的。这也为大正期的国体论定了基调。

第一次世界大战催生了俄国革命，极大地鼓舞了全世界的无产阶级，也促发了日本民众阶级意识的产生。在民众阶级意识的觉醒之下，奉行国家至上主义的国体论往往被看作统治阶级的辩护哲学，而为民众权利进行抗争的知识分子则立足于民主主义，宣扬社会的平等。这其中的指导性人物就是“民本主义”的倡导者吉野作造。俄国革命和米骚动之后，对马克思主义的介绍和宣传也在量和质上获得了极大的提高，其中宣传马克思主义最有影响的是河上肇。民主主义的传播极其迅速，成为这一时期的时代风潮，国体论呈现守势。① “第一次世界大战后，就连国体拥护论也不得不苦心孤诣地证明日本的国体如何与民主主义和社会政策的实行不相矛盾。”② 而《国体思想变迁史》的著者船口万寿（里见日本书化学研究所第一学部长）也承认，在大正时期由于民主主义思想的兴盛，以至于国体论基本上无人问津。③

① 根据小熊英二的研究，对国体论的研究多是关于明治时代的，对大正期的国体研究只有铃木正幸「大正デモクラシーと国体問題」（『日本史研究』281 号，1996 年）、森川辉纪「大正期国民教育論に関する一考察」（『日本歴史』463 号，1986 年）等。这两篇论文都采取了这样的视点：内容空虚、难以作为真正研究对象的国体论，与大正德谟克拉西相对抗进行了再编。小熊英二：『単一民族神話の起源——〈日本人〉の自画像の系譜』，新曜社 1995 年版，第 415—416 頁。

② 森川輝紀：「大正期国民教育論に関する一考察——井上哲次郎の国体論を中心に」，日本歴史学会編集『日本歴史』463 号，1986 年 12 月号，第 53 頁。

③ 船口万寿：『国体思想変遷史』，国体科学社 1930 年版，第 291 頁。

然而，对于大正时期国体论不敌民主主义的势头却不能做绝对化的理解。这一方面是因为国体论自身存在着久野收所说的“显教”和“密教”两种面目，天皇机关说压倒天皇主权说在法学界和政界成为主流，是仅限于学术界、精英阶层和高等教育界的“密教”，而在军人教育和初等教育中灌输的仍是教导臣民绝对服从的国体论，这被称为“显教”。应该看到，不管在任何时期，进行国体论述的都是知识分子阶层而不是大众，国体论在知识阶层或说在思想界内势头的减弱并不等于在国民层次上也是如此。另一方面，虽然民主主义思想成为这一时代的风气，但国体论没有遭到来自正面的挑战。如吉野作造的民本主义思想，虽然在终极立场上与国体论相对立，但为了使民本思想的推行更少阻力，没有采取与国体论正面对立的姿态，而对国体采取了妥协的态度。而这个时候的马克思主义虽在上升，但也还没有到与国体论发生正面冲突的地步。这也反过来证明了一个重要的事实，即国体论的每次勃兴都其实是“国体”的绝对性遭到了挑战、其地位被认为有动摇之虞的时候。因此，当经过了大正民主运动的洗礼之后，随着大正天皇的过世，国体论又在社会上复苏。

（二）国体论的逻辑重构

大正时期只有短短二十几年，但国体论在这段时间里经历了一个重构的过程。这主要基于三方面的契机。其一就是第一次世界大战后民主主义潮流的高涨，其二是先天资质有缺陷的大正天皇的登基，其三是日本对海外殖民地的占有。因此进入大正时期后，以万世一系的血统为根据的传统国体论面临着重构的必要。

明治天皇死后，大正天皇登基。大正天皇在婴儿时期曾患脑病，精神状况不佳，曾在国会议事堂将诏书卷起来当望远镜从中观看大臣，以致被传为笑谈。构成传统国体论核心的是万世一系的血统主义，天皇本人必须是具备卡里斯马特质的权威才能有效，因此当欠缺这种资质的大正天皇登基后，国体论就需要新的内容来提供正当性依据。

前已述及，在明治末大正初期，宣称日本是以天皇家为总本家的一大家族国家的家族国家观已经全面确立。但由于以君民同祖的血缘连接作为日本统治关系正当性的依据，这种家族国家的国体论在逻辑上不得不以“日本人由单一民族构成”作为预设的前提。但自从甲午战争之后，日本在海外拥有了朝鲜、中国台湾地区等海外殖民地，面对着新版图内异民族的存在，以单一民族为前提的家族国家国体论就开始捉襟见肘了。如果在殖民地实行种族隔离政策、维护日本人血统的纯正的话倒也无妨，但日本在台湾、朝鲜实行的是同化政策，鼓励日本人与原住民混住通婚，并要求殖民地人民同样作为日本帝国的臣民向日本国体奉献其忠诚，因而国体论就不得不在逻辑上进行重构。

第二代国体论者永井亨曾说："当今之急务，是在一国国民中包含内外民族的今日国体的事实之上建立国体论。"① 他的这篇文章，可算是最能代表日韩合并以后国体论的境况。这说明，在膨胀为多民族帝国的现状下，国体论作为帝国支配的意识形态的地位受到了威胁。为了应对这种事态，国体论者们从大正到昭和初期，以混合民族论对国体论进行了重构并且成功。之后的国体论放弃了单一纯粹的血族国家论，为适应帝国膨胀的需要而改变了面貌。

1. 混合民族论

穗积八束的直系弟子上杉慎吉与右翼团体和军部都有很深的关系，他认为民族是成员主观的产物，太古的其他民族都在主力民族的"一大民族的坩锅中溶解"了。② 井上哲次郎在 1912 年的《国民道德概论》中就已主张混合民族论的同化论。国体论者加藤玄智在 1912 年的著作《我建国思想的本义》中，也提到了朝鲜、台湾的存在，夸耀日本的"同化力"。③ 还有，以国粹主义的社会学者闻名的东京帝大教授建部遯吾，在 1914 年的日本社会学院第二大会上，提出日本要想成为世界强国，需要领土扩张和"十亿日本民族"，"十亿日本民族中，也不妨多少有些混血"。④ 组织了日莲宗系的国粹团体——国柱会的田中智学，以天孙民族同化了许多"土著民族"和渡来人为根据，赞美日本民族是带有统一同化"世界上所有民族"的使命的"世界上最优越的种族"。⑤ 到 1920 年前后，混合民族论已被国体论者利用。

---

① 永井亨：『日本国体論』，日本評論社 1928 年版，第 283 頁。第一代国体论者指穗积八束、加藤弘之、井上哲次郎等。

② 见上杉慎吉的『国体論』（1925）、『国家論』（1925）、『国家新論』（1921）。

③ 加藤玄智：『我建国思想の本義』，目黒書店 1912 年版，第 167—168 頁。

④ 「帝国の国是と世界の戦乱」，『日本社会学院年報』第二年、第三・四合冊に収録。

⑤ 田中智学：『日本国体の研究』，天業民報社 1942 年版（初版 1920 年），第 42 頁。

2. 养子论

1918 年，以井上哲次郎为中心的《东亚之光》会集了当时的国体论者，分十几次连载了国体论的连续讲演。其中，从东京帝大副教授直至担任帝国教育会理事的大岛正德在《东亚之光》上发表了《我的国体观和国家人格论》，将殖民地民族作为“养子”，指出家族国家可以不是实际的血缘关系，也可以是包含养子在内的拟制血缘关系，从而修补了国体论的逻辑。① 第二代国体论者的代表东京帝大教授吉田熊次在《东亚之光》上连载演讲，宣称家族国家是精神上的。而东京高等师范教授亘理章三郎 1928 年的著作《国民道德本论》可算是将这种国体论进行系统化论述的集大成者。他区别了血统上的祖先和体制上的祖先，指出日本的家（イエ）不是血统，而是制度。他指出即使有异民族流入，家族国家观和君民同祖也是成立的。② 这与混合民族论之前的明治国体论者有着天壤之别。

1928 年 2 月，为了强化国体明征意识，文部省召集全国的教育工作者召开演讲会，演讲的有 20 个国体论者。文部省普通学务局编《国体讲演录》③ 第一篇就是亘理的《建国之本义与国民道德》，这表明吸取了混合民族论的国体论已经完全被公认。

就这样，国体论完成了从单一民族论到混合民族论的重构，它使国体论适应了日本帝国的海外扩张并成为殖民地同化政策的理论支撑。在亘理章三郎等人国体讲演会之后的第二个月，日本开始根据治安维持法检举共产党，日本进入了十五年战争的准备期。被整编进帝国逻辑中的混合民族论成了为侵略战争做贡献的思想。

二　昭和十年代国体论的极端强化

在明治自由民权运动和大正民主运动以后，个人意识在日本一定程

---

① 大島正德：「予の国体観と国家人格論」，『東亜之光』13 卷 4 号，第 14—15 頁。但大岛并不是第一个使用这个概念的。比如陈培丰氏指出，台湾总督府财务局局长中川友次郎在 1910 年的论文「国体と同化」（『台湾教育会雑誌』103 号）中就已经把台湾住民当作养子整合进家族国家论里了。转引自小熊英二『単一民族神話の起源——〈日本人〉の自画像の系譜』，新曜社 1995 年版，第 141 頁。

② 亘理章三郎：『国民道徳本論』，第 47—48 頁。转引自小熊英二『単一民族神話の起源——〈日本人〉の自画像の系譜』，第 148 頁。

③ 文部省普通学務局編：『国体講演録』，宝文館 1928 年版。

度上被唤醒，源于西方的自由主义、民主主义和共产主义等思想逐渐传播，再加之经济危机和战争导致的阶级矛盾的激化，日本的统治阶层感受到了人心和社会变动的危机。为了防止这些根源于西方的“危险思想”渗透到民众当中，引起社会体制的重大变革，并缓解和转移阶级矛盾，必须要对这些思想进行压制。

1925 年为了镇压共产主义运动，颁布了治安维持法，这是在宪法制定后，“国体”首次在日本法律中出现。其第 1 条规定：“以变革国体或否认私有财产制度为目的组织结社，或是知情加入者，处以十年以下徒刑或监禁。”1928 年治安维持法进行了修改，对以变革国体为目的的结社组织者最高处以死刑。通过对“国体”的变革施以重罚，国体变成了禁忌，禁止批判和论及国体的气氛迅速形成。

20 世纪 30 年代（昭和十年代），日本已经走上战争道路，亟须建立法西斯主义的思想和政治体制。“国体”作为国民动员和国民统制的核心意识形态，再一次发挥了作用。其中一个里程碑式的事件，是以 1935 年的天皇机关说事件为契机的国体明征运动。“明征”同“明证”，即“明确证明”之意。这次运动以右翼分子攻击宪法学者美浓部达吉的“天皇机关说”违反“国体”开始，继而打击范围扩大至赞同“天皇机关说”的学者和政界要人。随着军部和右翼势力的步步紧逼，“天皇机关说”问题终于由学术争论转变成一场政治斗争，从知识阶层扩展到国民（nation）范围。在军部、右翼和在野党政友会的压力之下，无力掌控局势的政府最终把自大正初期就已成为法学界主流的“天皇机关说”，宣布为违反国体应予铲除，并于 1937 年发布国体明征的国民性教科书《国体之本义》，分发于全国的学校和图书馆等处，作为其续篇 1941 年又出版了《臣民之道》。文部省变成了普及国体教义的思想统治的机构。国体明征运动是日本右翼和军部以维护“国体”为名挑起并逐渐掌握主导权的、以思想钳制的方式达到操控政权目的的政治运动。运动虽然是以美浓部达吉的“天皇机关说”为肃清的对象，但并非仅此一种学说，包括自由主义、民主主义、社会主义、共产主义、无政府主义等在内，一切与当局心意不合（可能导致社会或人心变动）的思想全部被扣上了“反国体”的帽子，统统在打击压制之列。不积极响应总动员体制的集团和个人，以反国体为名遭到攻击，对时事政策的批判被压制。这一运动加速了日本近代法西斯主义思想和政治体制的确立。

国体论不仅成为日本法西斯进行国内动员的核心理念，而且还被积极地推行于国外。根据《日本书纪》的记载，神武天皇的建国纲领中就有“兼六合以开都，掩八纮而为宇”的精神，而日本军部法西斯则在战争中将“八纮一宇”作为口号，不仅对本土人民，甚至向殖民地人民强行灌输国体思想，妄图“基于八纮一宇这一肇国之伟大精神，建设以确保世界和平为根本、以皇国为核心、以日满支稳固结合为主干的大东亚新秩序”①。就这样，在20世纪三四十年代，“国体”在纵向和横向上都实现了前所未有的扩大，直到日本战败才终于遭受毁灭性的打击。

要想把“国体”作为排斥和打击“异端”的工具来用，就必须使它脱离抽象，越是极其形式化和单纯化就越能发挥作用，事实上，国体论在昭和十年代的极端化反而使“国体”的内容进一步呈现空洞化，以致纯粹变成了一个口号，成为对站在自己对立面的人和物进行打压的武器。

结　语

国体论是一种意识形态，但它同时与日本的民族认同、民族存续的问题息息相关。如果说在幕末国体论的第一次高潮是早期民族意识的觉醒，最终走上了致力于形成一个统一的中央集权国家的道路，那么以明治宪法和《教育敕语》为标志的国体论第二次高潮就是为了在政治上确立近代国家体制的同时，保证建立这一政治体制的社会基础，同时也是在回应保存民族同一性的课题，即在与高度发达的异质文明进行急剧接触的时代背景下，日本究竟“欧化”到哪一步才能依然“使日本不失之为日本”。在甲午战争、日俄战争之后，针对新加入日本版图的殖民地，国体论的逻辑从单一民族论转换为复合民族论，重新对自身进行了逻辑修补，宣称殖民地民族相当于日本家族国家的“养子”，只要认同日本书化，即可被同化，成为日本民族之一员。这时的国体论已经带

① 转引自陈秀武《记纪神话中的日本政治意识初探》，《日本学刊》2007年第1期，第108页。

有了帝国主义的色彩，它的使命开始由之前的主要对内变为向外扩展，为“日本民族优越性”服务，转为日本膨胀论。

到了20世纪30年代（昭和十年代），日本迎来了国体论的第三个高潮期，但这一时期的国体论的重心已变成了排斥异己打压异端。被认为是有可能造成体制变革或民心不稳的学问和思想一概被扣上“反国体”的帽子，持这种思想的人就被攻击为“非国民”遭受打压。国体以其绝对价值的特征形成了一股舆论的高压，并最终为日本的军国主义和法西斯主义提供了理论支撑。

第三章　国体论的政治层面

——作为国家构成原理的国体论

自从1867年大政奉还、王政复古之后，日本进入明治时代，日本的近代史就此拉开了序幕，然而值得注意的是，直到1889年国家的根本大法《大日本帝国宪法》才得以颁布，也是以此为标志，日本的近代国家体制才得以确立，在这期间有20余年的时间，不可谓不长。如果要问从1868年王政复古开始直到日本近代天皇制国家体制的最终确立为何需要20年之久的时间，则可以说，这20年是日本对近代化道路进行摸索的时间，也是试错的时间。然而唯其正在摸索时期，历史才呈现了多种可能性，这种历史的丰富性是在19世纪90年代之后难以相比的，因为一旦体制确立，官方意识形态下达，在思想领域就只有正统或异端两途。本章的目的，就是从思想的层面分析国体论作为官方意识形态的创出，考察为何明治自始就以“王政复古”为旗号，但为王政提供正当性论述的国体论直到明治二十年代才明确出现，为何在经历诸多摸索之后，会选择将国体论作为国家意识形态，这反映了日本在建立政治体制上的何种思考。

在进入正文之前，有必要首先厘清一个概念上的问题，那就是“国体”与“天皇制”是什么关系，或者说，国体论与天皇制论（以及天皇论或曰尊皇论）是不是一回事。因为虽然国体论的内容庞杂不一，但总体上来说都是以对天皇统治的论述为核心内容，因此就内容而言，国体论在一定程度上是与天皇制论相重合的，这一点首先应予以承认。但国体论是否就等于天皇制论呢？如果是这样，那所谓的“国体论”研究就不过是挂着新名号的天皇制研究而已，这就难逃新瓶装旧酒的嫌疑。因此本章的第一节将首先对“国体”与“天皇制”这一对概念做出甄别，指出无论是作为历史概念还是分析概念而言，“国体”都具有

“天皇制”所不具备的内容和意义，作为思想史的分析概念，“国体”所涵盖的恰恰是“天皇制”这个偏重制度论的概念常常会遮蔽了的问题，即日本近代精神结构的问题。在第二节中，本书将指出日本近代国家建设的特殊性与困难性，以及国体论如何为回应这一问题而被创造出来，它的内部构造存在何种问题，它与传统是什么关系。第三节则指出国体论的影响，以此揭示国体论作为近代政治制度及权力运作原理的一面，即其政治性的一面。

第一节　“国体”与“天皇制”的概念甄别

首先应该指出的是，“国体”与“天皇制”尽管都是对以天皇为首的日本国家体制尤其是近代国家体制的一种表达，但这两个词语首先都是个历史概念，由于在历史上出现的时间和语境的不同，二者所表达的立场、指代的内容以及具有的意义都存在着重大的不同。第一点，作为历史概念而言，这两个词出现的时间相距甚远，在“天皇制”一词出现之前，日本对自身的国家体制一直是用“国体”来指称的；第二点，就使用主体而言，作为对体制的称呼，“天皇制”是站在体制对立面的人使用的，而“国体”则是统治者和被统治者共同认可并使用的。由于语词本身承载着那一时代的历史认识，所以这种差异并不仅仅是用词习惯的问题，而是有着思想史的意义。

一　作为历史概念的“天皇制”与作为分析概念的“天皇制”

现在作为分析概念被普遍使用的“天皇制”，其实首先是个历史概念。众所周知，从明治维新对体制的摸索开始，1889 年颁布并于翌年施行的明治宪法已宣告了天皇制体制的确立，然而作为对体制的自觉，“天皇制”一词的出现要大大晚于天皇制的确立本身。①

把近代以后以天皇为元首的日本国家体制称作“天皇制”，最早来源于站在体制对立面的日本共产党，并不是体制一方对自身的称呼。最

① 关于“天皇制”这一词语的成立过程，可参看日本政治思想史学者宫村治雄的《天皇制论的遗产》一文。宫村指出，从思想史的意义上看，“天皇制”一词在表达和作用上可与在近代史上起划时代意义的“锁国”一词相提并论。宮村治雄：「天皇制論の遺産」，鷲見誠一編『転換期の政治思想——20 世紀からの問い』所収，創文社 2002 年版，第 32 頁。

早在文本上使用“天皇制”一词的是共产国际1932年制定的“关于日本局势及日本共产党的任务的纲领”，简称为“32年纲领”，日本共产党在翻译这一纲领的时候，将德语文本中的Monarchie译为“天皇制”，强调“在评价日本具体的局势时，第一个出发点就是天皇制的性质及比重”，这是“天皇制”在文本中的首次出现。“32年纲领”发表于日共机关杂志《赤旗》1932年4月10日的专刊上，成为战前日本共产党的纲领性文件。其实日本共产党对日本国家体制的认识也经历了一个阶段：在“32年纲领”之前，日本共产党只是将日本以天皇为君主的国家体制称作“君主制”，尚未意识到它与一般君主制有什么不同，随着政治斗争的进行，日共逐渐意识到日本“君主制”的特异性，从“君主制”这种一般性概念到“天皇制”这一特定概念的转变，反映了日共对自己作为斗争对象的现有体制的认识深化。1922年日共第一个纲领草案的第一条就是“废除君主制”，到了1928年，在日本共产党领导的政治运动中，“废除君主制”的口号开始转变为“打倒天皇制”，而“32年纲领”则在文本上进一步确立了“天皇制”的说法，此后，“天皇制”成为对近代日本以天皇为首的国家权力机构的集中表达。

但“天皇制”在战前并不是一个普遍使用的词语。“32年纲领”明确提出了粉碎天皇制为日本共产党的第一要务，并把1868年以后的天皇制的特质总结为“掌握无限绝对的权力、对劳动阶级进行压制及专制支配的官僚机构”。因而“天皇制”一词带有强烈的反体制色彩，在战前只是马克思主义者等批判体制的一方在使用，而拥护体制的一方则只使用“天皇”称谓，不使用“天皇制”的说法。① 他们认为“使用‘天皇制’这一词语本身，就包含了反对皇室存立、甚至要颠覆并打倒皇室的共产党的意向”②。所以“天皇制”一词在战前并没有公然被使用过。一直到第二次世界大战战败，“天皇制”这种说法都是对皇室“不敬”的表现，甚至在今天，拥护皇室的阶层也忌讳这一表达。

所以严格说来，别说古代、中世和近世，就连明治和大正时期都是没有“天皇制”的说法的。然而我们也经常会使用“古代天皇制”、

① 安丸良夫：《近代转型期的天皇制和宗教》，北京大学日本研究中心编：《日本学》第十一辑，国际文化出版公司2002年版，第117页。

② 安丸良夫：『現代日本思想論——歴史意識とイデオロギー』，岩波書店2004年版，第100頁。

"近代天皇制"的说法，就是因为把它当作分析概念来使用。从日本古代天皇制写起、成就了鸿篇大作《日本天皇制及其精神结构》的我国学者王金林曾提到，在一次研讨会上，一位日本学者言辞肯定地说日本古代没有天皇制，只是近代以后才有天皇制，对这位日本学者观点的不认同，是促使他做此项研究的契机。[①] 其实，如果就作为历史概念的"天皇制"而言，古代确实没有"天皇制"这种说法，而如果就古代是否有天皇为顶点的政治体制而言，回答无疑是肯定的。因而王金林与那位日本学者的分歧，可能仅仅因为在不同层面上使用了"天皇制"一词。

因此，作为分析概念的"天皇制"和作为历史概念的"天皇制"并不是重合的，现在对"天皇制"的使用多是取其分析概念的一面，但这绝不意味着作为历史概念的那一面就不重要。"天皇制"使用主体的高度限定化和"天皇制"一词出现的滞后性，向我们揭示了以下几个重要的问题。

第一，"天皇制"一词是由日本共产党首创的，由于日共作为体制反抗者的立场，"天皇制"一词带有明显的"体制外"的语感，它只反映了站在体制对立面的"少数人的抵抗感觉"[②]，而与大众对体制的感觉有相当大的距离。换句话说，它是个脱离大众的词语。战前的日共和马克思主义立场的知识分子只把握住了天皇制作为权力机构的一面，而没有对其社会性和宗教性的方面有足够的认识，他们对民众中国体意识根深蒂固的事实没有警觉，从而过高估计了民众对天皇制进行抵抗的可能性。对"天皇制"认识的偏差与局限性，是他们最终没能建立起人民反法西斯统一战线的一个重要原因。在第二次世界大战结束之前，从内涵上来讲，"天皇制"一词就等于"掌握无限绝对的权力、对劳动阶级进行压制及专制支配的官僚机构"，因而它只着眼于权力支配与制度层面，遮蔽了天皇统治同时也体现了民众日常生活共同体意识及民族认同的一面；从性质上来讲，"天皇制"又是个着眼于阶级对立的词汇，它单方面地重视了资产阶级与封建地主对

---

① 王金林：《日本天皇制及其精神结构》后记，天津人民出版社2001年版，第498页。

② 宮村治雄：「天皇制論の遺産」，『転換期の政治思想——20世紀からの問い』所收，第31頁。

被统治者的压迫，而忽略了天皇制在政治实践中并不以权力表现权力而是以伦理掩盖权力关系的特质，它也为民众提供了不满和矛盾得到缓解和解决的想象。用日本著名思想家竹内好的话来说，就是“天皇制不仅有暴力，同时也有‘仁慈’的一面。它不只打你的头，还能用另一只手来安抚被打的头”。[①] 简言之，战前的“天皇制”一词涵盖不了民众精神构造的问题，正因为如此，战后丸山真男、竹内好等思想家才专门指出天皇制是仅用制度论不能涵盖的研究课题，并长期致力于对天皇制精神构造问题的研究。竹内好在“天皇制国家”之外提出“天皇制社会”一词，并提出了“天皇制不是物。它不是固体，而是气体，是包围了自己和他者的类似于空间一样的东西”[②] 的著名论断，就是在这个意义上而言的。

竹内好指出：“在1945年以前，与天皇制进行了最有组织化的、最激进的对抗的是日本共产党。将日本的支配机构规定为天皇制，就是始自共产党。但要说共产党是不是就从国体的桎梏下摆脱出来了呢，答案是否定的。共产党只是把国体看成可以合理把握的权力主体，并把它归为绝对主义的阶段。这就是所谓西欧式思维的机械运用。因此国体的两面性——这是国体的本质——的一个方面就从视野里消失了。天皇制确实有绝对主义的一面，但是天皇制中能放言‘朕即国家’的责任主体在包括了天皇自身在内的整个支配机构中是哪里都不存在的。共产党试图把天皇制作为物来对待。但是天皇制不是物。它不是固体，而是气体，是包围了自己和他者的类似于空间一样的东西。”[③] 这段话指出了战前日共对天皇制认识的局限性，同时也道出了“国体”与“天皇制”两个词的语感的不同。共产党虽然界定了“天皇制”，却没有“从国体的桎梏下解放出来”，就是因为日共的“天皇制”定义只切中了“国体”问题的一部分（政治的部分），却没有把握其全部。其缺失的那部分，就是精神的和社会的侧面，而这正是“国体”两面性中的其中一面。

第二，日本从明治维新就开始了对国家体制的摸索，到了19世纪

① 竹内好：「権力と芸術」，『新編日本イデオロギイ』（『竹内好評論集』第二巻）所収，筑摩書房1973年版，第392頁。

② 同上书，第378页。

③ 同上。

90年代，天皇制在体制上已得以确立，但“天皇制”这一表达却直到20世纪30年代才出现。这说明，在20世纪30年代之前，无论是“反体制”一方的共产党还是“体制”一方，对于明治建立起来的国家体制都没有形成明确的认识。在“天皇制”一词上体现的认识上的错位，是妨碍了战前认识天皇制构造的一个原因，并且还延续到了战后的天皇制课题当中。对天皇制的认识远远滞后于体制自身的发展，当然有天皇制确立的复杂性、权力的隐蔽性、日共对自身斗争对象认识的不成熟等原因，本书不拟在此做原因上的探讨，而是只想在与本书课题相关的方向上指出，在“天皇制”一词出现以前，对于以天皇为顶点的国家体制，人们并非没有一个称呼，而且这个称呼是体制一方和反体制的一方都一致接受并使用的，那就是“国体”。不仅如此，在“天皇制”一词出现以后，“国体”一词也没有被取代，而是依然被各个阶层的人继续使用。这不仅仅是个词汇使用上的问题，而是表明“国体”一词具有一种超越于阶级区别和政治范畴之上的语感，它凝聚了民族共同体的意识，而这种语感是“天皇制”一词所缺乏的。它的内涵和意义远远大于“天皇制”所能涵盖的范围，这是之所以要首先对“国体”进行语义学的考察的原因。

二　作为历史概念与分析概念的“国体”

首先，“国体”被认为是比“天皇制”更高层次和更具本源性的存在，它是一种价值体系。日本国体学会的创立者、试图建立新的“科学的”国体论的里见岸雄对国体与天皇制做过这样的区分：“作为权力装置而言的国家是易变的，而国体则是不变的国家本质”，他认为国体包括“日本民族就国家的终极基础而言所具有的国家特质、从中产生的体法以及国家构成人员以此为基础建立的本末上下的体系”。[①] 因此国体等于是国家的指导理念，被看作国家之根本，它决定了采取何种国家制度及君臣上下的关系等，在这个意义上，“国体”被认为是比作为国家制度的天皇制更为本源性的存在：它是后者的基础，并对后者起指导作用。国体被作为日本国家不管发展到哪个阶段都赖以为继的一种不变的

① 里見岸雄：『万世一系の天皇——主として国体学的考察』，錦正社1961年版，第305頁。

社会基础。"国体概念具有价值的本质，是主体的统一体国家在价值论层面上的本体概念。"①

其次，国体除了自身即体现为制度之外，更是一种精神层面的存在。它包括了在历史、风习、伦理和感情等层面上维持对日本国家的认同的要素，所以它的范畴要比制度论更广，如果单用制度论对近代日本的政治行为进行解释，国体可能就是它无法完全触及的一个盲区。日本共产党在战前对天皇制的批判之所以不能形成有效的批判空间，就是因为忽视了作为精神构造的国体的问题。

就政治制度而言，近代日本已经具备君主立宪制和议会内阁制的形式。但是在面对大众时，却不是以国家的本质是权力的支配这种霍布斯式的国家观来获取国民的政治认同，而是诉诸感情或血族的共同体基础，这是国体的重要内容。法学家美浓部达吉在《帝国的国体与帝国宪法》中把国体理解为民族精神，有了它国家才能保持团结。美浓部达吉是天皇机关说（立宪主义）的坚定拥护者，他对"国体"的解释如下。

国体"（前略——引者注）即国家的根本性质，详细来说就是国家所据以成立的某种精神。与德语的 Volksgeist（即民族精神——引者注）稍近。是支撑国家团结的民族精神"。

"虽然所有的国家都是建立在民族团结的基础上，但是这种团结心所据以建立的民族精神却由于历史的差异、民族性的差异而导致各国并不相同。国体的差异由此而来，所谓我帝国的国体万国无比，是说我帝国所据以建立的团结心是建立在我皇室无以类比的尊严和我国民特有的忠君爱国的精神基础上，所以团结的牢固是其他国家不可比的。"

"所以国体的观念绝不是单纯的法律上的观念。它不是由国法确定的，它具有比这高得多的价值。国法仅是规定法律的秩序，而国体的差异绝不是由单纯的法律秩序产生的，而主要存在于精神的伦理的方面。如《教育敕语》所宣称的（中略——引者注）忠孝之大义实是我国体的要点，而忠孝之德本不属于宪法学国法学的范畴，而是伦理学道德学的问题。所以国体不是宪法上的观念，而主要是伦理上的观念。虽然宪法规定了国家的政治组织，但是它并不能规定国体。国体之语不见于宪

① 小野祖教：「主権・象徴及び国体——国体は国家の価値論的本体である」，国学院大学紀要特集号『国体論纂』下巻所収，第 104 頁。

法中而是见于《教育敕语》中，不能说是没有原因的。”①

国体是日本的国家理念和对理想的国家制度的设计，但它不仅是一种理想，还相信现行的政治体制就是依它而建的，是这一理想的实现，所以“国体”也成为对现行天皇制的政治正当性论述。

在这个意义上，作为一个来自汉文的词汇，“国体”从字面上已经包含了做“体”、“用”之分时所说的“大体”、“根本”之意。而这种语感是传入日本的西方法学词汇里作为主权归属的概念 Sttatsform（constitution）原本并不具备的。当日本的法学者接受了西方的法学理论，依据国家的主权归属来对国家的体制进行划分时，采用了西方法学理论将其称为“国体”，但这是一个纯粹技术性的划分，当中并不存在价值取向的问题，但在日本固有的语境里，“国体”却原本就是价值的源泉，所以这个词就给法学者带来了持久的困惑与混乱。因为从上述里见岸雄的话里也可以读出来，国体的一个重要特征就是不变的和不可更改的，它不可以像国家体制一样变动。换言之，国体的价值就在于其不变性。而按照西方法学的理论，日本的国家体制（国体）就是君主立宪制，它只是众多国家体制中的一种，如果主权发生了更改，日本的国体理所当然就会发生变化。但是照日本语境里的“国体”来看，国体是绝对不可更改的，如果国体变化了，就意味着日本这个国家失去了存在的根基，日本民族也无法自处。

因此，“国体”与“天皇制”并不是等量的概念，不管是作为一个历史概念还是作为分析概念而言，“国体”都具有“天皇制”所不具备的层面。“国体”并不单单是体制一方的自我表述，在战前相当长的时间内，它是自上到下包括社会最底层人士都普遍认可并使用的概念。也就是说，“国体”不能仅仅看作统治阶层炮制出来美化自身并愚弄民众的虚假意识形态，而是它具备相当庞大的民众基础。换句话说，“国体”凝结了战前的国民认同，这是非常重要的一点。当然，这种民众基础很大程度上是明治以后通过自上而下的国家教育塑造而成，这一点后面会有详细论述，此处只想指出这一事实，即国体成为不可置疑的绝对

① 美濃部達吉:「帝国の国体と帝国憲法」，法学協会雑誌第三十一卷第六号。星島二郎編:『最近憲法論——上杉慎吉対美濃部達吉』（MISUZU REPRINTS 20）所収，みすず書房 1913 年版，第 296—297 頁。

价值，使包括自由主义在内的各种思想如果不依附于“国体”就毫无立身之地，更遑论明确提出反体制口号的日本共产党。

因此，虽然天皇制在意识形态上的表现就是国体，[①] 或曰天皇制在意识形态上是通过“国体”来实现其统合功能的，但是在国体论和天皇制论之间不能简单地画上等号。国体论是日本近代的一种政治思想，它对以下种种内容做了设计，如人在国家中的地位、人与国家的关系、君臣之间的关系以及什么样的国家形式才是理想的，等等。虽然随着天皇制的最终确立，国体论也得以确立了其正统地位，但国体论在历史上的第一次勃兴是 1825 年，那个时候近代天皇制的构想还完全没有出现。也就是说，天皇制是在国体论逻辑发展下最终形成的，而不是相反。

第二节　“国体”的创出

对于明治以后日本的国家体制，一种常见的看法是把它概括为由“二元”向“一元”体制的转化。即将军掌管权力、天皇掌管权威的德川时期的二元统治格局，到明治维新后变成了天皇集权威与权力于一身的一元体制。这种概括有其正确的一面，但必须看到，这里所谓的“二元”或“一元”都只是相对的概念，[②] 这个分析框架的成立建立在对诸多历史变量予以简化甚至忽略的基础之上，其有效性高度依赖研究者的问题设定，如果脱离了特定的问题意识把它绝对化，反而会遮蔽许多重要的问题。本书试图揭示明治以后日本的国家体制实际上一直存在着权力多元化的事实，这种政治意识形态上的“一元化”诉求和政治实践中的多元化现实之间存在着巨大的张力，于是围绕着“立宪国家”的建构，近代日本形成了一种矛盾的国家体制，它同时具备君主专制和君主立宪两重面目，也形成了源自欧美的立宪主义思想与幕末以来作为日本民族独特性诉求的本土意识形态之间既对立又相互补充的二元政治文化。作为天皇制意识形态的“国体论”自身即具有两重性，正是与这种政治体制的二元原理相适应的。

---

① 丸山真男：『日本の思想』，岩波書店 1961 年版，第 10 頁。

② 比如，考虑到幕藩体制下的权力被各级地方势力所分割，毋宁说从德川到明治的权力支配不是从二元而是从多元化走向一元化。

一　日本近代国家建构的特殊性

西欧国家建立近代国家的模式往往是两步走，即先从封建制向绝对主义国家过渡，将封建制下分散的权力集中起来，形成中央集权国家，然后再以这一绝对主义国家为基础向近代国家过渡。所以在这期间必须要经历权力一元化的过程。众所周知，在近代以前，日本在幕府统治时期是二元的统治格局，即将军掌握权力，权威存在于天皇，将军的权力来自“天皇御委任”。但这不过是将军为自己的权力提供正当性而塑造出的意识形态，实际上德川幕府通过颁布《禁中并公家诸法度》（1615年）等对朝廷的行动作了严格的规定和限制，天皇仅仅有决定年号的权限，其权势与幕府根本不可同日而语。虽然天皇与将军在权威与权力二者之间各执一端，但实际上由于天皇在武家统治时代长期远离政治中心（只有在幕末条约敕许的时候，以此为契机才重新涉入政治），也远离民众的生活，所以对于民众而言，天皇只是个身处九重宫殿之内的“云上人”，民众对于天皇，“就好像是对远游去了遥远的国度、从未见过面的父亲一样，不过是每天在家里吃饭时为其供上一碗饭那种感觉而已”①。所以在从幕府的封建统治向近代过渡的过程中，要打破藩阀割据，将分散在地方大名手中的权力收缴上来，实现权力的一元化，这是无可置疑的，但这其中存在着由谁来承担这个单一的绝对权力主体的问题。

从上面的理由来看，天皇是不具备这样的权力主体的地位的。但是从当时来看，除天皇之外，并不存在其他的足以承担这样一个绝对权力的主体。虽然在西南雄藩、元老、重臣和中下级武士的作用下，推翻了幕府统治并推动了版籍奉还、废藩置县等措施，但这些力量内部派阀现象严重，且都没有强大到足以使其他力量信服的地步，而且当时日本面临的国际环境也不允许这些力量为争夺政权而导致维新政府的崩溃，所以最终这一权力主体的角色还是落在了天皇身上。因为幕末是以尊皇攘夷为旗号推翻幕府统治的，所以明治初也顺势提出“大政奉还”天皇

① 岩野泡鳴：『近代思想と実生活』，1913年。转引自丸山真男『忠誠と反逆——転形期日本の精神史的位相——』，筑摩書房1998年版，第107頁。在日本，当家人外出旅行时，家里会在吃饭时为其供上一碗饭，以祈祷其路上平安。

和“王政复古”的口号。但是当时的明治天皇还年幼，尚不具备作为绝对主义君主的实力和威望，而要想使这样的天皇成为集权力权威于一身的绝对主义君主，并不是不言自明的事，必须要靠政治家的努力打造。这就面临着一个为其权力提供正当性论述的问题。

在幕府末期为尊皇攘夷运动提供了思想来源的国体论，在进入明治时期后，又开始发挥为天皇的权力提供政治正当性的功能。正是在这个问题上，存在着日本近代化不同于西方的特征。比如1869年的版籍奉还，这是一项要求诸大名将原来封建制下的领地（版图）和领民（户籍）返还给天皇的措施，1871年废藩置县，1876年秩禄处分，将士族俸禄的供给直接归之于明治新政府，这些措施的目的，都是粉碎封建割据，使所有的权力和权威都集中到君主身上，从而使所有的人都成为君主一人之下的平等的“臣下”，实现政治社会的水平化。但日本的问题是，由于当时这样强有力的绝对君主还没有形成，最终，下面诸藩的权力不是绝对君主带领军队自上而下“收缴”上来的，而先是下面几个强藩带头“奉还”，其他藩的上交实际上是在半诱导半胁迫之下实现的。因此，日本不是以权力的一元化造成政治社会水平化，而是反之，先通过水平化，以此促成权力一元化的形成。所以藤田省三指出，在西方是通过一个有绝对权力的主体来收缴地方上的多元权力，从而实现权力的一元化，而日本则由于这一权力主体的不存在，反而是通过权力的一元化来创出绝对主义的权力主体。这是日本的绝对主义国家在产生过程中的一个特殊之处。①

那么是否近代的天皇制国家就是君主专制的国家呢？上文提到过，西欧向近代国家过渡往往是两步走的，创出绝对主义国家是第一步，接下来还要向近代国家过渡。“在欧洲，在从诸侯割据阶段向绝对主义王权统一国家过渡之后，大约经过一百年，然后才在思想上和行动上开始向近代国家过渡。但是在日本，绝对主义王权统一国家形成后不久即开始出现向下一阶段的近代国家过渡的动向。”② 也就是说，在欧洲分两个阶段完成的近代国家建设，在日本则是将这两个阶段压缩在一个阶段

---

① 藤田省三：『［新編］天皇制国家の支配原理』，飯田泰三、宮村治雄編，影書房1996年版，第72—82頁。

② ［日］依田憙家：《近代日本的历史问题》，雷慧英译，卞立强校，上海远东出版社2004年版，第48页。

完成。明治维新的两个课题，一个是绝对主义的形成，一个就是民族主权国家的形成。这就是日本近代国家建构的特殊性。

二　作为近代日本国家“机轴”的“国体”

在明治建国后为了获得欧美诸国的承认，日本不得不以西方国家为模板建立近代的法政体系，其中重要的一条就是实行君主立宪。1871年，刚刚成立四年的明治政府派出了以外务卿岩仓具视为首的政府要员及留学生赴欧美考察宪政，这就是历史上著名的“岩仓使节团”。该使节团包括政府要员40多名，对一个新成立不久的政府而言，在政府成立伊始即派出如此规模的政府核心成员，赴海外进行为期1年10个月的长期考察，无论是在人员组成及规模，还是从财政上来讲，无疑是一次冒险，也是一次有魄力的创举。从中可以看到当时的统治阶层对政治维新的决心，然而，当时的政治精英却在考察后对在日本确立立宪制度存在重大担忧。

这是因为，在欧洲，自中世纪起就有契约的传统，这为以社会契约论为理论基础的近代国家观奠定了基础，同时，如老牌资本主义国家英国，在议会与君权的长期斗争中形成了立宪主义的传统，然而日本在历史上并没有这种立宪的传统。西方资本主义国家在中世纪后期不同程度地经历了文艺复兴和宗教改革，经历了“个人”的解放，其君主立宪制就是在解放了的“个人”基础上确立的，民众对政治有自主性参与，并同时形成了限制王权滥用的传统。但日本没有个人主义和立宪主义的传统，而且明治国家的统治阶级也不想把国家建立在个人主义基础之上，他们从自由民权运动中看到了民众的觉醒对政治的冲击，他们担心这种解放了的个人会对确立不久的政治制度造成巨大威胁，动摇政治和社会的稳定。伊藤博文在明治宪法颁布之前就表明了这种忧虑。在1888年6月审议宪法草案的枢密院会议上，伊藤讲道：“宪法政治在东洋诸国历史上乃无可征证之事，在我日本施行难免要全盘新创。故施行之后其结果是有益于国家还是与之相反，都是不可预期者。但既然二十年前即已废除封建政治、广开与各国之交通，若要谋求国家之进步，除此之外别无经理之良途，奈之何?”伊藤此话表明了当时在日本施行立宪政治实属摸着石头过河之举，当时的政治家对此其实心存担忧，但实行立宪又是大势所趋，是无法回避的历史趋势。他接着谈了对在日本实行立宪政治心存担忧的原因，“在欧洲虽自本世纪才实行宪法政治，但却是由历史上之沿革而来，其萌芽实发自于遥远之往昔。反之，在我国却属全新之面目。故今欲制定宪法应先求我国之机轴，确定我国之机轴乃何物。若无机轴，政治任由人民妄议，则不独会失去政基统纪，国家亦会随之而亡。……欧洲宪法政治萌生已千有余年，不独人民习熟此制度，又有宗教为其机轴，深深浸润人心，人心于此得以归一。然我国宗教之力微弱，无有能成国家之机轴者。佛教虽一度隆盛，维系上下人心，但今日已倾于衰颓。神道虽以祖宗之遗训为基础并加以祖述，但缺乏作为宗教使人心归向之力”。“能成我国机轴者只有皇室，是以此宪法草案乃专意于此，尊重君权，不使之受束缚。”① 丸山真男认为这段关于“机轴”的讲话是国体创出的重要宣言，是影响近代日本思想的重要事件，为其赋予了思想史上的重要意义。

值得注意的是这段讲话发生在1888年，其实在1866年德川幕府最后一任将军德川庆喜已将“大政奉还”于天皇，天皇统治至少在名义上已经具备正当性，但在20年后伊藤博文依然在谈确立皇室为日本的“机轴”，这是为什么呢？其实伊藤此处所谈的不是权力和制度的问题，而是政治文化或国家认同的问题，是精神层面的问题。他认为天皇不仅要在权力上成为中心，还必须要在权威和情感上成为全国的中心。也就是说，作为后进国家的日本，不仅要建立立宪政治的制度，还要在政治文化中建立足以确保立宪政治顺利实施的政治文化或行为模式。伊藤博文最终选择了将“皇室”作为日本精神的“机轴”，以此框限民众的行为，确保立宪政治的实施。于是明治维新一方面保持了近代立宪制的外表，另一方面转而将统治的社会基础建立在诉诸情感的天皇信仰之上，试图以民众对天皇的情感和认同，确保民众的忠诚和体制的稳固。也就是说，明治以西方为模板确立君主立宪制度的同时，统治阶层对西方文明采取了物质和精神“分别运用”（使い分け）的统治技术，制度上学西方，文化上则寻求日本特色以形成制度基础，这与德川时代桥本左内“器械艺术②取之于彼，仁义忠孝存之于我”和佐久间象山“东洋道德、

① 清水伸：『帝国憲法制定会議』，第88、89頁。转引自丸山真男『日本の思想』，岩波書店1961年版，第29—30頁。

② 这里的艺术就是技艺、技术的意思。

西洋艺术”的思想处于同一条延长线上。

这种统治技术的设计和日本近代国家建构的特殊性，对日本在政治体制上造成了重要影响，这就使天皇制同时存在着君主专制和君主立宪两种面目，天皇的地位也存在着专制君主和立宪君主两种设计。这是因为，在绝对主义国家阶段要促使天皇的绝对权力的形成，但是推动这一步骤实现的政治家们又不完全赞成天皇亲政。因为明治初期把天皇抬出来，在岩仓具视等政治家那里不过是一种统治的技术，因为借此可以实现局势的稳定和民众的统合，但是他们内心并不真的认为日本的国家就是国体论里所宣扬的那样，是万世一系的天皇奉皇祖神之神敕实现的，他们也毫不认为可以靠建设一个神政国家来完成近代化。在此情况下，他们虽然把天皇作为政治君主推到了权力的中心地位上，但同时也存在着这样的疑惧：天皇直接出现在政治舞台的中央，与民众建立了直接的联系，自然可以借此获取民众的认同和忠诚，但反过来，如果民众在政治领域里有了不满或反抗，其矛头也自然是直接指向处于政治中心的天皇的。这就难免使天皇陷入利害之争等政治对立的旋涡之中，并置“万世一系”的皇室于不利位置。因此产生了天皇亲政论与天皇超政论的长期对立。福泽谕吉就是持天皇超政论的一个典型人物。福泽在 1882 年专门写了一本社论性质的著作《帝室论》，中心意思就是“帝室应处于政治之外”。指出皇室如果直接参与政治，偏重政治势力中的一方，就会使另一方心生怨恨，政党政治又难免出现政权更替，那时就未必能保证皇室的地位永远尊崇。福泽认为皇室就应该作为一个超越性的存在，立于政治的领域之外，其功能就是作为统合国民精神的核心，并缓和政党政治中产生的冲突。①

但在向近代国家过渡的过程中必须要有一个单一的权力主体，天皇必须首先成为一个政治君主，所以无法彻底实现“天皇超政论”，吉野作造也指出，天皇亲政在实际上也是不可能的，只可能导致官僚的专制统治和无责任内阁的结果。② 正是出于这方面的考虑，在实际的政治运作层面，明治初的政治家们刻意在天皇之外保留了其他权力机构，比如元老、重臣

---

① 福沢諭吉：「帝室論」，慶応義塾編纂：『福沢諭吉全集』第五巻所収，岩波書店 1959 年版，第 263—271 頁。

② 久野収、鶴見俊輔：『現代日本の思想——その五つの渦』，岩波書店 1956 年版，第 155 頁。

等，让他们以“辅弼”的形式处在民众与天皇之间，一旦被统治者当中积聚了反抗的能量的话，也可以使这些中间机构承受，让天皇免除政治责任。并在政治领域之外，用《教育敕语》来宣扬君臣大义，使君民关系变成一个道德和伦理的问题，而避免使民众的忠诚或反抗变成纯粹政治领域的力量。于是天皇的地位和形象就变得具有两面性。

一方面，“天皇在全体国民面前表现为绝对的权威和绝对的主体”，使天皇看起来具有绝对君主[①]的特征，另一方面，“从天皇侧近和辅弼机关来看，天皇的权威毋宁说是象征性的、名义上的权威，天皇实质的权力则由各机关的负责人全面分割和代行”[②]。于是天皇具有双重面目：

（1）绝对君主。集政治上的绝对权力与精神上的权威于一身。

（2）立宪君主。只拥有有限权力，实质上的权力被中间的多元化权力分割和代行。天皇的权威只是象征性的、名义上的。

这就是久野收、鹤见俊辅所称的“显教”和“密教”。明治国家就是在这两者微妙的、主动的调和之上确立的。“显教”指绝对君主形象，“密教”指立宪君主形象。表面上把天皇解释为拥有绝对无限权力和权威，以此获取民众的绝对服从，这是“显教”，而在实际上则践行君主立宪，把天皇看作国家的机关，权力要受议会和宪法的限制，这是“密教”。[③] 在向民众宣扬的时候，在国民的中小学教育和军人教育中，使用“显教”，而在大学教育等高等教育和高等文官考试中，即有望在将来成为国家栋梁的精英阶层则使用“密教”。所以天皇制存在着双重面目，“对于天皇制的本质到底应看作绝对君主制还是立宪君主制，是一个长期争论的课题”[④]。这就是近代日本国体的真正实质，也是其两重性的由来，它根源于日本近代国家建构的特殊性，同时也导致了对“国体”的两种理解。

三 “双重国体”的纠葛

正是由于天皇制双重构造的存在，为之提供政治正当性论述的国体

① 绝对专制君主指“在没有代议机构或宪法制约的情况下行使权力”，参照《布莱克维尔政治学百科全书》，第 2 页“绝对专制主义”（Absolutism）词条。

② 久野収、鶴見俊輔：『現代日本の思想——その五つの渦』，第 131 頁。

③ 同上书，第 132—134 頁。

④ 竹内好：「権力と芸術」，『新編日本イデオロギイ』所収，第 374 頁。

论也不得不涵盖这两种情形，于是“国体”的概念内容总也不能有一个清晰统一的界定，就成为一个必然的结果。综合近代林林总总的国体论，可将对日本“国体”的理解大致分为以下两种。

第一种是从政治的、法律的观念出发来理解国体，把国体解释为按照主权所在来区分的国家形态，是德语 Staatsform 的译语，按照这种理解，日本的国体即体现为“万世一系的天皇进行政治统治”。第二种理解则在第一种理解之外，还从历史的、伦理的意义上理解国体，除了万世一系的天皇进行统治的政治体制外，还将与其有关的君民伦理、社会构造、历史传统、民族文化等统统包括于其中，使国体成为一个涉及法律、政治、伦理、历史、民情等的复合体，由此使国体成为一个无法“科学化”和价值中立化的概念，也成为近代日本的一个专有名词。

“国体”的这两种理解在文本上分别以 1889 年的《大日本帝国宪法》和 1890 年的《教育敕语》为体现。《大日本帝国宪法》第 1 条规定，“大日本帝国由万世一系之天皇统治之”，第 4 条规定“天皇乃国家之元首，总揽统治权，并依本宪法各条之规定行使之”。把天皇作为政治的主体从法律上进行了定义。而《教育敕语》则从道德的角度进行训导：“朕惟我皇祖皇宗，肇国宏远，树德深厚。我臣民克忠克孝，亿兆一心，世济厥美。此乃吾国体之精华，而教育之渊源亦实存于此。”列举了臣民应具备的一系列道德条目，教导“臣民”“一旦有缓急，则应义勇奉公，以扶翼天壤无穷之皇运”。作为明治国家的两大支柱，《大日本帝国宪法》体现的是法学观念上的国体，而《教育敕语》中体现的则是道德、伦理观念上的国体。

西欧著名的政治学家法学家耶利内克、卡尔·施密特等都曾指出，对君主制形成支撑的一般有两种因素，一是“感情的因素”，二是“理性的因素”。近代日本的“国体”所具有的双重面目，恰恰对应着这两种因素。以政治的或法律的面目呈现的国体，是“理性的因素”，它反映的是从权力构成或支配关系角度对政治体制所作的设计。而以道德的或伦理的面目呈现的国体，则是“感情的因素”，它所谋求的是国家内部的向心力和凝聚力，这是确保政治体制稳固并对其进行支撑的社会基础。作家芥川龙之介曾在 1916 年的短篇小说《手绢》里，以嘲讽的手法塑造了一个致力于从日本的武士道中发现挽救日本精神文明的方法及寻求东西方文化互相理解的主人公长谷川谨造，其中提到了主人公在柏林留学期间恰逢前德皇威廉一世驾崩，主人公所住公寓的两个小孩子都为之哭泣的例子，令主人公为之深受触动，并试图在日本书化中也寻找类似道德。① 这个被芥川以戏谑口吻描写的例子，所反映的无疑是国体论的炮制者所期望达到的效果，即普通民众对天皇有朴素的“感情”，只要有此在，就可以对日本的精神文明有所贡献，进而保护日本近代化的成果。

于是，一边把天皇看作掌握绝对权力的主权者，现实政治的最高决定者，一边把天皇描述为国民道德的中心，集神圣权威和传统于一身，是真善美价值的绝对体现者。日本近代政治体制的双重构造在战后的天皇制研究中广为提及。② 于是近代日本“政治的官僚机构、议会制度一边握有高度的政治权力，一边同时与非政治的超越者天皇（宗家的家父长）相连接，使整个天皇制支配体制一方面具有高度的权力色彩，一方

---

① “——那还是先生从前在柏林留学时候的事。当今的德国皇帝的父亲，威廉一世驾崩。先生在常去的咖啡店里听到了这个讣告，最初只是受到了一般的触动。于是和往常一样精神奕奕，把手杖夹在腋下，回到了公寓。刚一开门，公寓的两个孩子一下子抱住了先生的脖子，一块儿哇的一声哭了起来。一个穿着茶色的上衣，是十二岁的女孩子，另一个穿着藏青色的短裤，是九岁的男孩子。喜欢孩子的先生不明白是怎么回事，……一边不停地安慰他们说：‘怎么啦？怎么啦？’可是，孩子们仍然不停地哭着。后来抽抽搭搭地说：‘陛下老爷爷去世了。’先生觉得一个国家的元首死了，连小孩子都这么悲伤，实在不可思议。这决不能单纯地认为是皇室和人民之间的关系问题。”——引自［日］芥川龙之介《手绢》，吕元明译，载芥川龙之介《罗生门》（楼适夷等译），译林出版社 1998 年版，第 130 页。

② 战后对于近代天皇制两重构造的揭示如下：久野收、鹤见俊辅的“显教”和“密教”理论（久野収、鶴見俊輔：『現代日本の思想』，岩波書店 1956 年版，第 132—134 頁）；藤田省三对天皇制的两种支配原理的揭示（藤田省三：『天皇制国家の支配原理』，みすず書房 1998 年版，第 17 頁）；宮村治雄的两个 constitution（宮村治雄：「天皇制論の遺産」，鷲見誠一編：『転換期の政治思想——20 世紀からの問い』所収，創文社 2002 年版，第 29 頁）；姜尚中的体制的国体民族主义和文化的（主情的、美学的）国体民族主义（姜尚中：『ナショナリズム』，岩波書店 2001 年版，第 27—30 頁）；里见岸雄对国体的法学解释（主权所在）和国民道德上的解释的区分（里見岸雄：『国体学総論』，日本国体学会展転社 2005 年版）；池冈直孝指出有三种国体观念，一种是国家的组织或形体，即客观的一面，一种是精神的一面，指国家的本质、理想、价值等，一种是综合以上两种的见解（「国体観念の研究」）；大原康男：作为政治的、法律的观念的国体观（万世一系的天皇统御政治）和作为历史的伦理概念的国体观（包括了皇位观念、君民伦理关系等的概念，将法律、政治体制、惯习等全部包括在内）（大原康男：「明治憲法と天皇制」，国学院大学日本文化研究所編：『近代天皇制と宗教的権威』所収，同朋舎 1992 年版）；吉本隆明：“作为宗教的天皇制”和“作为政治权力的天皇制”的二元理解；三岛由纪夫：“作为文化概念的天皇制”与作为立宪君主制的政治制度的天皇制；竹山道雄：“机关说的天皇制”与“统帅权的天皇制”（竹山道雄：『昭和の精神史』）；武田清子《天皇观的相克》（武田清子：『天皇観の相剋』，第 3—7 頁）；等等。虽然这些观念并不能完全一一对应，但是即便是处于对立的思想立场上的人对于天皇制的二元结构都有着类似的理解，这个问题值得注意。

面又形成了一个情感的体系”。[①] 于是，以《大日本帝国宪法》和《教育敕语》的颁布为标志，这两种国体观确立下来，一边对立摩擦一边妥协共存，直到战败。而在战后的宪法改正过程中围绕着“国体是否变更”出现的和辻哲郎与佐佐木惣一以及金森德次郎与佐佐木惣一的争论，正是这两种国体观对立又纠葛的体现。

不过需要指出的是，将国体观分为政治和伦理两个层面来论述，只是为了分析的方便，在实际上，这两个层面是无媒介地组成了一个整体。在最初制造国体论的政治家和意识形态制造者那里，国体论是为了建构近代国家和统合国民而采用的一种手段，是出于明确的目的意识而有意为之。他们有意用“显教”和“密教”分而用之的方法来使用国体论。然而，在民众层面上则无法具有这种目的手段的意识，在他们那里，政治和情感的侧面是无法分开的。不仅是民众层面，由于国体论的制造者们有意利用国体论来消解民众对体制的不满和矛盾，当日本发展到 20 世纪 10 年代至 20 世纪 30 年代，日本资本主义的各项矛盾开始突出的时候，统治阶层更是大力宣扬国体论，到了这个时候，统治阶层也渐渐无法自如掌控其目的和手段意识，无法从神国、八纮一宇的神话中获得自由，于是国体论逐渐由一种手段变成了目的，由一种虚构变成了实体，渐渐地国体论就变成了钳制思想、压制民众的武器，这可以算是“双重国体”之间的纠葛。

由于这两重国体者之间存在着矛盾，所以难免发生冲突。在明治末大正初的日本发生了一个重要的学术争论——“天皇机关说”与“天皇主权说”之争。这一争论是对 1889 年明治宪法做出的不同解释。在法学者之间，以“统治权的主体是谁”为焦点形成了不同的意见，一派信奉“天皇机关说”，即在宪法学上主张天皇是国家的机关，统治权在于国民，主要以东京帝国大学教授美浓部达吉（1873—1948）为代表；另一派则信奉“天皇主权说”，主张天皇是国家主权的主体，以继承了穗积八束的学说的上杉慎吉（1878—1929）为主要代表。

“天皇机关说”以德国公法学者耶利内克[②]的“国家法人”理论为

---

① 石田雄：『近代日本政治構造の研究』，未来社 1956 年版，第 11 頁。

② 耶利内克（Georg Jellinek，1851—1911），19 世纪德国著名的宪法学者，著有《公权论》、《一般国家学》等。反对当时德国的绝对君主主义，批判国家对个人具有绝对优势地位的思想，主张国家应受宪法和法律约束的“国家法人说”。

基础，认为国家是法人，是拥有共同目的的共同体，统治权的主体是国家而不是天皇，天皇不过是国家行使统治权的最高机关。"统治的大权决不是天皇一人的私事。统治权不是为了天皇一人的利益而存在，而是为了整个国家的目的而存在。"① 否认天皇的权力是绝对的和无限的，认为天皇须受议会限制，议会在原则上对天皇完全独立，并不需要服从天皇的命令。这一学说对议会内阁制和政党政治形成了法理上的支撑。

"天皇主权说"则认为国土和人民都是君主的私有财产，君主是超越国家、拥有绝对权威的存在。天皇是一切国家意志的最高决定者，议会只是参与行使天皇的统治权，并不能独立地表达国家意志。上杉慎吉由这种观点出发，批评美浓部的学说违反了日本固有的国体。

这场1911年开始的争论也叫作第一次天皇机关说争论，在这场争论中，天皇机关说和天皇主权说看似对立，但在对明治宪法的解释上，两者都有其立论的依据。因为明治宪法中所规定的天皇地位实际上同时具有立宪君主和绝对君主两种不同的性格，而这两种学说实际上是对其中一种天皇形象的解释。但尽管如此，美浓部学说压倒上杉学说占据了优势，成为法学界的主流。因为天皇机关说主张立宪政治、限制君权、加强议会的作用，符合当时明治国家的政党内阁制趋向，因此成为政府依据的学说，并且美浓部的著作在高等文官考试和文部省对教员资格认定的考试中，一直被作为考生的权威参考书。这表明，直到大正时期之前，天皇制的两重面目之中，立宪政治这一"密教"一直是占上风的。在明治国家的缔造者伊藤博文的有生之年，作为一种统治技术，"显教"和"密教"之间维持了微妙的平衡，但随着中心人物明治天皇以及伊藤博文的去世，两者的斗争变得明显和扩大，从明治三十年代后半期开始，"密教"后退，"显教"开始占据上风，天皇机关说才在明治末期第一次作为"国体"问题受到攻击。

虽然在明治末的第一次天皇机关说争论中美浓部取胜，但只限于法学界等知识分子阶层，天皇主权说的"显教"仍然支配着国民教育和军人世界。当在军队里接受《军人敕谕》的教育成长起来的军人，立

① 「国家及政体論」,『国家学会雑誌』第26卷8·9号。转引自掛川トミ子「『天皇機関説』事件——日本ファシズムの知性への攻撃——」,橋川文三、松本三之介編集『近代日本政治思想史Ⅱ』,有斐閣1980年版，第307頁。

身处世进入军部后，他们所接受的“显教”国体教育自然与美浓部等人提倡的“密教”格格不入，因此到了1935年，天皇机关说受到了军部的攻击，这就是国体明征运动，也叫做第二次天皇机关说争论。相对于第一次天皇机关说争论只是在学术范围内进行，作为第二次争论的国体明征运动却由一个学术问题直接转变成了政治斗争，最终天皇机关说被明令禁止。这一事件表明，“显教”已绝对超越了“密教”，并将其全面打压。久野收和鹤见俊辅将国体明征运动定义为“显教对密教的征伐”，可说是简单明了。

宫村治雄则指出：“‘国体明征’的意义是‘宪法’这一可限定的、且带有可比较的一般性的Constitution，在事实上被‘国体’这一无限定的、而且是不可比较的Constitution予以否定。‘明征’这种无限定的不能相对化的‘国体’，想要对它树立明确的自我认识，其本身就是自我矛盾的。就这样，这种‘万邦无比的我国体’，在太平洋战争中直到无条件投降为止都要‘护持’的‘国体’，关于它的内容是什么到最后也没有形成明确的统一意见。”[①] 国体内部这两重构造之间的矛盾斗争，正是推动日本近代政治进程的动因之一。

四　国体论——“发明的传统”

在研究者当中，对于国体论是传统还是新造的看法可分为两种。一种是把国体论看作明治以后的新发明，另一种则是把“国体”看作日本历史上延续了千年的传统来看待。实际上，国体论同时具有这两面性，它是在对旧有的传统进行利用和改造之后的复合体，可以说它是一种霍布斯鲍姆所说的“发明的传统”。

（一）国体论对传统的继承

就一个民族的历史而言，很难有绝对的断裂，也很难有绝对的创新。一方面，很难想象为一个国家提供权力正当性论据的意识形态可以毫无根基地完全新造出来，从另一方面来看，即便这种意识形态可以完全新创出来，但如果民众中没有接受这种灌输的相应的土壤，单方面地强制灌输也很难达到理想的效果，尤其是这种意识形态还是专门以悠久

① 宮村治雄：「天皇制論の遺産」，鷲見誠一編：『転換期の政治思想——20世紀からの問い』所収，創文社2002年版，第29頁。

历史中形成的民族的古老传统为旗号。所以说，它一定是依据了这个国家的某种精神土壤，利用了传统文化中的某种资源，否则不能想象本是为了给来自西方的宪政制度提供一种适宜生长的土壤，反而再制造出一种仍然是无本之木的东西来承载它。

就政治体制而言，日本自古代就有天皇制[①]，尽管有的时期天皇并不掌握实权，但从整体上来看皇位没有旁落外姓，皇室的血统一直得到了延续，这确实是日本政治体制的特殊之处。虽然中国也有长期的君权统治，但在中国古代存在着尧舜禅让和汤武放伐之类的事例，经历了无数的改朝换代和易姓革命，而日本的天皇制却较少这些现象，只有天皇年号的接替，因而呈现出一种政治体制连续不变的印象。国体论对日本天皇制独特性的强调正是建立在这一事实之上。作为一个相对隔离的岛国，日本有史以来完全没有被外族统治和屠杀过的经验，这种世界史上的偶然现象无论在统治阶层还是民众阶层都提供了一个使“万世一系的皇统”幻想得以成立的背景。

当然，国体论宣称天皇的统治是万世一系，这并不是历史的真实，因为在 1336 年开始的 57 年间，日本就有南北两个朝廷和两个天皇相对立，史称南北朝时期。但即便如此，在近代以前的日本史当中，日本并没有出现中国那样频繁的易姓革命和朝代更迭，尽管在武家政治时代架空了天皇，但仍然保留了天皇并在表面上维持了天皇的权威，因此国体论里以天皇万世一系的口号宣扬日本具有独特的国家形式，并以此凝聚和塑造国民对天皇统治的忠诚，也并非完全是虚构。

而日本社会中“家”的制度及观念也为国体论提供了可供扎根的土壤。关于日本的家族观念和中国家族观的不同，已经随着众多日本研究的译介而广为人知了。其一就是在日本的家族中，亲子关系本身就是一个权威—服从的关系。如柳田国男和有贺喜左卫门曾指出，在日本的亲子关系中，“亲”本来就是掌握劳动指挥权的存在，而“子”则要服从他。所以所谓亲子实际上在生理的关系之上，还是一种社会关系和权威关系的体现。而长子继承制则使长子以下如果留在本家，就必须像服从父亲一样服从长子，否则就需另立门户。其二是日本家族中并不固守血缘联系，而是存在着超血缘性，可以容纳非血族成员成为家族成员，这

① 当然这是使用作为分析概念的“天皇制”，参照本章第一节。

使日本的家族关系可以超越血缘上的限制，带有大范围可复制性质。国体论之所以能在民众中确立起来，是有赖于这几项特征的。

在这种政治体制下，日本从近世起一直存在着与神国意识相连的尊皇观念，国体论对尊皇意识的宣扬也建立在这种传统之上。国体论在历史上的第一次勃兴，就利用了这种尊皇的观念推翻了幕府统治，在明治建国之后，国体论也以此来为天皇统治赋予正当性，尊皇是国体论的核心内容。但有一个事实需要注意，虽然“国体观念的渊源”常被上溯到公元8世纪的《古事记》和《日本书纪》，但国体论却直到19世纪后半叶才首次在历史上兴起，在这期间的一千多年里，“国体”一直是个并不具有绝对价值的普通概念。国体论出现在19世纪后半期，而不是更早，这表明国体论中的神国思想和尊皇思想虽然早在神代神话中就有表现，但是直到幕末在外来压力下促发了国内危机意识之后，这种尊皇观念才开始被赋予了政治的性格。当它专门以“国体论”的形式进行自我表达的时候，就已不再停留在神话传说的层次上，而是具有了某种新的含义。这种新的含义，来自对近代化课题的回应。

（二）国体论对传统的改造

国体论就是用来确保立宪政治的意识形态，然而在建立近代立宪政治的课题面前，传统的神国论和尊皇观念中的某些内容就显得不合时宜了。比如传统的尊皇论把国家和人民都看作天皇的私有物，“溥天之下莫非王土，率土之滨莫非王臣”，天皇对民众有生杀予夺的大权，而民众却只有义务可言。再比如传统的神国论在宣扬日本是神国的同时，对其他国家采取了极端轻蔑的态度，宣扬锁国而不是开国，这都与近代化所需的精神相悖。福泽谕吉早在1865年的《唐人往来》中就曾对妄自尊大并且排他的神国论提出过批判，“独有日本自称为神国，厌恶世间的交际，自我封闭并驱赶外国人，何其不适宜也!”① 因此，国体论中的素材虽然早在近代之前就已存在，但由于是为构建近代国家而服务，在维持了古老传统的面目的同时，国体论实际上对传统进行了适应近代化的改造。

因此历史学家色川大吉把国体论看作“在无固定形式的传统意识之

① 安西敏三：『福沢諭吉と自由主義——個人・自治・国体』，慶応義塾大学出版会2007年版，第79頁。

上，附加了维新后的新价值的复合体”。“那么明治以后新加的价值是什么呢？第一是‘破除旧来之陋习基于天地之公道’‘广求知识于世界’的开放了的精神。而且，这一开明的精神作为‘四民平等’、‘一君万民’的原理，在新的‘国体’观念中生发。这是在古代天皇制和近世国体论中都没有的。”①

历史学家安丸良夫在谈到他对天皇制持“断绝说”的时候也指出：“（前略——引者注）我们通常想到的作为天皇制的内容的，实质上不过是在以明治维新为分界点的近代化过程中新创造出来的东西，我一直都强调这一点。当然，与天皇制有关的制度和观念中有不少是自古就有的东西，但是它们已经被重新利用为构成近代天皇制的素材，被赋予了新的意义。以旧传统为名建构国民认同，实现国民国家的统合，这是近代国家的重要特质。”安丸把这种改造了的传统称为“伪造的建构物”。② 宋成有教授也指出：“日本书化的包容性、暧昧性被用于国家政治的运营，使维新变革外穿复古主义之衣，内行资本主义化之实。”③

梁漱溟曾将日本明治维新和中国资产阶级革命相比较，他敏锐地发现日本明治维新何以能够将天皇推到权力舞台的正中，“日本皇室是万世一系的，维新以前，一切都由幕府当权；不当家则不招怨，大家老是寄希望于他。而中国则清廷为外族入主，他又当家了二百多年，惹了很多怨恨。所以日本有尊王运动，而中国则要推翻满清。故日本的政治改革，改革之中尚有因袭，其制度有一变化而未中断。中国则清室一倒，数千年相传之政治制度也顿然随之俱废，全社会乃骤失其维系作用。（中略——引者注）日本尤其好的是：维新与复古同时，借新朝气以充实旧系统；借旧精神以吸收新文化；其政治有办法，对外能折冲，对内能整理、能培养，于是走上近代工商业的路，而模仿成近代都市文明”④。“维新与复古同时”，“借旧精神以吸收新文化”，这明白无误地传达了日本国体“发明的传统”的实质，其功能就是维系社会。但是在明治时期还主要是起统一和同化功能的国体论，在到了大正年代之后，开始转化为防御与排斥。国体论逐渐由手段变为目的，由虚构

---

① 色川大吉：『明治の文化』，岩波書店1970年版，第269頁。

② 安丸良夫：『近代天皇像の形成』，岩波書店2001年版，第12頁。

③ 宋成有：《新编日本近代史》，北京大学出版社2006年版，第103页。

④ 梁漱溟：《乡村建设理论》，上海人民出版社2011年版，第15—16页。

(fiction）变为实体，变成了压制民众思想的工具。

第三节　“国体”对政治思想和政治实践的影响

“国体”的创出在近代日本政治思想和政治实践中导致的结果是深刻的。在思想层面上，它导致了人们在认清天皇制的实质时存在困难，“国体”的概念之所以歧义丛生，总也无法获得一个统一的理解，天皇制的这种矛盾性的双重构造就是一个最为重要的原因。而在现实层面，一个重要的结果是导致天皇的战争责任不清。

一　国体含义的暧昧不清

正因为这两种国体观的纠葛，引发了历史上无数次国体争论。长期以来围绕着“国体”总是争论不休，有人认为天皇亲政是日本的国体，有人认为天皇不亲政、维持民族精神的统一才是日本的国体。在1947年，围绕着由美国占领军当局起草的日本国宪法的制定，政府内部和学者们展开了新宪法有否更改国体的争论。其中著名的有和辻哲郎与佐佐木惣一的国体争论。

法学者佐佐木惣一持国体变更论，他认为，国体概念内容就是看总揽统治权的主体是谁。明治宪法中规定由万世一系的天皇总揽统治权，而在日本国宪法中则明文规定，天皇的地位“以主权所在的全体日本国民的意志为依据”。所以在新宪法中，统治权为日本国民所有，已不再属于天皇，所以国体发生了改变。佐佐木认为，一般而言对于国体有两种理解，一是从政治形式上所见的国家形态，二是以渗透到国家共同生活中的精神的、伦理的观念来看的国家形态。即一个是“政治的国体概念”，一个是“精神的国体概念”。他所说的“变更”，是指第一种国体概念。但他同时也认为“从社会生活的事实来看，政治的国体变了，精神的国体也会变的”①。

而和辻哲郎则不同意这种看法。他认为，一直以来所谓的日本“国体”指的是“天皇亲政”，但天皇亲政并不是日本历史的传统，或者说

① 和辻哲郎：「国体変更論について佐々木博士の教えを乞う」，『和辻哲郎全集』第14卷所収，岩波書店1962年版，第356—357頁。

只是例外事件，他认为天皇的核心意义并不在于他是统治权的总揽者，而是作为日本国民统一的象征，而这个统一的象征，即使在国家分裂解体的时候也仍然存在，所以这个统一不是政治的统一，而是文化的统一，这才是日本的国体，日本的国民在语言、历史、风俗及其他一切文化活动中形成的是一个“文化共同体”，他认为这才是日本的国体。

和辻所说的“文化共同体”是个超国家的存在，它不受政治体制变化的影响，在日本因战败不得不接受政治体制的变化的时候，和辻用这种方法暗示，变化的只是明治以后的体制，并不是日本自古以来的传统，所以这并不是什么重要的问题，重要的是日本作为文化的共同体丝毫未变。就这样，和辻把“国体”的政治性层面和文化性层面人为地剥离开来，并主观地拒绝了其政治性的一面，从文化的角度为日本寻求到了与战前的连续性，对因体制变化可能产生的心理冲击起到了有效的减震功能。这是和辻给出地度过战败危机的处方。

通过从文化的、心情的角度刻画天皇制的本质，和辻巧妙地建立了“国体”在战前战后的连续性，而这是战后维护象征天皇制的人当中常见的一种立场。和辻哲郎的这种态度在许多老一代自由主义者身上都可以见到。如津田左右吉也在《体现于文学中的我国民思想之研究》中指出，在战后的天皇制下，“因为皇室与政治没有了关联，所以不管时事变迁导致政治形态和社会组织如何变化，都能够顺利应对，并作为任何时候都不会改变的国家象征、催生国民精神的象征发挥作用”。[①] 这些老一代自由主义者对于带领日本民族走上战争和侵略道路的作为制度的天皇制是持批判态度的，但对于作为个人的天皇本人却往往怀有真挚的感情，他们可以将天皇与天皇制区分开来，反天皇制的同时不仅不反天皇，而且认为天皇身上所凝聚的这种真挚的情感是可以带领日本度过战败危机的最大的精神支柱。共产党员、作家中野重治在《五勺酒》中也借小说人物之口发出了“把天皇从天皇制下解放出来”的呼声。[②] 由于战前“国体”成为共同体的一种心理防御机制，并垄断了国民的认同，当战败引致了政治体制的重大变革之下，“国体”的崩溃必定会

---

① 津田左右吉：『文学に現はれたる我が国民思想の研究』。转引自大原康男「天皇統治と象徴天皇の間」，国際交流基金『国際交流』1995 第 68 号第 17 巻 4 号，第 31—32 頁。

② 小熊英二：『「民主」と「愛国」——戦後日本のナショナリズムと公共性』，新曜社 2002 年版，第 138 頁。

给日本带来心理防线的丧失和国民认同的危机。在战败后新宪法出台之际，日本的政界和思想界如此执着于国体变还是不变的讨论，在根本上就是因为“国体”不只是关于政治制度的问题，更是关系到日本民族的存续的问题。而和辻哲郎的文化国体论以否定政治的“国体”概念的方式，排除了“国体变化”的结论以及由此带来的恐惧，他所提出的“文化共同体”，无疑是为了寻求一种针对战败的心理防御机制，而与他站在论争的对立面的佐佐木其实在这一点上与和辻的意图是一致的。因而国体批判论和国体拥护论的界限并不能以其结论而定，如果从意图上看，二者的界限奇妙地模糊。

因此姜尚中在《民族主义》一书中专门区分了作为体制的“国体”和作为文化的“国体”，指出体制的“国体”随着战后新宪法的制定和象征天皇制的确立，无疑发生了变化，但文化的“国体”概念却以隐蔽的方式度过了战败的危机延续下来。它以“反政治的或非政治的”面目出现，但也不排除这种非政治性的对日本书化独特性的诉求，会在某些契机之下转化成“全政治主义”的可能。借助对国体论的二元性的解释，姜尚中指出“国体”在战后一边在形式上与以前断绝，一边又在本质上保持了连续。

因此对于战前日本的民族主义，应慎用“政治的民族主义”Vs.“文化的民族主义”或“好的民族主义”Vs.“坏的民族主义”（“进攻型的民族主义”和“防御型的民族主义”）的划分法。当然，这种二分法自有其意义所在，但在战前日本民族主义的问题上，很难用这种非A即B的二分法来思考。因为，“国体”不仅公然作为政治性的意识形态与政权联手，在政治、法律、经济、教育等各个领域体现为制度和机构，还同时以非政治的、伦理的、感情的形式，通过长期的国民教化渗透到大众的“生活实感”中，表现为与民众生活体验直接相连的“心情”。这种以非政治的情谊关系来阐释政治统治关系的做法（最典型的是家族国家观），在统治阶层那里自然是作为一种权谋和统治技巧来运用的，具有强烈的目的意识性，但落实到民众层次，则诉诸“乡党社会”的连带意识、家族亲情和人际关系，潜移默化为民众的日常生活实感，贯穿在他们的日常行为和思维中。比如在民众那里，“天皇”与“国家”是被结合在一起来认识的，无法考虑一个没有天皇的“日本”，这种基于生活实感的“心情”，成为吉本隆明所说的“大众民族主义”

的核心。而战前民主思想的普及和马克思主义的影响，则基本上只限于知识分子阶层，并没有占据过大众民族主义的核心。再加上作为后发国家，在对外危机严重的时候，国体还与日本民族的自我保存问题直接相连，使得问题进一步复杂化。在“国体”思想内部，政治的与非政治的因素以不能截然分开的形式紧紧抱合在一起，这是它能长时间牢牢控制民众、即便是批判性知识分子也无法与国体相抗衡甚至出现大量“转向”的重要原因。对于这样一种思想，用政治的和文化的民族主义来划分，仅仅取出其纯粹政治性的要素或仅仅考察其文化的侧面，都无从把握其整体和本质。

二　天皇的战争责任暧昧不清

相较幕府时期将军与天皇在权力和权威的天平上各执一端的二元体制而言，明治以来确立的是一种天皇集权力和权威于一身的“一元”政治体制。从表面上看来，天皇应该是个独裁者，具有至高无上的权威与权力，但诸多事实却与这个推论相悖。所谓独裁者，是大权一手包揽，一切行为出于自己的意志。但天皇并不是一个欧洲语境里的“独裁者”。上文已经提到，在意识形态上，为了让民众的忠诚集中，明治宪法里明示天皇“总揽统治权”，在国体论里宣扬天皇万世一系，号召臣民对天皇绝对服从，但实际上又刻意保留了一些中间的权力，以避免使天皇成为反抗的中心。因此把明治时期的统治格局称作一元结构只是相对而言，并不能把它绝对化。正因为对权力的主体进行了模糊化处理，使得权力主体的责任因之暧昧不清。丸山真男在战后以“不负责任的体系”对此进行了概括，“不负责任的体系”成为风靡战后思想界的词语。竹内好也提到：“天皇制确实有绝对主义的一面，但是天皇制中能放言‘朕即国家’的责任主体在包括了天皇自身在内的整个支配机构中是哪里都不存在的。”①

于是我们在战后所看到的，是在战争责任问题上主体责任不清的问题。天皇作为处于天皇制统治体系顶点的责任者，竟能免除战争责任的追究，当然主要是由于美国为了避免战后日本共产主义的兴起刻意保留了天皇的缘故，但这一目的之所以能够实现，亦有赖于战前体制的二

① 竹内好：「権力と芸術」，『新編日本イデオロギイ』所収，第378頁。

重性。

在东京审判之前，昭和天皇曾对近侍口述了一份“独白录”，概括地表达了昭和天皇对1927年以来所有事件的看法。这份口述由当时担任宫内省御用挂[①]的寺崎英成记录，在1989年昭和天皇去世后，长期未公开的这份“独白录”以《昭和天皇独白录》的名称出版。这份独白录是昭和天皇在东京审判之前为自己可能会受到的质询所做的准备，成为他开脱自身战争责任的自我表述，因而出版后作为一份珍贵的史料在当时引起了强烈的反响。根据《昭和天皇独白录》里的记述，昭和天皇认为他是一贯地按照“立宪君主”的身份来行动的。天皇是“立宪君主”，就是指对于内阁和统帅部决定了的政策和见解，天皇个人即便有异议，但仍要批准。昭和天皇曾以这样一件事为自己辩护，在1928年的张作霖被炸事件发生之后，当时的首相田中义一曾对天皇表示要严惩不贷，但到了第二年却在上奏中表示想尽快将事情结束。天皇责备田中的上奏与上次的说法不一，于是田中内阁总辞职。对此天皇反省自己过于“年轻气盛”，于是“决定在此事件之后，对于内阁上奏的内容，即便自己持反对意见也要予以批准”。并说“如果自己喜欢就批准，自己不喜欢就不批准，那与专制君主有何相异”。[②] 因此书中指出，因为受“立宪君主”的制约，其实天皇的意志并没有得到贯彻。尽管天皇不赞成日美开战，但也不得不同意，因为“我作为立宪国的君主，必须要认可政府与统帅部达成一致的意见”。书中指出其实天皇按自己的意思做决定的只有两次，一是对二·二六事件下令讨伐，二是宣布接受《波茨坦公告》，而这两次都是内阁等政府机关没有下决定、必须由天皇来下决断的情况。所以从天皇自己的立场来看，他已经在立宪君主的立场上为了回避战争尽量做了努力了，他不得不做出开战的决定，因此天皇不应该被追究战争责任。

然而，其实正如安丸良夫指出的，即便在这份“独白录”里，也可以明确地找到昭和天皇其实对战事拥有最高发言权、并对战事高度关注的证据，所以，尽管昭和天皇在“独白录”里做了如上辩护，但正是

① 旧制度之下的职务名，接受宫内省等官府的命令进行工作。

② 寺崎英成·Mariko Terasaki Miller 編著:『昭和天皇独白録　寺崎英成·御用掛日記』，文芸春秋1991年版，第23、136頁。转引自安丸良夫『近代天皇像の形成』，岩波書店2001年版，第5—6頁。

这些陈述反而明白地体现出天皇的政治性，他对战争负有不可推卸的责任是无疑的。天皇这样强调自己的“立宪君主”的立场，无疑是为了在东京审判中免除自身的政治责任，但也不得不说，明治以来的政治体制中存在两重构造确是事实，而这正是昭和天皇为自己开脱的极好理由。

可以说，明治初期的政治家们之所以设计这样一个并不清晰的权力体系，所设想的就是使天皇免于成为政治斗争的中心，而在战败后天皇得免战争责任，无异于是明治初设想的实现。然而这种体制的设计所引起的影响是深重而复杂的。如果战争的最高责任人、具有最高发言权的天皇都可以不承担应负的战争责任，又有何种立场要求民众“一亿总忏悔?”而且，天皇制双重结构的设计亦要为日本战败之前的近代政治史负责，它所造成的后果不是一时性的，而是结构性的。由于面对不同的受众分别提供国体论“显教”和“密教”的教育，所以在军队里接受了“显教”教育并立身处世进入军部的军人们，所理解的国体就是“天皇亲政”（明治宪法中规定“统帅权独立”，陆海军部直属天皇），所以议会和内阁在他们眼里就成为阻碍军部意见直达天听的障碍。当军部势力上升时，就导致了“显教”对“密教”的讨伐。军部在后来发动了1932年的血盟团事件、五·一五事件①和1936年的二·二六事件②，其口号就是“清君侧”。再如在1935年的国体明征运动中，接受了“密教”国体的天皇虽然是天皇机关说的支持者，但运动仍然以反国体为名对天皇机关说进行了围剿。因此，“对于1931年至1945年的战争时代，是把它看作日本近代史上不太重要的、脱离常轨的一段时期，还是看作理解近代日本的一段重要时期，是现代日本论的一个争论点”③。有些人把这段时期看作日本近代史上的一个怪胎，是脱离了常规的、非正常的、疯狂的时期，它不属于真正的日本历史，认为这段时

① 血盟团事件：以井上日召为首的法西斯组织血盟团，按照“一人杀一人”的计划，于1932年2月9日和3月5日相继杀死原大藏大臣井上准之助和三井合名会社理事长团琢磨的事件。五·一五事件：1932年5月15日，一伙海军军官杀害犬养毅首相的事件。

② 陆军皇道派青年将校发动的叛乱。1936年2月26日，22名青年将校率领1400余名下士官袭击了首相官邸、警视厅、朝日新闻社等，杀害内大臣斋藤实、藏相高桥是清、教育总监渡边锭太郎，占领永田町一带。政府翌日发布戒严令，29日天皇命令镇压。

③ 鶴見俊輔：『戦時期日本の精神史 1931—1945年』，岩波書店1982年版，第239頁注2。

期并不重要，只要回到之前去就可以了。司马辽太郎就持这种观点。但实际上从明治初期对体制的设计来看，后来日本走上军国主义的道路，并不仅仅是20世纪30年代所致，而是在明治政治体制中存在着结构性的原因。

而国体政治和文化的两个层面也给我们以提示，即政治体制的变化并不代表国体问题的彻底解决。在1945年战败后，天皇制被颠覆，“作为统治机构的天皇制，明显地脱离了绝对君主的性格向有限君主接近。但是作为精神构造的天皇制却没有获得与之相应的解体”①。而如何面对天皇制在战后精神层面上造成的影响，也是有良知的知识分子在持续进行的工作。“国体”这个词语的消失，并不等于它长期以来对日本国民意识的影响也同时消失。尾藤正英曾敏锐地指出，战后国体禁忌的消失，仅仅是不能对国体提出质疑的这种禁忌消失了，而“无须质疑”这种意识却仍然作为无意识而存在，这种不自觉的意识反而容易超越战败留存下来。如何考察国体在精神层面的影响，是本书今后的课题。

结　语

综上所述，“国体”与天皇制有着不可分割的联系，但无论从概念所指还是外在表现来说，“国体”都是一个并不等同于“天皇制”的概念。从表现上来说，“国体”并不仅仅体现为制度（天皇制），还体现为制度背后的运作原理；就内容而言，“国体”不能仅仅从政治学的角度去观察，它还具有文化层面上的意义，就其在历史上发挥的创造和延续民族认同的功能而言，它在文化层面上的作用更不容忽视。因为“国体”所具有的文化层面的效应，恰恰可以对政治层面上的体制变化或体制威胁做出反应，所以文化的“国体”和政治的“国体”这两个层面是不可分割地连在一起的。而这种两面性恰恰是日本近代国家建构的特殊性之所在，也是国体概念长期以来不能获得一个统一认识的原因之一。

① 竹内好：「権力と芸術」，『新編日本イデオロギイ』所收，第382頁。

第四章　国体论与社会

——作为社会构成原理的“国体”

上一章所强调的是“国体”外在体现为一种政治体制，而在这一章中将指出，“国体”除了体现为一套高于民众之上的权力体系之外，还内在于民众生活之中，成为一套规范着近代日本个人、社会与国家间关系的社会组织原理。近代日本不仅有政府自上而下推行的国体教育，在民众当中也自下而上存在着属于民众自身的国体意识，这种国体意识的存在当然与政府的意识形态灌输脱不了关系，但国体教育的推行亦得力于民众生活中有着易于接受这种教育的惯习和意识做土壤。这就是本章所要探讨的问题，简言之，即“国体”何以能在民众中扎根如此之深，亦可称作“天皇制的民众基础”的问题。本章也将直接涉及我们常见的所谓“为什么日本人会全民协战”的问题。

2004年第6期的《读书》杂志上刊载了一篇名为《日本对外扩张中的人民》的文章，作者周建高在文中提出了如何认识日本侵略战争中的“人民”的问题。作者指出，在20世纪下半叶我们常采用将“一小撮军国主义分子”和“广大日本人民”严格区分开来的二元对立构图来看待日本。如1950年1月17日《人民日报》的一篇名为《日本人民解放的道路》的社论中写道：“日本帝国主义曾经是并且现在仍然是中国人民的敌人，但是日本人民却是中国人民的朋友。日本人民和中国人民有共同的敌人，这就是日本帝国主义及其支持者美国帝国主义。”抗日战争胜利后，虽然存在着政治立场的不同，但当时的国民政府和20世纪50年代新中国的共产党政府，都是把普通大众与发动侵略战争的军国主义、帝国主义当权者区别对待，并在二者对立的意义上把后者称作“日本人民”。

而这篇文章的作者则对这种两分法提出了质疑。他将视线投向了

“日本人民”举国协同战争的事实，认为日本民众在对外侵略扩张中表现出与政府步调的高度一致，在涉及民族和国家利益的问题上表现出高度的民族集团主义，因此作者对采取阶级斗争的视角、以二分法的方式先验地将日本民众与政府对立起来的固有思维提出了质疑。作为这一现象的有力佐证，作者提到了日本的两个大知识分子，一是启蒙思想家、教育家福泽谕吉，一是“平民主义”的提倡者德富苏峰。因为福泽谕吉在甲午战争后对战争表示了支持，他“认为日本对中国的战争是文明对野蛮的战争，而且带头在民间募集军费”。而德富苏峰也对甲午战争表示了由衷的兴奋与支持。①

文中所提到的第一种立场与作者本身的立场恰好代表了我国长期以来对日本民众的两种相互对立的认识，也是对战时日本国家与社会关系的不同认识。如果第一种立场可以称为“区别论”的话，那作者的立场暂且可称为“一体论”，在试图提供一个与此前不同的看待日本民众的视角上，这篇文章的意义值得肯定。但值得注意的是，这一见之下截然相反的两种认识，只是各自强调了事实的不同部分，由于历史的丰富性，要想找到日本人民反战或是协战的事实，都不是困难的事。20 世纪 50 年代之所以做出“区别论”的划分，不排除对战时日本现实把握不清的可能，但也是基于战后的国际环境做出的政治判断，当时的国内外局势及外交政策的需要，被投射在了对中日战争期间日本社会的认识上，换言之，这不仅是个学术问题，更是个政治问题。

“区别论”是基于片面的史实，而“一体论”又可能遮蔽了一个侧面，就是在日本全民被卷入战争洪流的过程中，即便排除掉“抵抗”这个层面不讲，仅就“支持”这个层面来说，在其光谱中也依然存在着逃避、屈服、顺应现状到旁观、迎合等各种程度不一的形态。如果将这些表现一概以“全民支持战争”的结论大而化之地一笔带过，无疑是一种将历史简单化的做法，也是非历史的做法。

而即便排除政治的侧面不讲，这两种对立的认识也具备一个共通之处，就是以没有类似体验的中国为视角去理解与中国情况有巨大差异的

① 周建高：《日本对外扩张中的人民》，《读书》2004 年第 6 期，第 80 页。同样的观点也可见于李小江《平民化战争研究的启示》，《读书》2006 年第 10 期。后者提到明治时期最著名的知识分子代表、被誉为“提倡女权论者”的福泽谕吉曾专门撰文支持“人民移居和娼妓外出赚钱”。

近代日本天皇制问题。由于不具备如日本天皇制那样的类似经验，我们常常会把日本政府与民众的关系要么是看成二元对立的，要么是一元统一的，但更真实的情形恐怕在于这两极之间。事实上，日本民众也有自下而上的反抗，无产阶级中也确实出现了社会改革的思想，但真正的问题在于，这些反抗和改革的力量都没有强大到足以触动并改变日本国家正统性依据的地步，甚至都以天皇制和"国体"论为自明的前提；由于无法超越国家意识形态"国体"的束缚，这些微弱的反抗仅仅停留在个人的层次，不仅无法形成真正的社会连带，甚至最终被收编进"国体"的框架之内（从来不反"国体"），这是日本最终并没有形成反法西斯主义阵线、也没有形成真正的反战力量的深层原因。

由于《日本对外扩张中的人民》一文仅止于问题的提出，并没有对战时日本民众与政府趋同背后的精神构造予以涉及，因此尽管作者审慎地表明他并无意因此就得出"日本人民是好战的、富有侵略性"的结论，但也难免使人留下此种印象，走向日本是个特殊国家的表面化结论。如果没有一个有效的视角指导我们的对日观，就会难免仅仅停留在从单纯的"区别论"抑或"一体论"立场中二者择一的境地。现实即是如此，多少年来我们对日本的认识依然突破不了一个瓶颈：国人对日本民众的认识在"区别论"和"一体论"的两极之间做往返运动，要么选择其中一极，要么是另一极，没有一个中间状态。①

本章试图指出，不管是认为日本人民是被权力所迫协从战争的想法也好，还是认为民众是受了意识形态的蛊惑上了当才协战的想法也好，都把权力（体制）和民众看做可以分得开的两方。但实际上，如果权力刻意将统治关系附着上伦理色彩，比如把统治者与民众的关系营造成一种家族的想象，那么对权力和统治关系的认知将会变得困难。打个比方来说，当孩子在家中服从父母的时候，面对父母以爱的动机和名义施加的权力，他（她）很难能够将其作为一种权力来认识。政治学家 Steven Lukes 曾提出要从三个维度认识权力，第三个维度就是明明施加了权力却让人完全意识不到被施加了权力的情况，权力方不仅使被统治者

① 一个例子表明现在这一状况依然没有得到改变。在 2005 年 4 月全国各地爆发了反日游行等示威活动之后，中宣部和外交部组织的中日关系形势宣讲团在指出人们应理性爱国的同时，提出的一条建议就是"划清反对少数日本右翼分子的错误行径和广大日本人民的界限，跟日本人民要友好"。令人饶有兴味的是，这依然是"区分法"的一个延续。

意识不到权力的作用，而且能管控其观念和意识，使其甚至连不满都感觉不到。[1] 那是一种不可忽视的权力，由于使被统治者甚至毫无意识，因而是更隐蔽且更加强大的一种权力。而这恰恰是日本近代的社会构成原理，尤其是国体论之重要体现的“家族国家观”的重要功能。丸山真男曾以“伦理与权力的相互潜入”来概括天皇制的权力特征，竹内好则用“一草一木中皆有天皇制”[2] 的著名论述解释了天皇制的社会组成原理的一面。本章将从国体论对国家与社会关系的设计出发，从社会层面考察国体论在近代国家建构中的功能，为看待战前日本民众提供另一种视角。

第一节　近代日本的国民建构

19 世纪后期意大利独立运动政治家阿塞里奥（Massimo d’ Azeglio）曾在意大利的统一运动初步完成后说过这样的话：“我们已经创造了意大利，接下来我们必须创造意大利人。（We have made Italy，now we have to make Italians.）”[3] 正如这句话所反映的那样，后发国家的近代化在进行国家建构（state - building）的同时，也在进行国民的建构（nation - building）。从近代国民国家 nation - state 的叫法来看，state - building 和 nation - building 是近代化的一体两面，创造“意大利人”所指的正是 nation 的创造。在这个问题上，日本也不例外。尤其是在其国家建构更多是自上而下所达成的结果之下，其国民（nation）也不得不由人为创出。然而值得注意的是，阿塞里奥明确提出了要创造的是“意大利人”，日本在其近代国家的规模初具之后致力于打造的是否是以“日本人”为称号的国民呢？答案由于历史的复杂而难以一言概之，但在结果上，日本在明治维新以后塑造出的并非近代意义上的“国民”，也不是近代社会的“公民”，而是“臣民”，以“皇国之臣民”的塑造代替了

① スティーヴン・ルークス：『現代権力論批判（Power：a radical view）』，中島吉広訳，未来社 1995 年版，第 39—40 頁。

② “正如‘残缺的雕像中有整个希腊’一样，一草一木中皆有天皇制。我们的皮肤感觉中渗透着天皇制。”竹内好：「権力と芸術」，『新編日本イデオロギイ』所収，筑摩書房 1973 年版，第 393 頁。

③ 转引自［日］信夫清三郎《日本政治史》第三卷，吕万和、熊达云、张健译，上海译文出版社 1988 年版，第 1 页。

"日本国民"或"日本人"的塑造，以全体民众都是天皇之臣民的方式形成国民认同。

一　幕末在封建制框架内对"王土王民"的构想

在幕末被作为近代国体论嚆矢的会泽正志斋的《新论》里，已经出现了明确的国家意识，会泽在文中强调国家的一体性，力主日本要有区别于明清（中国）、印度和西洋的国家形态。首先来看会泽以何种词汇描述这个国家。颇值一提的是，《新论》通篇都是用古汉文写就，但凡粗通古汉语的中国人，不会一句日语也可以完全无障碍阅读1825年这位日本学者写就的《新论》。这是因为儒学在江户时期是官学，而且水户学本身就被认为属于朱子学或朱子学的一个变种，作为幕末的水户学者，会泽等学者不仅深谙儒家典籍，而且自己写作都是使用汉文。但是，尽管会泽也使用中国文化里常用的"神州"、"中国"、"蛮夷"等词汇，却存在着同文不同义的问题——作为中国人非常熟悉的"神州"一词在《新论》里多次出现，然而会泽所指的并非中国或清朝，而是当时的日本；当指代中国时，他使用的是"汉土"、"明清"等词。

《新论》开篇即写道："谨按神州者太阳之所出，元气之所始，天日之嗣，世御宸极，终古不易，固大地之元首，而万国之纲纪也，诚宜照临宇内皇化所暨无有远迩矣。而今西荒蛮夷，以胫足之贱，奔走四海，蹂躏诸国，眇视跛履，敢欲凌驾上国，何其骄也。""神州"、"蛮夷"等词汇明显来自会泽的汉学素养，但中华文明的华夷体系却被颠倒过来，处于核心位置的"华"被置换成了日本。会泽自己在指称日本时，更多使用的是"神州"和"中国"，如"盖神州之与汉土，风气素同，而人情亦甚相类，故设教之意甚相似，亦如此也"①。"神州相为唇齿者清也"（398），"及升平已久，海内无事，而夷复窥中国"（399）。尽管他也使用"日本"一词，却更多地用于转述外国对日本的描述，如"当是时也，西夷之唱妖教甚力，……于是乎夷辈胆落，相告曰，日本人有三眼"，"再到日本开教，被其两杀"（399）。这些例子无疑说明当时日本的国家意识以中国这个他者为媒介建立，且是借用了华夷秩序

① 会沢正志斎：「新論」，今井宇三郎、瀬谷義彦、尾藤正英校注：『日本思想大系53 水戸学』，岩波書店1973年版，第385頁。

的话语体系加以翻转后表达日本的国际秩序观。

会泽指出日本历史上凡“天下大治”者，皆是由于“土地人民悉归于朝廷”，“土皆天子之地，人皆天子之民”（385）。然而及至封建时代，土地割据，自将军至豪族，都将土地人民据为私有，民众各为其主，导致“名义之不明，其忠非忠，其孝非孝”，“土地人民之不得于统一，政教不可以施，其极忠孝俱废，而天人之大道委地矣”（386）。“天下士民唯利是计，不肯尽忠竭虑以谋国家”，如此则“土地人民何以统一焉，而国体其何以维持也”（386）。会泽认为应“除土地私民，尽归之朝廷，天下无一非王土与王臣者”，如此才能天下大治。不论西欧还是日本的封建制度皆是建立在土地分封之上，其本身必然是土地及忠诚分散的社会，然而会泽要“土地人民悉归于朝廷”，这难免对封建制度形成否定，然而若问会泽是否具备颠覆封建制度的革命精神，答案又不是肯定的。

会泽《新论》中针对当时的时局论多倚重军事和经济实力的特征，另出蹊径，指出思想统一、忠诚统一的重要性。“帝王之所恃以保四海而久安长治天下不动摇者，非畏服万民把持一世之谓，而亿兆一心、皆亲其上而不忍离之实诚可恃也。”（382）然而如何使“亿兆一心”？

首先是土地人民的归一，这就表示财政和人口都要受统一的支配，以保证“民志一”，即民众的忠诚心指向一个方向，民心不二，来自底层的能量能往一个方向使。不能像大化改新之前那样，在皇室的私有地和私有民之外，臣下还能“置私田蓄私民”，也不能像藤氏专权那样，“公卿大夫，僭奢成风，争置庄园，以私土地人民”，武家又依附于权势，各占据势力范围，最终形成割据之势。德川时期为了防止强藩尾大不掉，通过“参觐交替”制度，使诸大名居住在江户，并从财政、军事上削弱诸藩的实力，剥夺它们与幕府抗衡的基础，这就是强本弱末的政策。自幕府以下诸藩形成了严重的地方割据，各藩民众只管“各扫自家门前雪，哪管他人瓦上霜”，一旦有事，根本无法指望能举全国之力共赴国难。所以会泽提出在“强本”的同时也须“强末”，“夫以节义磨砺士众，必仿效东照宫当日之意，所以强本也。使邦君得养强于国，士大夫养强于邑，兵有土，土有兵，所以强末也。本末共强，兵甲既众，天下之民，有勇知方，义气溢海内。用海内全力，以兴应征之师，使丑虏屏迹匿形不敢近边，庶几不忝国体矣”（392）。

其次，土地人民的归一不能归于别人，而是天皇，或说朝廷。会泽认为国体得保的条件，是保证天皇处在忠诚体系的最顶点，“土地人民悉归于朝廷”，只要天皇以下都尊奉天皇，国体就得以维持，至于天皇是像神武天皇那样掌握实权平定天下割据，还是像丰臣秀吉时代那样仅据虚位维持封建之势，都不是问题的关键。在这里有意思的是，同样是天皇没有政治实权的武家统治时代，会泽对镰仓和室町时代进行了批判，而推崇了德川时代。这是因为他认为镰仓、室町时代的将军和旧姓豪族都各自占据土地人民，导致权力阶层争权夺势，动不动就违背朝命（动逆朝命，不能恭顺），而在被统治阶层，民众的忠诚对象也不相一致，各为其主，虽然能以死相报，却不是真正的忠孝，这是因为大义名分已经乱了［“而民各异所适从，虽勇斗力战能为其主死，而名义之不明，其忠非忠，其孝非孝，忠孝之教，日以消铄。”（386）］。但是对于德川幕府，却因“专以忠孝立基，遂成二百年太平之业。……以时帅天下国主城主朝于京师，天皇褒赏，授官赐爵，当此之时也，天下之土地人民其治归于一，海内一途，皆仰天朝之仁，而服幕府之义，天下之势，可谓治矣”（386）。到了后来，承平日久又出现了弊病，奢靡成风，“天下士民唯利是计，不肯尽忠竭虑以谋国家”，又到了需要改革的时候。在会泽的《新论》完成之前，幕府重新颁布了异国船驱逐令①（文政八年即1825年2月，1842年废除），会泽在文中把这看作是“千载之一时，必不可失之机”，试图借机革除旧弊，恢复土地人民归一的局面。

应该说，对于武家政治的二元统治，他贬镰仓、室町而褒德川，很难说他持中央集权体制的观点，在这点上会泽并没有一个一以贯之的评价标准。这根本上是由于他没有推翻幕府统治的立场，他的逻辑只能在承认现实统治的基础上进行。但这个似是而非的治乱标准，也恰恰使《新论》自身中潜藏了从敬幕论向后来倒幕论转变的契机。尽管会泽并未试图从根本上否定封建制度，但他主张将日本作为一个整体考虑，让日本土地上的所有臣民都具有同样的忠诚对象，这种思想已经包含了封

① 由于外国船在日本近海活动日剧，松平定信修正了宽永年间的异国船驱逐令，做出了一定的融通，规定可探明异国船的来意，对于漂流船可供给燃料和水后令其离开。1825年2月是第二次颁布驱逐令。

建制无法囊括的新的方向，因此是从封建向近代过渡的思想。会泽的《新论》之所以为“新”，应该就在此处。

会泽提出的实则是民族凝聚力的课题，然而在那个时代，会泽在《新论》中尚没有四民平等的思想，他所希望的“亿兆一心”其实是在封建忠诚体系基础上的强化和提升，他所设想的社会凝聚力建立在封建忠诚之上，真正的国民创造的努力出现在明治维新。

二　明治的“臣民”与“国体”

由于近代化要打破封建的要素，因此国民（nation）的创造同时也是一场社会革命。明治维新需要在纵向和横向两个方向上打破封建制度下的隔离状态：在纵向上，打破身份制的桎梏，取消士农工商身份制，推行四民平等；在横向上，废藩置县，促进各县间人员的自由流动，并推行义务教育，启蒙民众，致力于国民气风的改造，这些措施都有朝着国民创出的方向努力的特征。而水户学和国学者的国体论已无法适应国民建构的历史任务，于是在明治维新至明治十年代这段启蒙时期里，以加藤弘之和福泽谕吉为首的启蒙主义者对国学者和水户学者的国体论发出了激烈的批判。

传统国体论中最受批判的主要有两点：一是希望天皇作为祭主同时执掌政治大权的祭政一致的政治设计，二是对君民关系的设计。国学者视国土人民为君主的私有财产，主张对于君主的意见，不论正确与否，人民都要绝对服从。这不仅是国学者对君民关系在思想上的设计，也是在现实中弥漫在当时日本举国上下的一种国民风气，这种卑屈之气被福泽谕吉批判为“奴隶风气”。显然，这样的风气在方向上是与倡导个人自由和权利的近代国家背道而驰的。当对公民权利的探讨成为时局的热点时，国学者等传统的国体论者就觉得这会破坏日本的国体。

于是加藤弘之在 1874 年专门写作《国体新论》一书，所谓“新”论，就是针对国学者的国体论而言。加藤在书中批判国学者流推崇的祭政一致为“天神政治”，加藤把这当作文明未开时候的国体，认为这种国体的特点是把明明是人事所致的政治，说成是天神政治或说代天政治，国家君主被渲染成天神而不是人。对于旧国体论对君民关系的描述，加藤的批判更为强烈。加藤弘之在《国体新论》中说：“国学者流之辈，由于爱国之切，夸示皇统一系，虽可嘉，但可惜不知国家、君民之真理，以天下之国土悉皆天皇之私有、亿兆人民悉皆天皇之臣仆，进而宣扬种种牵强附会之妄说，说只要生于本邦之人民单以天皇之御心为心，以天皇之御事为己事，不论善恶邪正，只需听命于敕命即为真诚之臣道。”① 这些国学者以为这是日本的国体，并以之作为本邦卓越于万国之处，加藤说这种说法实为可笑。他认为，日本皇统一系未曾经历过革命，这是值得庆贺的，也希望能与天壤共无穷，但若是因此就说天下国土、亿兆人民都是天皇的私有物、是天皇的臣仆，说这是日本的国体，那简直是没有道理。因为天皇和人民是同样的人，并无如人与畜那样的差别。加藤指出，不是亿兆（百姓）为一君而存在，而是一君为亿兆而存在，他认为这才应是日本的国体。

加藤说，国家、君民成立的根本原因，不是神话说、契约说、乱世说、武力说、家族国家说，而是在于亚里士多德所说的人有必然相互联合形成国家（实则指城邦）的天性。（《国体新论》第一章）于是，与人的这种天性相符的国体，就是国家以人民为主眼而成立，尤其是要以寻求人民的安宁幸福为目的，君主及政府都专门为达此目的而存在，以此为国家大主旨的国体。这与古来和汉以天下国土、亿兆人民为一君主之私有物、臣仆的国体（违反天理、人性）相比，公私正邪立判。万世一系的日本，也应该将国家的主眼放在人民身上，天皇及政府要尤其注重对人民的保护劝导，为寻求人民的安宁幸福而存在。国学者流不知此理，只知夸耀皇统一姓、尊王卑民之说。如若国土、人民均是君主的私有物，那么即便像孟子宣称“君为轻”，也不是好的国体。（《国体新论》第二章）

福泽谕吉早在明六社的演说中和1875年执笔《文明论概略》之前就曾有过国体论述，在《西洋事情》第二编（1870）中就有过这样的记述，“法国人虽失其君，但并未失其国体，如协力防敌，渐可不致受辱”。但是他最重要的国体论述，出现在《文明论概略》的第二章。

在《文明论概略》的第二章“以西洋文明为目标”中，福泽专门谈论了国体的问题。他认为由来于水户学的传统国体论，是引进西方文明的最大障碍。他说他这一章的“目的虽然不是要讨论国体，但在讨论

① 加藤弘之：『国体新論』，植手通有責任編集：『日本の名著 34 西周加藤弘之』所收，中央公論社 1984 年版，第 383—384 頁。

汲取外国文明问题时，首先使人们感到阻碍的，似乎就是国体论，甚至于有人认为国体和文明似乎是不相容的”①。由此可见，在明治初期的时代氛围里，讨论文明开化则必然要遭遇“国体”的问题，因为传统国体论的理论根据就是建立在日本独特性之上并以之为确定不移的价值的，如果站在这种国体观之上，则引进外来文明必然要带来对“固有之国体”的冲击，尤其是背负启蒙课题的思想家常又以建立立宪政治为要务，立宪政治则必然会对天皇的权力形成限制，这就不可避免地遭遇了国体是否会因之改变的问题。对于国体与文明的问题，当时的理论家们很多人避而不谈，而福泽则以其独特的国体论，得出了国体与文明二者并无冲突，而且“唯有汲取西洋文明才能巩固我国国体”② 的结论。而这则是由于福泽对“国体”做出了新的界定。

福泽虽然也认为“日本自有史以来，从未改变过国体”③，但他是在与以往的国体论者完全不同的系统中定义“国体”的。依他看来，“所以国体，就是指同一种族的人民在一起同安乐共患难，而与外国人形成彼此的区别；本国人的互相照顾，比对待外国人要笃厚；本国人互相帮助比对外国人尽力；在一个政府之下，自己支配自己的命运，不受外国政府的干涉，祸福都由自己承担而能独立自主。西洋人所谓‘Nationality’就是这个意思”。“国体的由来，有由于人种相同的，有由于信仰相同的，或由于语言，或由于地理，情况各不相同。但其最主要的因素是，同一种族的人民经过共同的社会历史沿革，有着共同的传统观念。”④

福泽并没有给国体下一个明确的概念，而是以其表现作为对它的解释。在这里，他将国体指向了一国民众的连带感或曰国家民族认同，他的“国体”丝毫没有提及政治体制的问题，而是落脚于民众的紧密联系，这种联系是保证国家有充分凝聚力的重要条件。而在最后，福泽的“国体”落在了“独立”这一点上，在福泽那里，“维护国体的最低的条件，只在于不让外国人夺去政权”，“只要是由本国人民执政，就于

① ［日］福泽谕吉：《文明论概略》，北京编译社译，商务印书馆1959年版，第18页。
② 同上书，第24页。
③ 同上书，第22页。
④ 同上书，第19页。

国体无损”。[①] 福泽打破了国体的绝对性，认为国体在一个国家里未必始终如一，而可以有很大的变化，而衡量一个国家的国体是否存在，不可从语言、信仰等条件来判断，因为一个国家可能语言信仰都在，但人民丧失了政权受到外国人的统治，这就算国体的灭亡。所以“国体的存亡，都只在于这个国家的人民是否丧失了政权”[②]。比如印度被英国征服，美洲土著人被白种人所驱逐，都是国体丧失的例子。于是，福泽谕吉把“国体”与国民自由和民族独立的课题连在一起，从而将水户学、国学者的国体论做了根本的翻转。

可以看出，在1889年明治宪法颁布之前，对于日本应该建立何种国家体制和将这种体制建立在何种社会基础之上，朝野双方均有着诸多探讨和摸索，思想界因而呈现生机勃勃的景象。但后来的历史走势却出现了变化。1881年内务省向各府县下达了通知，大意为“因加藤弘之所著《真政大意》及《国体新论》两书乃基于错误见解所作，已有人唯恐其贻误后世而申请要求将其绝版。今后此书将停止销售，敬请注意”。两天后，报纸上刊登了以加藤弘之本人的名义所做的将两书绝版的广告。这一举动被看作是加藤弘之的“转向”。之后加藤弘之不仅撤回了《国体新论》，还对板垣退助等的国会开设论提出反对，持尚早论，反对他之前曾极力倡导的天赋人权说，之后又挑起了教育与基督教的冲突（本质上是基督教与国体的冲突），前后判若两人。

再看政府对国民建构的态度，在岩仓使节团远赴欧美考察宪政回国后，1889年《大日本帝国宪法》得以颁布，宪法中对民众的指称不是“国民”，而是“日本臣民”。尽管宪法中规定了臣民的权利，但对国民的教化却不是通过宣扬权利意识进行的，而是以《教育敕语》为基础。“朕惟我皇祖皇宗肇国宏远，树德深厚，我臣民克忠克孝，亿兆一心，世济厥美，此我国体之精华，而教育之渊源亦实存乎此。尔臣民孝于父母、友于兄弟、夫妇相和、朋友相信、恭俭持己、博爱及众、修学习业以启发智能、成就德器。进而扩大公益、开展世务、常重国宪、遵国法，一旦有缓急则义勇奉公以扶翼天壤无穷之皇运，如是者不独为朕忠良臣民，又足以显彰尔祖先之遗风矣。斯道也实为我皇祖皇宗之遗训，

---

① ［日］福泽谕吉：《文明论概略》，北京编译社译，商务印书馆1959年版，第21页。
② 同上书，第20页。

而子孙臣民之所当遵守。通诸古今而不谬，施诸中外而不悖。朕庶几与尔臣民俱拳拳服膺咸一其德。”《教育敕语》短短两百来字，所谈的是对臣民的道德要求，几乎可以称之为“大日本帝国的核心价值观”，其中首当其冲的是“忠孝”，它实际上是以全国人民都忠孝天皇的形式达到今天所谈的“爱国”所要达到的效果，确保国家的向心力。在象征着日本近代天皇制国家体制确立的这两个文本中，都是以培养服从天皇的“臣民”为主旨，所以这实则是对明治精神的背叛而非继承。在《教育敕语》颁布后，政府便开始了自上而下对青少年及成人的国体教化。

一方面，在学校教育尤其是义务教育中，规定小学“校舍中需设置固定场所，奉置天皇陛下及皇后陛下之御真影并教育敕语之誊本”①，并每逢祝祭日全校教员学生会集一堂，向“御真影”敬礼，高喊天皇皇后万岁，“捧读”《教育敕语》，同时进行关于《教育敕语》的训话，“涵养忠君爱国之志气”②，这与宗教仪式具有类似的特征。在学校课程中也强调“修身应以关于教育之敕语的旨趣为基础，启培儿童之良心，涵养其德性”，“努力培养尊王爱国之志气”。地理、日本历史也要“培养爱国之精神”，“使知本邦国体之大要”③，所谓的爱国心教育成为义务教育的根基和核心。另一方面，政府还主持编写了无数的敕语解说书，并下达行政命令要求在学校举行敕语捧读式，以达到驯化民心的目的。向民众灌输建国神话、神国思想、天皇神性，教导民众“一旦有缓急则义勇奉公”。就这样，“教育敕语作为明治宪法的补充文本，成为战前国民教化的圣典”，④ 在国民教化中发挥了强大的作用。

明治维新在完成民族独立课题的同时，还要完成民主革命的课题，但相较前一课题的顺利完成，后一课题的解决是不充分的。作为天皇制国家的两大支柱性文件，《大日本帝国宪法》虽规定了臣民的权利，但面对民众却更多是用《教育敕语》的“忠良臣民”的德行来教化，国体的观念被广泛普及到国民各个阶层，因此明治创出的是强调服从天皇

① 1891 年 4 月的《小学校设备准则》。

② 1891 年 6 月的《小学校祝日大祭日仪式规程》。

③ 1891 年的《小学校教则大纲》。

④ 橋川文三、鹿野政直、平岡敏夫『近代日本思想史の基礎知識：維新前夜から敗戦まで』，有斐閣 1971 年版，第 70—71 頁，「教育勅語と国民教化策の展開」。

的“臣民”，而不是近代意义上的“国民”。

三 对社会契约论的贬抑——以“自然”拒斥“人为”

尽管在国体论于19世纪90年代成为天皇制国家的意识形态之后，其逻辑与之前存在诸多差异，但其一个共同的主张，就是强调日本具有与他国不同的国体，而这不同国体的表现之一，就是日本的君臣关系不是建立在社会契约之上，而是出于自然情感和人伦大义。

个人与社会的关系、社会与国家的关系，是西方自古典政治学以来在不同时期的政治学中持续思考的一个基本问题。在对社会与国家的起源和本质的众多解释中，大致可分为个人主义与国家主义两种。前者认为个人先于社会而存在，而社会是先于国家或外在于国家的一种人类联系方式，个人是社会的本源，个人在成立国家之前即已具有了天赋的自由与权利，国家不过是为了保障个人的权利和利益而组成的人为的机构。因此国家本身并不是目的，而是为了实现个人的目的——即为了维护个人的权利和自由而人为创造出的工具。这是自由主义思想的基本观点，也是洛克（John Locke）等社会契约论者秉持的观点。与之相对的另一种看法则强调单个的个人只有在国家的框架之下才能找到存在的价值，国家构成了个体的“最终目的”，因此国家在逻辑上高于社会，甚至国家自身即是目的。

在这两种国家观当中，英美等国可算是前者的典型体现。而德国则属后者，德国哲学和政治思潮中这种对国家的崇拜在俾斯麦任首相期间得到了印证，为德国经济的崛起和国家的统一做了重要的贡献。19世纪70年代日本的岩仓使节团赴欧美考察宪政时，对同属后发国家的德国的国家主义宪政印象深刻，并以普鲁士宪法作为日本宪政的模板，所以明治建立起的政治体制更多地受了德国而不是英法的影响。日本近代的政治文化虽然也属于国家主义的范畴，但由于自身独特的历史和传统，以及近代化的目的意识，日本近代形成的国家主义国家观亦有不同于一般意义上的国家主义的特质，并最终发展成超国家主义或曰极端民族主义。下面就来分析日本的个人—社会—国家理论。

近代的国家观建立在如下理论基础之上，其一就是社会契约论，即把国家看作是自由且平等的个人在相互同意的基础上缔结契约形成的。其二，就是统治者与被统治者之间的政治关系不仅仅被看作是权力

（power）的支配，而且认为主权者所制定的法，不仅被统治者要服从，同样也对统治者形成约束，这就是合法支配的思想。[①] 而与之相对，日本近代以来宣扬的是一种自然主义的国家观，崇尚“自然”、鄙夷“人为”，不把国家看作人类后天出于某种目的所创造出来的一种人类结合形式，而是看作先于人类社会形成之前就已存在的秩序；国家不是后天形成的，而是先天的存在；不是人为的作品，而是自然的产物。这里的“自然”有两层含义，一是与人为相对的“自然”，二是最为符合人之作为人的天性（本质）即人伦之大义。简单来说，与这两层含义相对应的就是“神国观”和“家族国家观”[②]。

1825 年后期水户学者会泽正志斋在《新论》中，以人的自然形体来比喻世界各国，“地之在天中，浑然无端，宜如无方隅也，然凡物莫不有自然之形体而存焉，而神州者居其首，故幅员不甚广大，而其所以君临万方者，未尝一易姓革位也。西洋诸蕃者，当其股胫，故奔舶走舸，莫远而不至也。而至海中之地西夷名曰亚墨利加洲者，则其背后，故其民愚憨，而不能有所为，是皆自然之形体也”[③]。意思是日本处于地球的头首，所以君临世界，其国家制度在世界上也最为优秀。其他国家则处于腿或背的位置，因此民智不开，不如日本优秀。[④]这种朴素的形体观在后来斯宾塞等人的国家有机体论传到日本之后得到了继承。

---

① 田口富久治、田中浩編：『国家思想史』上，青木書店 1974 年版，第 28—29 頁。

② 关于家族国家观，国内的专门研究有：李卓：《近代日本家族国家观浅析》，《日本学刊》1992 年第 4 期；李卓：《家族国家观——近代日本政治的误区》，《天津社会科学》1996 年第 6 期；李卓：《中日家族制度比较研究》，人民出版社 2004 年版；崔世广：《日本近代家族制度与军国主义的内在联系》，《日本学刊》2005 年第 4 期；秦坤：《日本家族国家伦理观与近代军国主义的融合》，《贵阳学院学报》（社会科学版）2006 年第 1 期；庄娜：《家族国家观的悖论》，《外国问题研究》2009 年第 2 期，等等。李卓另外两篇关于家族制度的论文中也涉及家族国家观的内容：《家族制度与日本的近代化》，《南开学报》1994 年第 2 期；《关于中日家族制度与国民性的思考》，《日本学刊》2004 年第 2 期。

③ 会沢正志斎：「新論」，『日本思想大系 53　水戸学』所収，第 381 頁。

④ 有趣的是，这种以人体比喻的做法，与印度教对种姓制度的描述何其一致。印度教宣扬四种姓皆由原人化出，婆罗门是头首，自然是最高的种姓，负责神与人的沟通；刹帝利是胳膊，负责统治国家和军队；吠舍是大腿，负责生产；首陀罗是脚，负责低级工种。由此也可以看出，会泽的对外观念，表面看来是将中国置换掉的、以日本为中心的华夷秩序认识，但同时又是一种等级秩序观念。会泽褒扬日本贬抑其他国家，言语之间对西方诸国常透露出夹杂着仇恨的蔑视。

首先，对于建国的解释，国体论的内容尽管纷繁复杂，但在观点各异的国体论中仍可找到一项共同的内容，就是神国论。国体论对日本建国渊源的描述来自《古事记》和《日本书纪》中的建国神话。据记纪神话的记载，日本国是神造而成。天神伊邪那岐和伊邪那美受命修固漂浮着的国土，当他们把天沼矛提起时，从矛尖上滴下的海水与泥沙积聚成岛，由此天地分开。之后二神降临至岛上，生儿育女，生出了日本国土大八岛和其他神灵，日本的国土由此形成。而所生的神灵之中有一位是天下的主宰神天照大神。天照大神给其孙子下了一道敕语，说：“丰苇原千五百之瑞穗国，乃吾子孙可王之地。尔等皇孙就而治焉，行矣。宜使天神御座昌盛、天壤无穷。”① 于是天孙琼琼杵尊带着天照大神赐予的三种神器受命降临苇原中国（即日本），娶妻生子，其曾孙神日本磐余彦火火出见尊就是后来所称的神武天皇，也是传说中日本的第一代天皇。天孙降临的神敕在后世被作为日本肇国之始，并成为日本是“神国”的依据。1937 年文部省编印的可称为国体教科书的《国体之本义》就宣称“大日本帝国由万世一系之天皇奉皇祖之神敕永远统治之，此乃我万古不易之国体”。

依照这种解释，日本国家的产生乃神力所为，无任何人为因素，再加上国土和统治者都是天神的生殖行为产生的，② 而生殖则是人类活动中一项最为自然的行为，所以这种国家观就与国家是人为创制的思想绝缘。应该说，历史叙述与神话纠缠在一起的现象多见于各民族的原始信仰中，并非日本所独有，然而对近代国家的产生和统治关系也以这种带有神话色彩的逻辑来解释，就不能不说是日本的特异之处了。

近代自由主义思想的一个重要内容，就是认为在形成国家和政府之

---

① 坂本太郎·家永三郎·井上光貞等校注：『日本書紀』上，岩波書店 1994 年版，第 147 頁。

② 其实对于国土和天照大神的创造，《日本书纪》和《古事记》的记述有所不同。《日本书纪》记述为，伊邪那岐和伊邪那美二神共同商议道，我们已经生出了大八洲国和山川草木，为何不生出天下的主宰呢？于是天照大神等四位神出生。《古事记》的记载是，女神生下火神之后，阴部烧坏而死去，男神从死后的世界（豫美之国）归来后身上沾染了女神尸体的污秽，于是进行禊祓，结果生下了天照大神等三位神。虽然对过程的记述不同，但有一点是共同的，即国土和天照大神的产生都是一种生殖行为。对于这一过程的解释曾令无数注释家苦恼，最终还是本居宣长指出，这只能是一种交媾之后的生殖行为，因而是一种血缘关系。而后天照大神派自己的孙子下凡统治人间，成为天皇的祖先。见村岡典嗣『日本思想史研究Ⅳ 日本思想史概説』，創文社 1961 年版，第 169—170 頁。

前就存在着人的固有权利，即自然权利，国家就是为了保护这种固有权利而存在。然而，日本尽管仿照西方建立近代的法政体系，却没有使这种国家观在近代日本确立下来。在日本明治维新时期，对西方近代自然法思想的吸收仅限于上层知识分子，并没有渗透至社会底层。而统治阶层为了防止民众的觉醒，有意识地利用家国观来对民众进行国体教育。很明显，如果国家只是一种人为的装置的话，那当它发挥功能不理想时，人们当然可以改变它，甚至推翻它，而日本近代的统治阶层在面向大众时竭力回避的就是这种思想。作为近代国家的明治国家是以“大政奉还”给天皇的形式确立的，统治阶层以“万世一系”的意识形态为天皇统治赋予了正当性，也同时为日本民众营造了日本的国家体制自古绵延至今并未发生变化的印象。

其次，对于天皇与民众之间的统治关系，国体论依然用“自然而非人为”来解释。这又有两点表现。

表现之一，是强调日本的君民统治关系在新中国成立之初就已确立下来，不可逆转，从而剥夺了对统治秩序进行质疑和改变的一切正当性。国体论的官方意识形态解释者井上哲次郎在《新修国民道德概论》中指出了国体的七大特色，其中之一就是“皇室先于国民存在”。[①] 他指出，欧美诸国都是先有人民，后形成国家，之后再有英杰出现建立统治，而在日本，不是人民建立了国家之后有君主，而是君主统治在先，皇室不仅先于日本的建国而存在，而且建国创业就是以皇室之力实现的。因此皇室是超越了人民、国家、历史、法律的存在，不仅如此，而且是人民、国家、历史、法律的创造者。从这一点上，他宣称“欧美诸国的国体从性质上讲是人为的或人造的，而我日本的国体则与之相反，是自然的或说是天然的”[②]。正如《续日本纪》的高野纪中所说：“我国家开辟以来。君臣定矣。以臣为君。未之有也。天之日嗣。必立皇绪。无道之人。宜早扫除。”[③] 被看作创世主及造物主之后裔的天皇，自然是统治者，自天地开辟以来，君臣之位就已确立，这是非人定的、先在的，人们需要做的，

① 井上哲次郎：『新修国民道徳概論』，三省堂 1928 年版，第 40—41 頁。
② 同上书，第 41 页。
③ 同上书，第 48 页。

只是遵从这种秩序对自己地位的安排，想要翻转这种君臣关系，是不可能的事。丸山真男在论及战前天皇制对学问和思想的压制时指出，"权力为什么具有使我们服从的力量"、"为什么压倒性的多数要服从少数掌权者"，这些问题从古希腊就开始被探讨，也是政治学的根本出发点，但在战前的日本，这个根本的命题却不能被反问。因为"君臣之分"从天照大神的神代时代就被定下来了。①

表现之二，就是为政治赋予伦理的解释，具体而言就是将统治关系解释为血缘、亲情的联结，并以此贬斥西方的社会契约论和中国的汤武放伐论。庞杂不一的国体论中共同的一个特征，就是一方面贬抑中国有德者王之的儒家思想影响下出现的"尧舜禅让、汤武放伐"的事实和频繁改朝换代的现象，另一方面贬斥欧洲诸国对国家建立所做的社会契约论解释。《国体之本义》中指出："在那些把国家看作个人形成的集团的外国，君主要符合智、德、力的标准，要么是有德者即位，无德者退位；要么是依靠权力登上统治者的位置，一旦失去权力，就被从王位上赶下来；或是按照主权者民众的意志，通过选举决定君主等，这都难免导致这样的结果，即把国家纯粹看作人的创造、仅仅是人力所致。但是这种德与力都是相对的东西，势必易被权势和利害所动，产生争斗，引发革命。然在我国，皇位由属于万世一系皇统之后裔继承，绝对不会变动。继承皇位的天皇，自然品格高尚具备御德，于是御皇位就越加巩固和神圣。臣民对天皇奉仕不是什么义务，也不是对其力量的服从，而是难以抑制的自然心情的外露，就像人之饥渴一样，对于至尊的奉仕是自然的随顺。我等国民对于皇统愈益繁盛之原因以及这种外国难见其类的尊严深深感佩不止。"②

中国的德治和西方的社会契约论作为政治正当性原理，虽然也常被统治者利用，但作为一种超越于具体政权之上的价值，其一个最大的特征就是为权力加上了限制。而在日本的近代，这二者因为在结果上会导致统治秩序的更替而被当作相对的东西而否定，取而代之的是把天皇统治"万世一系"、没有发生革命、"自然而非人为"作为近代日本政治

---

① 丸山真男：「現代の政治」，『丸山真男集』第七卷所収，岩波書店 1996 年版，第 182 頁。

② 文部省編纂：『国体の本義』（第一大日本国体一、肇国），1937 年版（http：//www.j-texts.com/showa/kokutaiah.html）。

秩序的正当性基础。政治秩序的不变本身被作为价值对待。[①] 这种逻辑并不是不讲君德，但它宣称天皇“自然品格高尚”，其正当性是与生俱来的。而臣民对天皇的服从就像“人之饥渴”一样是“自然心情的外露”，纯粹出于人之本能，而要将这种逻辑让国民相信，并不是一件不言自明的事，于是家族国家观登场了。

1897 年，代表性的国体论者、法学者穗积八束在《国民教育　爱国心》一书中强调，“我帝国乃同一人种经历共同历史变迁后形成的一大民族，或说是纯洁的血统团体”，他指出，因利害的一致和人为的契约结成的国家在团结力上要劣于血族团体，因为利害关系会因状况变化而变化，人为签订的契约也可人为解除，而“血族相依是自然的团结”。他指出，在日本，“天祖是国民的始祖，皇室是国民的宗家。（子女——引者注）自应敬拜父母，何况一国之始祖耶?”照他看来，“在约束（指社会契约——引者注）基础上形成的权力团结，有服从却无敬爱。在人类平等的关系中有博爱却无服从”，而秩序（服从）和敬爱“二者兼具是血统团体的特性”[②]。家族国家观于 20 世纪 10 年代全面确立，宣扬日本是一个大家族，具有共同的祖先，皇室是本家，臣民是末家，天皇是本家的家长，是国民的父母，宣扬日本是由同一人种同一民族建立起来的血族共同体，其凝聚力要优于建立在社会契约基础上的国家。

近代西方政治思想的重要特征是把国家看作权力的支配、以社会契约论解释国家的产生，其革命性在于剥除了政治权力上附着的宗教或神秘主义色彩，以权力本身的逻辑认知权力，并强调国家的建立必须基于人民的同意。而国体论却不是用权力的支配而是用君民之间的自然结合来解释明治以来的天皇统治，用伦理的观念来解释政治，极力否定社会契约论，将天皇与臣民之间的政治上的统治关系，作为自然的关系对待。既然是自然的关系，那么对统治的质疑与反抗就变成了违背自然违背天理违背人伦，不用说纯粹的政治领域里的反抗了，就连还算不上政治上的反抗的纯粹学术的研究，都没有生存的余地。不管是什么人，一

① 值得注意的是，除了有德者王之和社会契约论之外，民主选举也被一律当作贬抑的对象。

② 转引自小熊英二『単一民族神話の起源——〈日本人〉の自画像の系譜』，新曜社 1995 年版，第 54 頁。

旦反抗，就被贴上“非国民”的标签，毫无生存的余地；不管是什么思想，一旦被宣判为反国体，就等于被宣判了死刑，毫无反抗的立场。这使政治中“恶”的性质不能被理解，藤田省三指出，“天皇是一系的权威，天皇制是自然的秩序。所以，企图变革体制的都是自然的破坏者，处以火刑也不为过。天皇制对革命势力施加的‘冠绝’世界的暴力和压制，就是从这里得到支撑的”①。

前已述及，自然主义的国家观是近代日本统治者为了统治之需才大力宣扬的，但如果在日本不存在着接受这一观念的精神风土，凭空向民众推行也不会这样成功。应该说，“国家是自然形成的”这种观念在日本的形成也受其特定的地理风土的影响。

日本与西欧在国民国家的形成上具有相当不同的特征。在欧洲，nation 和 state 结合起来形成近代意义上的“国民国家”是相当晚近的事。在国民国家形成以前，人们对 nation 并无归属感，比如德国的贵族在情感上不会认为他们与德国的农民共同形成一个“国家”，反而可能对法国的贵族产生更强的连带感。因此，当从同一个基督教共同体中分裂出来之后，欧洲诸国才获得了固定的疆域，成为一个个独立的国家，因此国家的人为性质很明显。

而日本自古就是个岛国，海洋与陆地之间的分界线天然形成了国境线，再加上日本在幕末之前一直没有经历过大规模的种族入侵、种族迁移及人种混杂，所以除了明治以后向海外扩张之外，日本的疆域、人种、语言与古代有文字记载以来没有什么大的不同。尽管也经历了朝代的更替和体制的变换，但基本上一直是在“国家”这个框架之下进行的（尽管未必有国家的意识）。如果把固定的疆域、人种和语言作为近代国民国家（nation - state）的重要构成要素来看，形成 nation 的要素在日本自古就有了。所以国家是人为的产物这种思想在日本自身的文化传统里并不容易形成。本来，在完成近代国家创制任务的明治维新时期，国家的人为性质是本应被意识到的，但是为了缓冲体制变迁和自上而下的急速近代化给民众心理上造成的冲击，以及消弭可能因此产生的反抗，统治阶层特意强调了统治体制在历史文化上的连续性，用“万世

① 藤田省三：『［新編］天皇制国家の支配原理』，飯田泰三、宮村治雄編，影書房 1996 年版，第 16—17 頁。

一系”、“大政奉还”、“王政复古”等口号营造了一幅近代国家不过是日本悠久历史的恢复的虚构想象，进一步强化了国家的先天性与自然所与性。

而意识到国家的人为性质为什么是重要的呢？在封建时代，人有身份和等级的差别，作为人口绝大多数的民众只能被动接受强加在他们身上的统治秩序，民众的义务就是服从。而近代国家则必须在两个方向上打破阻碍近代化的因素，纵向上打破等级和身份制的差别，横向上打破地方割据，把民众解放成自由而平等的个人，并将个人与国家直接联系起来。这是近代国民国家与封建时代的巨大不同。因此，西欧意义上的nation 还包含着另一层含义，即法国大革命以后在民族自决基础上产生的国家，它表现为人民主体性地承担国家的责任，参与国家的政治，正如勒南所讲的“nation 就是每天的公民投票”①。而这个意义上的 nation 在日本近代是缺乏的，所以明治初期的思想家福泽谕吉才批判“日本有政府而无国民（nation）”。指的就是明治维新后所创造出的民众不是具有主体意识的近代国民，而是被灌输以忠孝意识的“臣民”。对于这两面性，政治思想史学者丸山真男将其称为“nation 构成要素的连续性和nation 的缺失”②。

当然，对于自然主义的国家观，应当看到它的形成有日本特定的自然风土和历史传统的影响，然而不能因此就倒向地理决定论。在承认这种历史、文化连续性在思想上造成影响的同时，也要看到它后来的意识形态性，而意识形态的影响则又会有助于这一“传统”的延续。鹤见俊辅曾指出，锁国性是比国体概念更为根源的东西，“国体这个概念可以在锁国性这一文化特征的延长线上来理解”。并指出：“国体这个词汇随着 1945 年日本的战败，在美国发起的新的政治议论的方式中消失不见了。但词汇虽然消失，其功能（即这一词汇曾经承担的概念）却以隐蔽的方式在此后直到现在的日本政治中继续存在。”③

① 恩斯特·勒南在 1882 年所做的《什么是民族?》的演讲。转引自［日］高桥哲哉《国家与牺牲》，徐曼译，社会科学文献出版社 2008 年版，第 84、87 页。

② 丸山真男：『丸山真男講義録［第六冊］日本政治思想史 1966』，東京大学出版会 2000 年版，第 12 頁。

③ 鶴見俊輔：『戦時期日本の精神史——1931—1945 年』，岩波書店 1982 年版，第 43 頁。

所以在战后也持续关注国体影响的学者，从未放弃过对战后日本政治进行审视和批判的努力。其中，日本战后对建国纪念日的确定和对昭和年号的延续，成为拒绝承认国家人为性的象征性事件。相传神武天皇于公元前660年即位，日本曾于1872年将记纪神话中神武天皇即位的日子（2月11日）设为纪元节，意指纪元从这一天开始，若从这一年算起，到战败时日本的皇国历史已有2600多年。日本战败后，为了从此前祭政一致的体制中脱离出来，曾于1948年废除纪元节，但在1966年又以“建国纪念日”的名义复活。此举引起了激烈争论。政治学者福田欢一指出，相较法国、美国和中国等国，这些国家的国庆节都是确立了现在的政治组织的日子，在这一行为的根底，是这样一种意识，即国家不是被动地被赋予的存在，而是人靠自主性联合而成的组织。按照这种观点，日本的建国纪念日应该是日本国宪法制定的日子或是生效的日子才对，而现在定为纪元节，则可以说国家是人的组织的这种想法在这里是根本没有的。① 再如对昭和年号的继承，藤田省三专门撰写论文《“昭和”是什么——关于年号的批判》，批判日本战败后既没有废除天皇制，也没有实现天皇的退位，甚至连昭和年号也原样继承下来，“年号”、“国号”和天皇的保留，意味着政治体已丧失了对事态变化做出反应的态度，年号的保留使人丧失对历史的批判，形成历史连续不变的感觉，是一种彻头彻尾的虚假意识，对人们的历史感觉和反思能力来说都是一种极其有害的蒙蔽。②

第二节　国体意识形态对民众的控制力

接下来的问题是，国体意识形态的渗透力到底有多大，它到底在多大程度上控制了民众？换句话说，虽然统治阶层有意识地自上而下地推行这种意识形态，但是民众是否真的全都受其蛊惑而不自知呢？仅凭想象也可以推测，任何单凭意识形态来愚民的政策，恐怕都难以完全获得成功。但日本近代国体意识形态的强大力量不仅仅来自官方自上而下的

---

① 福田歓一：『近代の政治思想——その現実的・理論的諸前提』，岩波書店1995年版，第103頁。

② 藤田省三：『精神史的考察——いくつかの断面に即して』，平凡社1982年版，第198—224頁。

推行和强制，还因为它建立在日本社会的村落共同体秩序之上。仅凭官方自上而下的强制，未必一定奏效，但当它与社会的构成单位相结合，与社会集团内部的相处原则和评价机制相结合的时候，其功效就非同一般了。对于这一问题的考察可以、也应当进行民众史的研究，但由于笔者能力所限，本书将不从民众角度研究，而主要以知识分子，尤其是被作为“有违国体”的知识分子的遭遇为着眼点，试图对国体意识形态的控制力做一管窥。

一　“泪的谏劝，爱的鞭打”

1925 年日本颁布《治安维持法》，首次将“国体”一语纳入法律，对以“变革国体”为目的的结社予以量刑（十年以下徒刑或监禁），这一量刑在 1928 年《治安维持法》被修订后进一步加重，对以变革国体为目的的结社组织者，最高可处以死刑。但如果由此就以为此后的日本政府就是靠武力镇压、逮捕杀人的白色恐怖来维持秩序，则是一种简单化的想象。当然，毫不留情的暴力镇压自然是有的，大名鼎鼎的“特高警察”就是为取缔各类社会政治运动而设立的，为了使被捕者招供，特高警察在审讯中施以严刑拷打致人死亡的记录相当的多，1933 年日本共产党员、无产阶级作家小林多喜二在被抓捕一天之内就被拷问、虐打致死，就是一个铁的例证。鹤见俊辅曾敏锐地指出：“（在审讯过程中——译者注）拷问是有的，这是事实。也有人因此而死亡。但是，与同时代（指 20 世纪三四十年代——引者注）的邻国中国比起来，在日本，当被起诉的人公开宣誓转向之后，日本的刑罚并不算严酷。”[①] 正如鹤见所揭示的那样，事实上，日本政府在战前对社会的控制（包括对日本共产党的压制）并不全靠暴力镇压，还有一种手段是以非暴力的方式促使危险分子或思想犯放弃信仰，促使其“转向”，改做天皇制的顺民。借用日本官方的词语，就叫做“泪的谏劝，爱的鞭打”，这种手段的作用力实则非常强大，而这也是日本近代国家与社会关系中极具日本特色的表现。

“转向”指近代日本天皇制下放弃原先的政治和思想立场的现象，

① 鶴見俊輔：『戦時期日本の精神史——1931—1945 年』，岩波書店 1982 年版，第 36 頁。

尤指在高压之下放弃共产主义和社会主义的立场，最为典型的事件就是日本共产党的“转向”。1933 年日本共产党员佐野学和锅山贞亲在狱中发表“转向”声明，站在一国社会主义的立场，批判日共打倒天皇、反对帝国主义战争的方针，提出要在天皇领导下进行一国社会主义革命。之后，大量共产党员和接近共产党员的人纷纷“转向”。“转向”并非全是立场不坚定或屈从于暴力镇压的结果，藤田省三和吉本隆明的研究表明，转向还有一个重要原因，是知识分子对脱离大众的恐惧。但不管怎样，近代日本天皇制对已经表示“转向”、服从“国体”的思想犯或政治犯，并不试图从肉体上对其进行彻底消灭。有一段对话极为典型地显示了这一点。日本的特高官僚曾与德国纳粹的秘密警察有过一段对话，后者问日本为什么不像德国一样对共产党员执行死刑时，前者回答说：因为“日本的国体观念已经在他们内心复苏”，他们都转向了。对方惊异地表示难以想象。① 这段对话在显示“国体”的作用上具有象征意义。与欧洲的法西斯主义不同，日本进行法西斯统合的意识形态中有国体论这样的内容，这是极其值得注意的。

丸山真男在 1948 年写作的论文《日本人的政治意识》中也指出，近代日本存在着一种“权威信仰”，即权力本身不被作为手段，而是直接成为目的，真善美等价值标准无法脱离权力获得独立的地位，而这种“权威信仰”的一个重要特征，“就是权力决不以赤裸裸的露骨的方式表现，而是以暧昧的、温和的形式表现。事实上，日本很少有露骨的、残虐的政治支配。权威总是以值得感激的形式出现，所以反而在人民中间意识不到这根本上其实是权力的支配”。②

对于还未转向或已经初步表示出转向者，权力一方的处理方式也颇值得注意。1936 年日本制定《思想犯保护观察法》，该法应用于“违反治安维持法后被缓期执行以及缓期起诉者，以及已执行刑罚完毕或暂时出狱者，为防止其再犯，促进其思想转向，规定对本人的思想、行动进行监视的法律”③。时任司法省保护课长的森山武市郎在一份内部发行

---

① 田中省吾：「ヒトラーとドイツの近況」，『警察協会雑誌』1936 年 5 月号。转引自原武史、吉田裕編集『天皇・皇室辞典』，岩波書店 2005 年版，第 177—182 頁。

② 丸山真男：「日本人の政治意識」，『丸山真男集第三巻』所収，岩波書店 1995 年版，第 325 頁。

③ 『世界大百科事典（第 2 版）』解説。

的丛书中这样解释《思想犯保护观察法》的主旨，“保护观察的目的，是为了防止本人有进一步犯罪的危险，从而观察其思想及行动，并加以保护。换言之，此法对于非转向者及准转向者，以促进其转向为目的，而对于完全转向者，则以确保其转向为目的。毕竟，要想使本人将来成为忠良之臣民，觉悟日本精神，过上适法有秩序的生活，需要寻求适当的处理办法。也就是说，一方面，需要让本人对国体及社会有正确的认识，另一方面，让本人有正当职业可做也是非常重要的，因此，为了其思想的完成及生活的确立，在对本人进行熏陶教育指导之外，还要促进本人与家庭之间的联络，或对本人进行职业辅导、职业介绍、就学以及复学的安排等。他们虽是因一时之迷惘而怀抱不逞思想，但都同样是陛下之赤子，需寻求一切之方法，助其成为出色之日本人，以使其成为健全的社会人的方式使其不会再度走上邪路，此即为本法之目的”①。

这一法律没有用“思想犯处置管理法”这样的名称，而是称为“保护观察”，听来实在难免有粉饰之感，因为实际上是不折不扣的“监视”无疑。对被定为“思想犯”的人，思想警察除了监视其言行外，所做的还有促进其与家庭的联络，甚至包括进行职业辅导、帮助介绍工作、复学等安排。因为当局认为，“误入”赤色一途的人、尤其是年轻人，如果有了稳定的家庭生活或稳定的工作，就会收心养性，不再愿意参与激进而危险的政治运动，所以对“思想犯”不是一味以高压政策将其划为对立面，而是用现在看来是社区互助一样的措施来对待他们，使其成为家庭中的好孩子，社会中“健全的社会人”，让试图脱离和挑战秩序的局外人“重返社会”。试想，当一个公职人员为其介绍工作，使其有了稳定的收入来源之后，在一个讲求“报恩”的社会里，“思想犯”要想再度走上反体制的道路，是很难突破这样的伦理负担的。这就是1936年司法保护日海报上所写“爱的锁链胜过铁的锁链”这句话的意思。②

① 森山武市郎：「思想犯保護観察法に就て」，補成会叢書第六輯『思想犯保護観察法大意』所収，補成会1936年版（非売品），第3—4頁。着重点为原文所加。横线为笔者所加。

② 海报上是锁住监狱的一把铁的锁链，锁链的环扣上写“爱的锁链胜过铁的锁链”。補成会叢書第六輯『思想犯保護観察法大意』，補成会1936年版，近代デジタルライブラリー（http：//kindai. ndl. go. jp/view/pdf/digidepo_ 1094904. pdf? pdfOutputRangeType = R&pdfPageSize = &pdfOutputRanges = 4）。

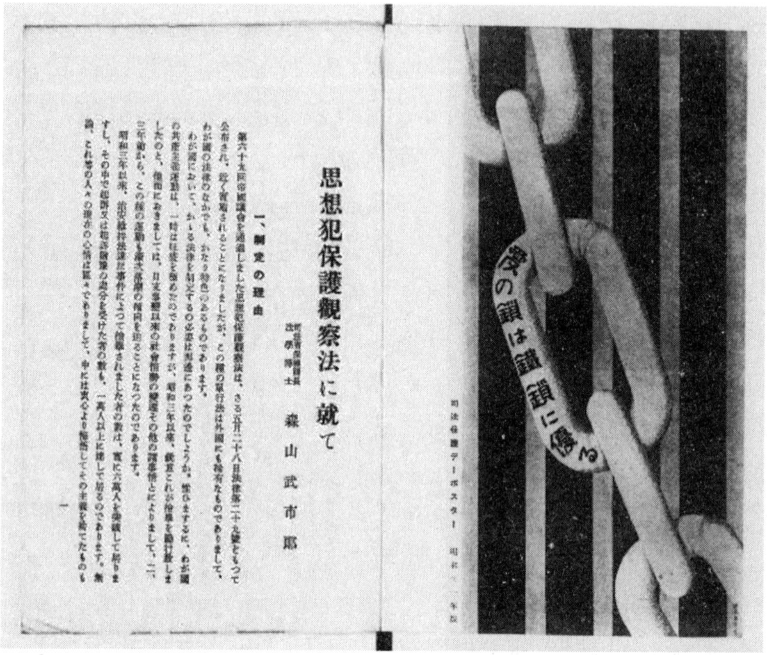

（1936 年内部出版的《思想犯保护观察法大意》中的插图：“司法保护日海报，1936 年制”，图中锁链上写“爱的锁链胜过铁的锁链”）

对于还未表示转向者，权力方还会进行“转向诱导”。鹤见俊辅在《战时期日本的精神史——1931—1945 年》的第三回“锁国”一文中，曾提到关于转向和“转向诱导”的问题。思想警察为了促使触犯《治安维持法》的大学生放弃其激进的想法，还专门出版了志在促使学生“转向”的技术指南手册。“转向并不是仅由抓捕和拷问所致。在池田克检事所写的书里，他说，警察署长要把被逮捕者从拘留所叫到他的署长办公室里来，让他坐在自己的署长椅子上，署长应从自己的口袋里掏出钱来，到外面的店里买一份亲子饭回来。亲子饭就是把鸡蛋和鸡肉浇到米饭上的盖饭，以让人联想起亲子关系。在他吃的时候，与政治思想有关的话一句也不要说。但可以说你的母亲很担心你这样的话。最好不要提父亲，因为提父亲反而可能激起学生对权威的反抗情绪。”① 这里

① 鶴見俊輔：『戦時期日本の精神史——1931—1945 年』，岩波書店 1982 年版，第 21—22 頁。

提到的转向诱导手法，是诉诸人的伦理和家庭情感，以完全非政治的手段达到促使对象放弃政治立场和政治思想的目的。这可以称得上某种狡智的做法，其实在我国国共内战时期也未尝不能见到。许多我党地下工作者被抓捕后，并没少面对类似的困局：对方给被抓的地下工作者看一张其老母与其年幼儿子的合影，让其想想老母和幼子，促使其招供。但这种做法看似与池田所提供的建议相似，其实是暗示其隐瞒的身份已被识破，真正身份已被查获，如果不招供，其亲生母亲和儿子就将面临危险，实则还是一种使用赤裸裸的权力威胁来促使其思想崩溃的做法，与上述日本天皇制下思想警察的转向诱导还是存在很大的不同。因为后者是不使权力出头而代之以伦理诱导。鹤见俊辅说：“关于转向诱导，可以把它看做日本统治阶层的狡诈。如果仅就现象而言，也可以看做统治阶层的温情的体现。同时，也可以把它解释成自明治以前就存在的日本传统的延续。”①

二　“国体”下的“异端”知识分子

美浓部亮吉出版于1959年的《苦闷的民主》，记述了从1919年至1940年的20年间几位著名学者受到右翼弹压的事例，呈现了日本近代史上言论自由和思想受到压制、民主受挫的一段时期，以期这样的历史在日后不再重演。然而，与作者的本意无关，在这部知识分子的“受难史”中，我们却能发现天皇制对知识分子的某种出乎意料的“宽容”。

作者美浓部亮吉的父亲，就是在国体明征运动中被弹压的法学者美浓部达吉，不过要说美浓部达吉所受的打压是来自政府，则与史实并不完全相符。因为运动的挑起者是右翼和军部（1935年首先挑起对美浓部攻击的是贵族院议员、右翼分子菊池武夫，原陆军中将），他们首当其冲打击的虽是美浓部达吉，但目的却是借此推倒政府所信奉的天皇机关说和信奉此学说的政界要人，因此其最终和最大的目标却是政府，其实质是右翼团体和军部夺取政治权力的运动。政府深知，打压天皇机关说的运动实际上通往倒阁运动。因此政府并不想把天皇机关说问题扩大化，因为如果要彻底追究天皇机关说，势必把火势延伸至同样是天皇机

① 鶴見俊輔：『戦時期日本の精神史——1931—1945年』，岩波書店1982年版，第37頁。

关说论者的一木喜德郎和金森德次郎身上。一木喜德郎时任枢密院议长，是美浓部达吉在东大就读时教授行政学的老师，美浓部的天皇机关说大多来自一木喜德郎①的影响，金森德次郎则是法制局长官。② 如果这些要人也受牵连被定为学匪、谋反者，那任命这些人为最高阶公务员的政府也必须承担相应责任。

美浓部曾受文部省委托，为中等教员夏期讲习会进行关于宪法的演讲，他 1912 年出版的《宪法讲话》就是在其演讲基础上整理而成。这部著作是针对国民大众进行的宪法普及行为，因此特意用了简明平易的语言，实则具有国民教育的性质。可以说美浓部的主张皆是当时政府所认为正统的思想，所以美浓部才会被选为国家考试和外交官考试的考试委员，并在 1932 年被敕选为贵族院议员。可以想见当这部著作在 1935 年受到右翼攻击并把政府逼到不得不表明态度作出处理时，政府处于何种尴尬的境地。政府希望美浓部承认机关说有误，辞去公职，其实是想将运动控制住不使其蔓延。当政府最终不得不宣布天皇机关说有违国体应予铲除时，这一处理本身已明白无误地宣告了政府统治权力的丧失。

美浓部达吉最终辞去公职，著作被禁，所适用的罪名不是不敬罪，而是出版法。右翼分子攻击美浓部的罪名其实是不敬罪，然而检事局在审查中发现，从当时美浓部的言行来看，并没有冒犯皇室的确凿证据，所以检事局的审查重点是看是否适用于出版法。这就要看出版物在现实中是否扰乱了安宁秩序，破坏了皇室尊严，这实际上是从结果上，即从功利主义的角度对思想做出判断，而不是首先以权力的高压或从思想的内容本身来判断某一思想是否危险。丸山真男则从对内村鉴三不敬事件

① 美浓部达吉虽有志于学术研究，但在东大毕业后未能留校，只能先进入内务省当公务员，但很快就回到大学任教，美浓部之子美浓部亮吉猜测这很可能得益于一木喜德郎的推荐。而美浓部的婚姻也是由一木喜德郎做媒而成，与当时的文部大臣菊池大麓之女结婚。可见一木与美浓部不仅在学问上，在生活上也具有相当亲密的关系，而美浓部的婚姻也使他在学者生活之外，与当时的政界有所牵连，由此可以想见对美浓部达吉的攻击具有何种广泛的打击面。参考美濃部亮吉『苦悶するデモクラシー』，文藝春秋社 1968 年版，第 66、67 頁。

② 枢密院设立于明治初期，直至 1947 年战后新宪法制定，是天皇的最高咨询机构，负责在天皇的要求之下对重要国务的审议工作，由于宪法的审议工作也是其职责所在，因此也被称为“宪法的看护人”，枢密院议长是其最高职位。法制局隶属内阁，负责对法案和法制进行审查和调查，最高职务内阁法制局长官由内阁直接任命。内阁（政府）向国会提出新法案时，在进入国务大臣会议之前先由法制局根据现行法律审查新法案是否存在问题，因此也被俗称为“（行政府中的）法律看护人”。

的分析中指出，内村受到质疑的只是没有向《教育敕语》鞠躬这一具体的行动，尽管他最终仍被迫辞去学校的教职，但他所信奉的无教会主义本身却没有受到追讨，大日本帝国只介入基督教的教义是否对社会的组织形态构成威胁，却并不对哪个是基督教的正统教义作出判定。所以丸山指出："在这个意义上，国体排除了用教义来确立自身的思想基础，而是从自身组织论的效果来看具体的行动是否有害，大日本帝国排除'异端'的传统就是以这种集团的功利主义作为判定基础，再往上追溯则可以追至包容主义的所谓神道的传统，内村的敕语事件可以说是从反面实证了以上传统的存在。"①

历史学家津田左右吉也是在天皇制下受到打压的学者。他在对日本的上代史文献进行缜密的研究后指出，《古事记》和《日本书纪》中所记载的神代史，并不是对日本建国事实的历史记录，而是为了给皇室的统治提供理由，出于"政治的要求"而进行的"政治的述作"②，津田并在研究中指出在记纪神话中提到的崇神天皇、垂仁天皇等事实上并不存在，因而激怒了日本右翼，1939 年，时任早稻田大学教授的津田左右吉被曾在 1935 年攻击美浓部达吉、挑起天皇机关说事件的蓑田胸喜一派极右势力攻击，称其著述中存在"大逆③思想"，翌年津田左右吉因违反出版法被起诉，史称"津田事件"或"津田左右吉事件"。

被指控为"大逆"罪的津田在事后所受的处分与 1935 年的美浓部达吉类似，是辞职和著作被禁。1940 年 1 月津田左右吉在文部省要求下被迫辞去早稻田大学教授一职，依据出版法第 19 条"出版妨害安宁秩序或坏乱风俗之文书图书时，内务大臣可禁止其发售颁布，没收其刻版及印本"，2 月他的四部著作《古事记及日本书纪研究》《神代史研究》《日本上代④史研究》《上代日本的社会及思想》被禁止出版。

1940 年 3 月，津田与出版社岩波书店的负责人岩波茂雄被检方以

---

① 東京女子大学丸山真男文庫，資料番号：720－2－0－0，資料名「O 正統とL 正統（含・国体論）」，第 54 頁。

② 橋川书三、鹿野政直、平岡敏夫：『近代日本思想史の基礎知識』，有斐閣 1973 年版，第 385 頁。

③ 在战败之前的日本旧刑法和旧宪法中有"大逆罪"的条目，大逆罪指加害或试图加害天皇、皇后、皇太子的罪行。

④ 上代即上古、古代之意。在神道中指桓武天皇以前的时代，被看作是神降临人世的时代。

“冒渎皇室尊严”为名提起诉讼，起诉依据是出版法第26条第一项，该项规定“出版冒渎皇室尊严之文书时，著作者、发行者、印刷者处以两月以上两年以下的轻监禁，附加20元以上200元以下的罚金”。经过预审程序后，公审一审进行了长达两个半月、共21次的审问，判决作者津田左右吉监禁三个月，出版方岩波茂雄监禁两个月，缓期两年执行。但对于检方提出津田著作中有19处违反出版法的诉求，判决中却认定只有一处违反出版法，其他18处皆为无罪判决，因此检方对一审判决不服，又提起上诉，主张津田这19处皆有罪，津田也随之应诉。本来预期此后将是更加激烈的较量，但二审的结果却出人意料：适用出版法的诉讼时效是一年，若超出一年则不能加以判罚，而检方在上诉后并未留意到这个问题，没有向审判方申请中止时效，因而在上诉后超过了公诉时效期，二审判决对两人免予起诉。而且在判决结果中指出，津田博士的著作是纯学术性著作，其发行册数也非常少，且其著作面对的是知识水准非常高的学术研究者，并非以一般大众为对象，所以应由历史研究者的评价为基准判定是否有罪，以此基准来看，除第一处以外的其他各处皆为无罪判定。①

尽管右翼和检方对津田试图恶意加害，但美浓部亮吉也承认，“幸而在审判长以下是公正的，对（津田的著作——引者注）是理解的”，所以“判决大体上是公正的，也可以说对津田博士是善意的”②。虽然美浓部亮吉对一处有罪的判决依然耿耿于怀，认为这也应判决无罪，但那时已是从美浓部达吉被打压的1935年起又过五年，此间第二次世界大战战势进一步扩大，日本国内右翼和军部的势力进一步增强，对社会和言论的钳制更为强化，若放在当时这样的时代背景下来看，比较右翼攻击津田所用的“大逆”罪名而言，最终加诸津田之上的处分是不能算非常严厉的。错过时效的问题也许是敌人的一时疏忽，也许也有审判方作为精英阶层对同是自己人的知识分子的一种保护，这些现在已无从探寻，这是否可以看作国家权力对精英阶层知识分子的某种程度的宽容，下结论尚需谨慎，但至少可以确定的是，对于某种思想，更多的是从是否在结果上造成了对体制的威胁这一功利主义的标准来判定，而非从教义的内容上划分“异端”，而

① 美濃部亮吉：『苦悶するデモクラシー』，文藝春秋社1968年版，第199頁。
② 同上书，第197页。

且对于这些被定为“异端”的知识分子，掌权者尽管要打压，但并未试图从肉体上彻底消灭对方，这些无疑是日本近代政治中值得注意的颇有日本特色的特征。同时这也从侧面反映出，其实军部和右翼势力对学术和思想界的钳制尽管势头猛烈，但终究存在不及之处，并非能随心所欲地扑灭他们所认为的一切“危险思想”。

这是否可以反过来说，中国国民党统治时期那种主要靠白色恐怖镇压异己建立秩序的做法，恰恰是因为权力并未全方位控制了社会的方方面面，而像日本这样看上去似乎较为宽容和显得有些人情味的做法，实则从反面证明了其权力已全面控制了社会的方方面面，所以不必一定使用白色恐怖即可达到效果？

于是，“国体”虽然具备打压一切异端的恐怖能力，但却示人以和蔼可亲的面目，就像竹内好以形象的语言所描述的，“天皇制不仅有暴力，同时也有‘仁慈’的一面。它不只打你的头，还能用另一只手来安抚被打的头”。[①] 用丸山真男的话来说，就是“伦理和权力的相互潜入”[②]。即“并不以权力的方式来表现权力”，而是用伦理来解释政治，这样政治权力中恶魔的性格不能被认识到，反而体现为温情脉脉的情谊关系。正因为如此，政治亦丧失了自己的边界意识，反过来就可以毫不受缚地弥漫至所有领域。

藤田省三指出：“……赤裸裸的权力行使，一方面被作为神的命令抬到至高无上的地位，一方面又以‘泪的谏劝，爱的鞭打’的面目成为温情和仁慈的体现，于是，把权力作为权力来主张自身的近代国家理性在这里消失了，统治者将自己对被统治者行使的权力隐蔽起来，同时也使得统治者隐去了自身的理性和责任意识，这就导致了权力的无限制的扩大蔓延。政治权力丧失了对‘权力内部的真理’（黑格尔）的意识，而向政治之外寻求权力存在理由的过程，正是权力在整个生活领域里普遍化、日常化、恣意化的过程。在近代日本，尤其是由于权力把自己的基础建立在道德和情绪的世界之上，于是权力在客观上的恣意化就被从主观上神圣化，并被带有‘主体性’地予以推进。这一逻辑过程，

① 竹内好：「権力と芸術」，『新編日本イデオロギイ』所収，筑摩書房 1973 年版，第 392 頁。

② 丸山真男：「超国家主義の論理と心理」，『現代政治の思想と行動』増補版所収，第 18 頁。

同时也是近代日本政治所走过的历史过程。”①

不是承认纠纷和矛盾的存在，在制度层面上为消除对立和疏通矛盾提供渠道，而是自始就把矛盾和对立从政治生活中驱逐出去，不赋予其正当性，以“和”与“恩”的精神为上自国家下至家族的所有社会集团中所见的福泽谕吉所说的“偏重权力的关系”进行合理化，暗示着矛盾和纠纷的出现本身就是不道德的。

应该说，日本长期以来形成了一套独特的家族制度，因此国体论对日本家族主义和“醇风美俗”的宣扬并非没有事实基础，但丸山真男指出，虽然日本自古以来就是尚武的国家，战争频仍，但却没有经历真正的自下发动的革命。“国体史观把以家族主义为基础的‘和’的精神作为日本式统治的美好传统，当然也反映了历史现实的某一面。但这种‘和’并不是彼此平等的人之间的‘友爱’，而是始终以纵向的权威关系作为不动的前提。所以，要是胆敢向权威挑战或是被权威者认定有挑战之虞者，这种和立刻就转化为对‘忘恩’者施加的恐怖的迫害。有意无意地忽略这一硬币的两面，正是这一史观的意识形态性格的体现。”② 因而日本法学家川岛武宜才专门撰文论述“作为意识形态的家族制度”。

这就是为什么近代日本出现的各种批判派和反对派，甚至异端也都把天皇制和国体论作为自明的前提，都无法突破“国体”的框架的原因。“国体”在日本近代所具有的强大的排他性功能，并不是仅用权力的强制就可以解释的，由于它同时垄断了对真善美等内容性价值的判断依据，所以不管是任何学说或是思想，都尽量回避与国体论的对决，或者是宣称自己与国体绝不相悖。就连社会主义者幸德秋水在最初也回避与国体论的冲突，而声称社会主义与国体绝不矛盾。③ 1902 年他在《六

① 藤田省三:『［新編］天皇制国家の支配原理』，第 24 頁。着重点为原文所加。

② 丸山真男:「ある自由主義者への手紙」，『現代政治の思想と行動』増補版所収，第 144 頁。着重号为原文所加。

③ 幸德秋水在《社会主义神髓》（1903 年出版）的附录“社会主义与国体”里说：“社会主义的目的在于谋求人民的和平、进步和幸福。为了达到这个目的而打倒对社会有害的阶级制度，使全体人民得到平等的地位，这就是社会主义的实践。这与我国国体有什么矛盾呢？打倒有害的阶级制度，决不是社会主义发明的，很早以前就已经实行了。事实上，维新革命时就曾经宣布四民平等，这难道不就是打倒有害的阶级吗？那次打倒阶级，难道不是非但不与我国国体相矛盾，反而完全与之相吻合吗？”［日］幸德秋水：《社会主义神髓》，马采译，商务印书馆 1997 年版，第 51—52 页。

合杂志》上曾说过："'危害国体'这句话实在可怕得很。不管是人也吧，主义也吧，理论也吧，一旦被天下多数人扣上'危害国体'这顶帽子，那么，这个人、这个主义、这个理论，简直等于完全被扼杀了，至少也是暂时抬不起头来。"[①] 战争期间的日本民众对于政府发动的侵略战争并非没有抗争，但不管情愿与否，最终仍然是全体民族被拖进了战争的洪流。自由民权派中普遍具有民权从属于国权的倾向就不用说了,[②] 甚至为颠覆专制政府不惜为之献身的激进派也不在这一框架之外。在自由民权期的激进派当中，有无政府主义的思想、有讽刺天皇而获不敬罪的人，也有对近代天皇制国家表示怨恨和拒绝的民众宗教，但这些事例并没有普遍化。对于这种现象，日本的思想家称为"从正统中产生出的异端"，意思是这些虽然是对现行体制的反抗，但都不反国体。

津田左右吉在1942年对一审判决所做的陈情书中，申辩自己是为了"阐明尊严国体之起源及与其本质相关的观念，并将之置于不管受到何种学问的批评都毫不动摇的稳固基础之上"，而自己的研究就是为建立这一稳固基础的一个柱石。政治思想史家鹿野政直对于这一点的评论是，津田本人的"本音与战术的界限是微妙的"，"告发者挥舞着'国体'来追剿对方的时候，被告发的一方也无法否认'国体'本身，只能在这个场地内进行战斗，国体论真正的恐怖之处就在这里"[③]。

三　天皇制下的民众

在西方近现代政治思想中，国家与社会是一对充满紧张关系的概念。一方面，正因为社会内部在缺乏强制性权力的情况下无法解决人类群体复杂的整合问题，才产生了国家这一新的组织形式，解决社会中的冲突；另一方面，正像马克斯·韦伯对国家的著名定义所揭示的那样，国家"是在某一特定的领土范围内能够宣称合法地垄断强制力的人类团体"，国家自身潜藏着权力无限扩张的冲动，因此又极易对社会形成侵

① 《六合杂志》第263期，1902年11月15日，收入幸德秋水《社会主义神髓》，马采译，商务印书馆1997年版，第51页。

② 植木枝盛著《民权自由论》谈到为什么要伸张民权时指出："从根本上来说，如不伸张民权，就不能伸张国权，就不能保国独立，专制就是卖国。"《明治文化全集·自由权篇》，第192页。转引自松本三之介《国权与民权的变奏——日本明治精神结构》（李冬君译），东方出版社，第51—52页。

③ 鹿野政直：『近代日本思想案内』，岩波書店1999年版，第137頁。

犯，所以社会对国家权力保持着警惕，并负有防止国家权力无限扩张的任务。换言之，国家与社会之间存在着一种既合作又斗争的紧张关系，于是在近代西方政治思想中，形成了“中性国家”的理念，认为国家应该在有关真理或道德等内容性价值上持中立立场，不介入属于私的领域的个人良心自由。自由主义强调个人在社会和国家产生问题上的先在性，“否认道德的绝对性，强调道德在本质上是个人的”①，因此自然会得出国家不得干涉和侵犯个人权利的结论，由此在“公”的领域外形成一个国家不能侵犯和强制的“私”的领域。

然而在日本近代，由于单方面极端地要求社会服务于国家，而极端压制社会对国家的监督与抵制的一面，模糊了国家与社会之间的边界，最终社会的领域被国家所侵蚀、挤压并囊括。这种情形在20世纪三四十年代法西斯主义时期达到了极致。1941年文部省教学局编纂的《臣民之道》称：“日常我等称之为私生活的，归根到底都是臣民之道的实践，都是翼赞天业的臣民的事务，都具有公的意义。……虽是一碗饭、一件衣，也不单单是自己之物，即便在游闲、睡觉之时，也不是离开国家的私我，一切都是和国家联系在一起。我等在私生活中也须勿忘一心归于天皇奉仕国家。”② 战争期间，为了号召民众节约为国，用电推子剪头发都被看作“非国民”，被当作违反国体的行为对待，对于女性，国家主义者则提倡不烫发的运动。连吃饭、睡觉、剪头发都变成了与国家有关的事，民众的“私”的领域已完全被“公”的领域侵蚀。

对于因战争而导致的国民生活的改变，国民并非没有反感或抵触情绪，但这些强制国民生活服从战争需求的一切指令或法令，都是以“为了国家”为口号的，国民对此的反应被直接放在了国家忠诚这个天平上来衡量，因此对政府压制国民自由的指摘，马上就被等同于对国家的不忠，提出异议的人被直接冠以“非国民”的骂名，被置于巨大的社会压力之下。日本人民对战争的“支持”，是需要在这样的思想前提之下来对待的。丸山真男曾经在另一种文脉下谈过这个问题，他所谈的是对战前天皇制的“支持”和战后天皇制的“支持”之间的思想史意义上的区别：“不管怎么说，国民的压倒性多数对明治宪法的天皇制是支持

① 李强：《自由主义》，吉林出版集团有限责任公司2007年版，第151页。

② 文部省編纂：『臣民の道』，1941年版（http：//binder. gozaru. jp/shinmin0. htm）。

的，我们经常会听到这样的说法。但这个‘支持’到底是什么呢？这是在连质疑本身都不被容许的前提之下的‘支持’，是根本没有选择肯定或是否定的机会、也不允许存在这种机会的性质的‘支持’。是不包含否定可能性的肯定。这绝不是仅在战争中的军国主义时代才会有的事。明治宪法的天皇制本来就是这样一种性质的存在。所以，虽然在今天也有多数国民支持战后继续存在天皇制，但这一‘支持’的思想上的意义是完全不同的。这是在国民的自由选择之下做出的决定，是他们在任何时候都有否定的权利的前提之下对一定政治形态的‘支持’。这就是从《波茨坦公告》到日本国宪法、对国民主权原则的采用所产生的巨大的、可说是历史性转折的思想上的意义。对横亘在这两个‘支持’之间的理论上的断绝及其所包含的意义不能理解的人，是既谈不了战前，也谈不了战后的。”[①] 丸山的最后一句语气极为严厉，当然，这段话是为了凸显“8・15 革命”或战后日本民主化的意义，但他对两个“支持”的分析对我们思考战时日本国民的“全民协赞”问题仍然具有重要的启发意义，那就是如何历史化地看待日本国民“支持”战争的问题。丸山无疑提醒了重要的一点，即评判战时日本国民对体制的看法，需要了解他们当时处在体制内部的生活实感。因为从体制之外、在历史过去之后回顾历史时，观察者是安全的，是容易置身事外的，而当时处于体制之内的人则不同，他们就生活在那段历史之中，不知历史进程将会朝哪个方向落幕，历史的评判尚未做出，他们因此无法用后来的历史评价对自己的生活做出指导，他们的判断和行为都建立在他们具体的生活感觉之上。日本“人民”不是在体制的非正义性、暴力性已被清醒意识到的前提下“支持”天皇制和“协赞”战争的，这样说绝无半点为战时日本国民开脱的意图，而是历史化地看待此问题的第一步——了解日本国民在战前天皇制下生活的实际感受是什么。

丸山真男曾经回忆，在他被征兵派到第二次世界大战战场上之后，他的母亲病逝，他终未能见到母亲最后一面。他提到母亲在临终前的病榻上曾做过几首思念他的歌，有一首歌的歌词是：“想念被征召（到战场）的我儿而在病床上哭泣，你是个多么不忠的母亲啊。”丸山真男

① 丸山真男:「二十世紀最大のパラドックス」,『丸山真男集第九巻』所収，岩波書店 1996 年版，第 291 頁。

说：“母亲因为自己的儿子被天皇陛下的命令征召到战场上去，她不能不感到光荣，这是在明治时期成长起来的母亲所具有的规范意识，但即便如此，想到儿子出征那天早上的离别，依然忍不住悲伤哭泣。她一边对自己说，这样是不对的，你这样就是个不忠的母亲，然而又依然无法压制住悲伤的情绪。想起在临终前的病榻上，母亲就在这两种感情之间如同被撕裂一样地撒手人寰，想到这里，我就感到无比心痛。我想这是成长于明治时代、将自己的孩子送到战场上去的很多母亲共通的感情。”[1] 在人之将死之际，完全发自于血缘亲情的真情流露中，竟也出现了对天皇效忠的语句，这不能不让人惊叹，天皇制对普通民众内心世界的掌握已到了何种程度，它可以沁入到人的血液中而成为人的一种本能和习惯，而丸山也认为这恐怕是在明治时代的母亲中共同拥有的“规范意识”。

但要说天皇制下的普通民众是否对天皇（制）都是这种感情，答案则是否定的。因为这一问题必须纳入“世代论”的视角。丸山真男（1914—1996）在昭和初期度过了其青少年时代，他坦言自己对天皇制已经不是他母亲那样的感情。尽管丸山深受马克思主义的启发，但他在思想上从未成为一个马克思主义者，而且也没有参与什么反体制的运动。但即便如此，他也坦承直到战败，或直到战败后初期，他都没有完全否定天皇制的意思。[2] 丸山真男曾在20岁时参加了一个名为“唯物论研究会”的团体的集会，因此被特高所抓，特高检查了丸山之前所写的日记，年轻的丸山曾在其中一页这样写道：“陀思妥耶夫斯基说，自己的信仰是在怀疑的熔炉中锤炼而成的。日本的国体是否也在怀疑的熔炉中接受锻炼呢?”审问他的特高警察指着这一句说，你是要否定君主制吗？不等丸山回答拳头就落了下去。[3] “想想看，如果是在战前，把大日本帝国宪法是虚妄这样的话公然说出口会是什么结果？恐怕不止是立刻被抓走这么简单。那时大家都应有这样的意识：在这一生当中，不管在哪里，不管做什么，国家权力都在从看不见的地方监视着大家的一

① 丸山真男：「二十世紀最大のパラドックス」，『丸山真男集第九巻』所収，岩波書店1996年版，第289頁。

② 同上书，第290页。

③ 同上。

举手一投足。”①

中国的儒家思想中有“天”和德治（“有德者王之”）的思想，承认在君主和国家之上还有超越性的普遍性价值的存在，正因为如此，儒教在日本被看作是“日本传统思想中唯一的自然法体系”②。这种德治的思想在德川时期水户学者的国体论中尚可以见到，但在明治启蒙运动中儒教受到了严重批判，儒教体系作为统一的世界观已经解体，最后仅剩下了忠孝等“个别的日常德目”③。而对于西方的近代自然法思想，虽然明治启蒙时期有所吸收，但成果极其有限，仅局限于知识分子，并没有在社会范围内获得广泛确立。而最终唯一得到官方允许的解释体系就是以万世一系的血统的连续性为绝对价值的国体论，这被日本的思想家称作“自然法意识的消弭”。在近代天皇制的语境下，天皇即是最高的绝对价值，除此以外没有超越于国家和君主之上的普遍价值的存在，是一种绝对主义的价值体系与统治秩序。这一特征可用下表表示。

国家	古代中国	现代世界	国体论下的日本
具有超越地位的价值 ↓	“天” ↓	平等、民主、自由 ↓	天皇 ↓
现世的统治者 （主权者） ↓	君主 ↓	不管是什么政治制度 （君主制或共和制） 都可以在其下生存 ↓	
现世的被统治者	民	民	民

在超越国家之上的普遍性价值缺失的反面，是君主和国家自身变成了绝对性的价值主体。由于日本在明治以后形成的近代国家中，“国家活动的正当性标准（作为国体）就存在于国家自身，于是国家的对内及对外活动就不会服从超越于国家之上的任何道义标准”④。近代日本国家与社会的关系无疑是国家主义的。如果可以用如下不太恰当的说法

① 丸山真男：「二十世紀最大のパラドックス」，第292頁。

② 丸山真男：『日本の思想』，第22頁。

③ 同上书，第29—30页。着重点为原文所加。

④ 丸山真男：「超国家主義の論理と心理」，『現代政治の思想と行動』増補版所収，未来社1964年版，第17頁。

来表示的话（因为国家主义根本上是与个人主义相对立的），国家主义亦可以分为个人主义基础上的国家主义和“没我主义”基础上的国家主义。前者虽然也奉行国家主义，但它的方针可以是在自主的个人出于明确的主体意识之下做出的；而后者则完全打压个人自主意识的确立，希望国民只是一帮只知愚忠和服从的“忠良臣民”。福泽谕吉曾在明治初期提出过“一身独立，一国独立”的著名命题，即如果国民个人在精神上不能获得自主性、成为独立的个人，是不能指望国家能获得真正的独立的。丸山真男因此将他称为“个人主义基础上的国家主义者”。然而福泽的这一理念在日本近代并没有得到贯彻，国家主义极端贯彻的结果是独立自主的个人判断的缺失。1935 年《国体之本义》在宣扬日本的国民性时强调的就是“没我之心”，要求民众否定小我，在“归一”于国家的过程中实现大我，这就是“没我之心”。① 河上肇 1901 年在《中央公论》中发表评论《日本独特的国家主义》，对国家与个人的关系作了如下陈述。“在日本，个人并没有自存的价值和自我目的性，有自存价值和自我目的性的只有国家而已。”② “日本人只能为国家献身而不能为国家之上的东西献身。……为了国家战死在日本是人人向往并且是世人所赞赏的，但是像美国独立战争那样为了自由为了人道而加入独立方军队的做法，却并非日本人所向往的，也并非可以获得普通日本人赞赏的行为。”③

由于最高的绝对化价值被具象化为天皇与国家，所以在日本近代，自天皇以下各等级秩序的合法性就变成了对作为终极价值实体的国家权力和天皇的接近与合一。日本第二次世界大战期间将士在战死时高呼的“天皇陛下万岁”并不一定是对天皇个人的感情，而是对天皇作为一个地位和价值象征所赋予的忠诚。福泽谕吉曾在明治初期说过日本是“权力偏重”的国家，美国社会学家罗伯特·贝拉在《德川宗教——现代日本的文化渊源》中也曾指出日本就价值体系而言是“政治价值优先”的社会，而其中的一个特征就是特殊主义。人们属于家庭、藩或是整个日本，而这些都是一个特殊系统或集体，“人们

① 『国体の本義』，第二　国史に於ける国体の顕現、三　国民性。

② 『中央公論』，1901 年 3 月，『河上肇著作集』第八卷，第 190 頁。转引自日本政治学会編『近代日本の国家像』，岩波書店 1982 年版，第 2 頁。

③ 『河上肇著作集』，第 207—208 頁。

对这特殊系统或集体的承诺胜过对普遍主义的承诺，诸如对真理或正义的承诺等”[①]。这个特殊集团的首领可以是家长、封建领主或天皇，人们的特殊主义典型地表现为对集团首领的忠诚，而且这种忠诚不必一定建立在和忠诚对象的个人关系基础上，换言之，个人有可能忠诚于一个跟自己毫无个人关系的人。所以“与其说是对人物本身的忠诚，不如说是对人物地位的忠诚”[②]。

丸山真男曾用“臣民的无限责任”一词概括近代天皇制的特征，指出国体要求其臣民负担的责任是无限的。丸山真男曾以1923年的虎门事件[③]为例，指出事件发生后，内阁全体辞职，难波大助的父亲辞去职务，闭门不出，当日执勤的警察都引咎辞职，而曾经教过难波大助的小学教师乃至校长都声明，为曾经教过这样一个不肖之子而深感羞愧。事件责任人的链条竟有如此无限的伸展，而且关键是，这些人在事件发生之时根本并不处于能够阻止事件发生的位置上。丸山因而指出，“国体”要求臣民负担的责任是无限的，而当“国体”本身被问责的时候，却又是个责任主体完全不清的不负责任的体系。[④]“不负责任的体系”和“臣民的无限责任”也因丸山的敏锐分析成为风靡战后思想界的关键词。

关于臣民的无限责任，即便在战后也并未完全消失，日本著名历史学家安丸良夫在《近代天皇观的形成》一书中曾提到了这样一个例子。1989年昭和天皇因病去世后日本整个社会出现了节制娱乐活动的“自肃主义”：全国被要求节制娱乐活动，因为民间庆典活动的取消，甚至出现了以出租货摊为生的年老夫妇因生活无计而一起自杀的事件。商店的小豆饭（有值得喜庆的事时要吃小豆饭）从货架上被撤下来，就连全年无休的黑社会成员都放假了。在企业，职员被要求默哀。安丸良夫指出，要想对这些起立默哀的要求说不，本不应是困难的事，但是这种行为被与员工对企业的忠诚度以及合作精神的评价联系在了一起，所以

① ［美］贝拉：《德川宗教——现代日本的文化渊源》，王晓山、戴茸译，生活·读书·新知三联书店1998年版，第19页。

② 同上。这个判断虽然是就德川时代的宗教而言，但是“政治价值优先”的特征对于分析近代日本的国家观也可提供一些有用的线索。

③ 无政府主义者难波大助狙击皇太子即后来的昭和天皇的事件。

④ 丸山真男：『日本の思想』，第31—32頁。

就不是那么容易的事了。安丸在这其中敏锐地发现，作为个人的昭和天皇虽然只有很小的权限，可是他所体现的权威却有如此绝对的巨大制约力。[①] 天皇制在社会组织上所体现的渗透力并不因作为制度的天皇制的废除而随之消失，对于这一点，日本的部分知识分子在战后一直保持着深刻的警惕，并把在思想上揭示这种现象的病理作为学问的课题。

因此，在对天皇制的研究中，日本的学者在“天皇制国家”之外还提出了“天皇制社会”的概念。天皇制社会即指天皇制国家的支配原理在社会组织系统中的渗透，也叫做小写的天皇制国家。日本思想家竹内好曾经指出，天皇制很容易在其他时代和组织中被复制。银行、企业、商事用“持股公司”在其上统合，其下用家族的模式组织社员。因此他提出了“一草一木中皆有天皇制。我们的皮肤感觉中皆有天皇制”[②] 的著名论题。也是基于对这种现象的深刻洞察，丸山真男曾指出，他在战败后所发表的天皇制批判的著名论文《超国家主义的逻辑和心理》，分析的不仅是第二次世界大战中的日本军队，它也同样适用于现代企业的职员。无独有偶，法学者长尾龙一也曾提出战后对忠诚于企业的日本人的行动原理做出解释的日本人论是“‘新国体论’性质的日本人论”的看法。[③]

如果对日本近代天皇制的如上特征没有深刻的认识，就无法理解为什么日本的学者在战后很长一段时间内都不得不一直面对日本天皇制在思想领域里的影响、以“断绝和连续”的关键词来整理天皇制给现代日本留下的复杂遗产，因此也就无法深刻体会这一思想课题的困难性和重要性。

第三节 “国体”的社会功能

一 民族保存、国民统合与“近代的超克”

如此一种“国体”的形成有其复杂的原因，既缘于日本作为一个不

① 安丸良夫：『近代天皇像の形成』，岩波書店 2001 年版，第 2—5 頁。

② 竹内好：「権力と芸術」，『新編日本イデオロギイ』所収，筑摩書房 1973 年版，第 393 頁。

③ 長尾龍一：「国体論史考」，青木保〔ほか〕編集：『近代日本书化論 2　日本人の自己認識』所収，岩波書店 1999 年版，第 85 頁。

同于西方的社会组织，又有统治阶层人为的意图在内。

首先，西方在近代形成的诸种制度与价值多是在个人主义基础上发展而来，而日本社会就其传统而言并不是一个建立在个人主义基础上的社会，它无法完全照搬西方近代化的模式。从某种意义上说，反复强调日本国家和民族独特性的国体论作为官方意识形态的确立，也体现了当时的日本政治家对日本与西方在社会组织、风土人情等方面的差异性有清醒认识的一面。从这一点上说，国体论所担负的，正是对“有日本特色的近代化道路”的解释任务。

1888 年伊藤博文在审议宪法草案的枢密院会议上所作的“机轴”发言，明确指出了当时的政治家对这一问题的苦恼——日本没有个人主义和立宪主义的传统，如果完全照搬西欧国家的模式，其结果要么是舶来的主义和制度出现变形或是失败，要么是由于日本传统的价值体系在巨大的制度变迁下遭到冲击瓦解从而导致社会范围内的道德失范。实际上，这种结果在明治维新中已经出现，1890 年发布《教育敕语》的一个决定性的原因，就是由于在“乡党社会”中儒教等旧有的价值体系已遭到解体，而新的价值体系尚未建立，在地方共同体中出现了“民心的乖离”。地方官僚面对共同体秩序的紊乱无力应对，哀叹“今忠孝仁义之道一扫而空，国民已迷失修身处事之标准”，于是向中央提出了“确立德育之根本”的提议。①《教育敕语》中“我臣民克忠克孝，亿兆一心”以及“尔臣民孝于父母，友于兄弟，夫妇相和，朋友相信，恭俭持己，博爱及众”等对民众的道德训诫，正是试图以传统日本社会的价值体系来应对有失序危险的社会状况。

除了日本原本不是个人主义的社会这一点之外，统治者也不想把日本建设成一个个人主义的国家。一方面这是因为明治国家的统治阶级是由寄生地主阶级脱胎而来，他们从蓬勃的自由民权运动中已经感受到民众的解放可能会对他们的统治形成威胁；另一方面，明治维新期的日本为了获得欧美国家的认可，取消不平等条约，在政治制度上是以欧化为目标的，但明治的开明政治家并不想因此把日本变成一个西方社会，欧化到何种程度才使日本不失之为日本，这一思虑又使他们对欧化时刻保持着警惕。于是明治初期的统治阶层以西方为模板确立君主立宪制度的

① 藤田省三：『［新編］天皇制国家の支配原理』，第 39 頁。

同时，对西方的近代文明采取了物质和精神“分别运用”的统治技术，一方面保持了近代立宪制的外表，一方面转而将统治的社会基础建立在以家族为核心的村落共同体之上，试图以家族道德缓和阶级矛盾，确保民众的忠诚和体制的稳固。尽管形形色色的国体论中内部主张各异，但都强调君臣关系的密不可分，并把这作为日本“国体”的重要根源，其实都体现了论者对日本社会基础和民族特性的某种思虑。

而即便到了今天，日本社会也依然难以说是一个个人主义的社会。如“日本书明学派”的代表学者滨口惠俊提出了“间人”（the contextual）的概念，用于指称日本社会的人际关系。“间人”与西方学者的“个人”（the individual）概念相对，是指“个人趋向于参照他人的行为决定自己的行为”，即一种“与他人相协调的个人”，这种关系下的人重视的是人与人之间的关系，认为人的本质是“相互性”而不是“个体性”。① 而北大教授尚会鹏则在高度评价了滨口的“间人”理论作为一个研究范式所具有的意义的同时，对其进行了进一步的深化与扩充，作为“间人”的下位概念，提出用“缘人”来概括日本社会的基本人际状态。②“缘人”的基本特点就是强化人的相互性、弱化人的个体性。总之，现代日本作为一个大规模文明社会，其成员的行为模式与“心理—社会均衡”③ 状态都存在着与西方社会不同的特征，这是在研究日本社会时必须重视的一点。应该说，在近代以前就存在着的这种与西方的差异，在近代之后被以各种形态进行了强化。

第二点，日本的近代化是在列强环伺的背景下进行的，这使得民族统一与独立成为日本近代化的首要课题，日本近代的国家主义就是在这样的时代背景下形成的。而国体论中虽然充满了大量非理性化的内容，

---

① 尚会鹏:《“缘人”——日本人的“基本人际状态”》，《日本学刊》2006 年第 3 期，第 130—131 页。

② 详见尚会鹏《“缘人”——日本人的“基本人际状态”》、《论日本人自我认知的文化特点》（《日本学刊》2007 年第 2 期）以及《论日本人感情模式的文化特征》（《日本学刊》2008 年第 3 期）等。

③ 心理—社会均衡（Psycho-Social Homeostasis，PSH）为美国华裔人类学家许烺光提出来的理论，他认为人是一个心理和社会的平衡体，这个平衡体由内向外分为八个同心圆，依次为：无意识、前意识、不可表意识、可表意识、亲密的社会与文化、运作的社会与文化、较大的社会与文化、外部世界。此理论详见许烺光《许烺光著作集》第九卷，台湾南天书局 2001 年版。

但它对民族一体感和民族独特性的强调恰恰符合了近代日本人对于民族共同体的想象，用于保持日本民族共同体的统一性，在这个意义上，“国体”已不再仅仅是政治意识形态的“虚构”，而是成为近代日本人民族认同的凝聚体。“国体”的定义和内容是“空虚”的和捏造的，但在发挥了凝聚国民认同和国民统合的功能上，它又是实在的和真实的。正是在本尼迪克特·安德森的“想象的共同体”的意义上，国体论成功地发挥了近代国民国家统合原理的功能。

因此，国体论具有两面性，一方面，它是自上而下炮制和灌输的一套虚构的意识形态，另一方面，它又与民众的生活实感和民族情绪结合在一起，成为民众自下而上的能量的凝聚体，这就是国体论的本质所在。国内外学界对于国体论的批判性研究——包括战前的日本共产党和讲座派知识分子在内——多是将重心置于对其意识形态层面的批判，矛头重点用于戳穿其虚假性，而对它作为近代日本民族“想象的共同体”的一面缺乏足够的重视。这导致了单纯的意识形态批判无法从根本上触动国体论庞大根基的困境。丸山真男曾指出：“近代日本的‘国体论’，实际上不单是狭义的政治意识形态，而且包含着日本民族的自我保存问题，因此是一个难以解决的问题。战败时，围绕‘国体的护持’掀起了轩然大波，也是因为存在着一个（与统治层的利害相关的）民族共同体的同一性问题。”①

明治政府是在严重的国内外危机下建立的，自一开始它就面临着紧迫的时代课题——为免于沦为西方列强的殖民地，维护民族独立，必须要建立一个统一的、近代的国民国家。因此，对自由、民主等近代价值的追求都变成了在追求国家独立和国家利益的框架之下的问题，本来是车之两轮、鸟之双翼的民族主义与民主主义，变成了民族主义先行，而怠慢了民主化的课题，为日本的近代化道路打上了深刻的民族主义和国家主义的烙印。这导致了明治国家主义的产生，也成为昭和时期军国主义、超国家主义产生的思想背景。

但需要注意的是，这种国家主义并不能仅仅看作官方一厢情愿的自上而下的强制，它同时还来自民众自下而上的自发性投入。本章开头所提到的战争期间的日本民众的表现则与此直接相关。日本的著名政治思

① 丸山真男：《幕末维新的知识分子》，载《福泽谕吉与日本的近代化》，第20页。

想史学家竹内好曾指出：“‘举国家之总力’而战的，不仅仅是一部分军国主义者，还有善良的绝大多数国民。认为国民只是服从了军国主义者的命令并不正确。国民为了民族共同体的命运才‘举其总力’。今天，我们能够将作为象征的天皇、作为权力主体的国家和作为民族共同体的国民区别开来，这是战败的结果使然，却不能将这种区别类推到总体战争的那个阶段。”① 究其原因，就在于日本近代的“民族”（或国民共同体）与“国家”的区分不那么严格，“国家”被看作与“民族”相统一，而对“阶级”的关注也被“民族”所取代。② 政治思想史学者松本三之介把明治期的国家主义分成两种，一种是“自上而下的国家主义”，即“以政府为主导、志在以强化政府的法律、经济、军事职能为核心形成国家，要求国民各安其分，无条件地爱国”，是官方的国家主义。而另一种就是“自下而上的国家主义”，即以国民为中心的国家主义，典型表现就是自由民权运动，试图“以国民为中心，形成以国民自发的国家 = 集团意识为基础的国民国家”。③ 这两种国家主义虽有在朝和在野的区别，但在一点上是相同的，即在国家利益和价值面前，都无条件地强调自我牺牲。

但有一点值得注意的是，在明治维新时期，由于民族独立和统一的课题的紧要性，对于“民权”的诉求被统合在了“国权”之下，这具有特定的时代背景。但是这终归是非常状态下的举措，一旦在国家独立问题解决之后，民权运动就应继续进行未完成的事业，对于民权的要求就应该再次浮现出来。但日本的问题在于，国家在非常时期对于民众的行为被正常化了，在国家问题解决后还继续以非常时期的状态继续限制民众的行为，民众也习以为常。每当国内经济、社会出现危机、民众对国内政治出现不满以及国际上紧张局势激化的时候，这种民族处于非常时期的感觉就被政府和军部利用，用于煽动对外危机感。笔者认为，这一点对于看待以后引发的全民投入的战争非常重要。④

---

① ［日］竹内好：《近代的超克》，李冬木、赵京华、孙歌译，生活·读书·新知三联书店 2005 年版，第 331 页。

② 石田雄：『日本の社会科学』，東京大学出版会 1984 年版，第 130—131 頁。

③ ［日］松本三之介：《国权与民权的变奏——日本明治精神结构》，李冬君译，东方出版社 2005 年版，第 13 页。

④ 这一点受到了小松茂夫和田中浩编的『日本の国家思想』上（青木書店 1980 年版，第 10 頁）的启发。

第三点，涉及日本统治阶层以及知识分子对于近代化的复杂态度。应该说，日本第一次大规模地遭遇西方文化，恰值西欧文化发展到帝国主义和殖民主义的阶段，日本所接触到的并非西欧文化中健康的一面，对此日本并非没有意识，它一方面大力学习西方甚至“欧化”，另一方面又在思考如何能用日本的资源避免西方近代化过程中已经出现的病症。日本的近代化同时带有一种超越（西方）近代的意图，这恐怕是非西方世界的后发国家在近代化过程中面临的一个共同问题。在这个意义上，“万邦无比”的“国体”被从日本历史传统中发掘出来，一方面为确立西方化的近代制度服务，另一方面，又以对日本家族国家、集体主义等“醇风美俗”的歌颂来批判建立在个人主义基础上的西方近代，以此实现“近代的超克”。在后一种意义上，国体论作为对绝对化了的西方近代主义的反抗而发挥作用。“在日本‘开国’的19世纪后半期的国际社会，无论是在政治经济还是思想文化上，都是欧洲近代的一个巨大转换期，现在被称作‘危机’的诸种症候，在这个时期已经开始悉数出现，这一现实难免从一开始就为日本对‘近代’的理解——不管是模仿的一方还是反拨的一方——投下了复杂的阴影。正是因为如此，在推行欧化主义的同时，‘近代的超克’的思想几乎在日本同时出现。”①

国体论当然在本质上是对欧化的一种反动，但它同时具有相互矛盾的两个方面。一方面，它要承认西方思想对日本近代化的必要性，所以它并没有完全站在以个人主义为基础的西方思想的对立面。这根本上是因为日本的近代化不能不从当时占据优势地位的西方文明中汲取养分。即便是作为国体明征的教科书的《国体之本义》里，也不得不承认欧洲的近代政治思想对于破除日本旧有的惯习和制度的作用。比如，“以这种（个人主义的——引者注）世界观、人生观为基础的政治学说、社会学说、道德学说、教育学说等，一方面对我国的诸种改革做出了贡献，一方面对我国本来的思想和文化带来了深刻广泛的影响”。“在我国的启蒙运动中，以法兰西启蒙时期的政治哲学自由民权思想为首，英美的议会政治思想和实用主义、功利主义、德国的国权思想等纷纷传

① 丸山真男：『日本の思想』，第27頁。着重号为原文所加。

入，为改造废除我固有的惯习和制度发挥了作用。”① 然而，这并不是它要强调的重点，在国体论的逻辑里，更多的是对西方思想的明确批判，这就是日本的统治阶层和知识分子对于近代化的态度的另一面。这种批判又分两个层面，第一个层面是指出，尽管这些思想对于破除日本的旧习具有重要作用，但是，“极端的欧化会伤及我国的传统，有导致历史中绵延的国民精神委靡的危险”。这是欧化与保持日本（“使日本不失为日本”）两者之间的矛盾。第二个层面，是揭示出个人主义以及建立在其上的西方文明本身亦存在问题。也就是说，虽然以个人主义为基础的欧美文明相对来说比较先进和发达，但这种个人主义和建立在其上的西方文明并不是绝对价值和绝对真理，它们自身亦存在着深刻的矛盾。

《国体之本义》中指出了个人主义在东西方正同样面临着困境：“即便是以个人主义为本的欧美，……也正在抛弃其本来之个人主义，全体主义和国民主义日渐勃兴，法西斯、纳粹抬头。”在《国体之本义》1937 年 5 月 31 日发行时，资本主义国家的危机表现得更为明显：在欧洲的德国和意大利，自由主义政体没能阻挡法西斯上台执政，建立在个人主义基础上的资本主义经济由于对市场的放任，终于导致了1929—1933 年世界性的经济危机，美国的罗斯福新政就是采用政府全方位干预市场的方式出现。自由主义在政治和经济领域遭遇的危机反映了个人主义原则在西方社会踹到了瓶颈。而日本也从 1931 年的“柳条湖事件”开始走上了战争的道路。继 1928 年的“三・一五事件”② 之后，1932 年发生了血盟团事件和“五・一五事件”，1935 年又发生了在日本法西斯主义运动中具里程碑意义的国体明征运动，在组织上和思想上为法西斯体制的建立做了重要的准备。

日本于 20 世纪 30 年代陷入的危机是否是由于个人主义的放任导致的，是一个值得分析的问题，在此暂且搁置不谈，且看国体论为日本开出的药方是怎样的。“久已在个人主义之下发展其社会和国家之欧美，

① 『国体の本義』緒言。

② 1928 年 2 月，日本举行了第一次众议院议员普选，结果在野党大获全胜，以劳农党为首的无产阶级政党也获得了少数席位，虽然所获票数比例很低，但仍引起了政府、军部等统治阶层的恐慌，1928 年 3 月 15 日，共产党、劳农党等无产者组织的一千多名成员被逮捕并被施以严酷拷问。这就是“三・一五事件”。

将如何打开如今之僵局暂且不论，就我国而言，应真正回到我国独特之立场，阐明万古不易之国体，排除一切之追随，还以本来之面貌，抛弃固陋，愈加致力于欧美文化之摄取醇化，立本生末，聪明地建设宏量之新日本。即今日我国民思想之相克、生活上之动摇和文化上之混乱，只能在我国民洞见西洋思想的本质的同时，真正体会我国体的本义方可解决。"[①] 简言之，就是回归日本，以日本为本位，用日本固有之国体来"摄取醇化"欧美思想。

然而，日本虽然暴露了西方近代工业社会中的"文明病"，但在实践上却又忠实地奉行着西方帝国主义的逻辑。它同样是它所批判的西方世界中的一员，但这一点却并未出现在它的批判意识中。对西方文明的真正批判必然要具有两重性，在反抗西方的近代的同时，势必也要将批判的矛头同样对准自身社会的内部，但在国体论逻辑中所见的，却是将日本与西方作为对立的两极，不仅日本之顽疾要用日本固有的"醇风美俗"来救治，甚至这也是拯救西方社会的良方。在这样的逻辑下，批判西方文明的唯一归结点就是彰显日本文明的优越性，"施诸中外而不悖"[②] 的国体才是唯一值得发扬与传承的，这正可用于确立日本文明对西方文明的优势地位。这种批判的有限性就在于此。

尽管国体论自始就是统治阶层利用来稳固统治的一种手段，但不可忽视的是，在"国体论"中一直存在着"近代的超克"的意图。虽然国体论在本质上无法完全拒斥西方文明，但在表象上却把近代西方文明与国体论设为对立的两极，试图用国体论这一极去克服近代西方文明的困境。对两极之中的一极的国体论的这种单方面强调，是对 20 世纪 30 年代社会现实的反应。值得注意的是，由于国体论作为正统思想的地位，即使知识分子对于西方近代以及日本近代表现出的病理化特征持有怀疑与抵抗，但最终也只能诉诸在政治上唯一具有正当性的"国体"，也就是说，在"国体"这一大前提之下，包含了众多方向歧义的努力。而在对国体论进行简单的意识形态批判的时候，往往会把对于近代的反抗的一面遮蔽。

---

① 『国体の本義』緒言。

② 1890 年的《教育敕语》里称日本的国体"通诸古今而不谬，施诸中外而不悖"。

二　日本式的近代化

众所周知，西欧的近代国家是在经历了文艺复兴、宗教改革和启蒙运动之后成长起来的。文艺复兴运动使文学、艺术等领域里出现了从"以神为本"向"以人为本"的转变，如果说中世纪人们的内心世界主要是信仰和服从的话，那么到了文艺复兴之后，人们的精神世界就发生了变化，有了自己的意见，有了对现实的批判意识，"人"或者说个人（individual）的意识凸显出来，在言论自由、艺术创作、学术发展等方面带动了人们的自由意识，成为一种在全欧洲都发挥了影响的思想解放运动。① 中产阶级（也可以说是市民）的意识也在这场思想解放运动中得到推动，逐渐成熟。如果说文艺复兴的影响基本上是在知识分子当中，那接下来对统一的罗马教会和教皇的权威提出挑战的宗教改革则把人文主义的影响普及到了普通民众之中，使人们进一步在思想和行为上得到了解放。17 世纪末到 18 世纪后半期的启蒙运动广泛地启发了民众的智识，提高了作为个人的自觉和自发的能动性。这些都在精神上为欧洲近代国家的出现做了准备。

然而，由于历史和文化背景以及所处的国内外环境的不同，日本向近代国家过渡的时候并没有经历如欧洲文艺复兴和宗教改革那样的历史过程。这并不是说经历了文艺复兴—宗教改革—启蒙运动的欧洲就是近代化的绝对范本，而且社会史和思想史的研究也证明，这种所谓的欧洲近代化模式也不过是一种理想类型，并非完全符合所有西方社会的实际。然而，当日本在 19 世纪后半期以一个后发国家和非西方国家的身份顶着国内外压力进行自上而下的近代化的时候，毫无疑问，它的近代化范本正是西方国家。虽然在事后可以对进化论色彩的发展阶段论进行批判，然而如果进入历史的话，对当时的日本而言，它可以选择全盘还是部分接受西方的近代化，但却不能不要这个近代化。正如丸山真男所言："当承担着前期民族主义的旧特权阶层在面对欧洲世界具压倒性优势的产业、技术和军备的时候，他们已经不得不意识到，即便是仅仅为了达到在新世界面

---

① 参照陈乐民《欧洲文明十五讲》，北京大学出版社 2004 年版，第 109—110 页。

前维护他们旧世界的目的，也必须用‘敌人’的文明来武装自己。”[①] 因此在近代化成为宿命的当时日本，其问题就是怎样将西方的近代化有选择地吸取到日本并使其在日本生根发芽，它的做法是把西方近代文明的采用限定在产业、技术和军备等“物质文明”的层面，而将基督教、个人主义和自由民主主义等思想的浸润压缩到最小限度，就是将西方文明进行“分类使用”。也就是说，日本是将西方的制度与制度背后的精神分开，单纯把制度作为成品引进日本，而忽略或是有意遏制此制度背后的精神的形成，以此作为日本的近代化选择。然而一个致命的问题是，他们在日本为这些制度所选择的精神土壤在根本上却是和其上的制度的本质相违背的。这些制度和物质领域的近代化进行得越彻底，对统治阶层试图维持不变的旧精神和思想领域就越是会造成侵蚀和瓦解，而统治阶层为了维持这种矛盾的平衡，不得不始终为一种崩溃感所烦扰，貌似强大的国体意识形态的推行的背后，是对害怕体制受到动摇的近似神经过敏般的不安。

因此在评价日本的近代化时，有两点需要注意。首先，不能否认西方的近代化过程中形成的某些价值是具有普适性的，在对西欧中心主义和欧美绝对化持有警惕的同时，也要防止在泼洗澡水的时候连孩子也一起泼掉。如果因为是西方形成的就一概予以否定，那只能陷入东方绝对主义或日本绝对主义，这和西欧中心主义在表面上看来是正相反的，但在实质上并无二致，都是封闭的、非历史的视野。如果这种视角能够行得通，晚清的中国和德川时代的日本只要坚持奉行锁国政策、对外国不理不睬就可以最好地维持本国文化之延续了，但这明显不可能。第二点，对日本的近代化进行评价要奉行一个综合性的标准。日本的近代化成就在物质层面体现得最为显著，长期以来，作为当时非西方世界里唯一一个顺利实现向近代过渡的国家，日本模式常被津津乐道，以“日本式经营”为题的书也汗牛充栋。然而必须看到的是，日本在经济与技术等实用性层面取得了显著成就，然而在思想、文学艺术等内容性层面上却相对脆弱，人们长期以来惯于关注前者，而对这一近代化的代价却未

① 丸山真男：「日本におけるナショナリズム」，『現代政治の思想と行動』增補版所收，第157頁。

予以足够的重视。在战败后的最初十五年尚有激发知识分子对此批判的思想氛围，然而随着战后日本国家实力和国际地位的改变，“近代的超克”论再次兴起，对日本近代进行批判的知识立场（被批判为“近代主义”）被渐渐兴起的后现代的立场所压倒，对日本民族所犯的历史错误进行清算的批判立场（被讽为“自虐史观”）被诉诸日本书化独特性和优越性的民族主义立场所压倒，日本到底在多大程度上实现了近代化，其成就和代价各为几何，对这些问题的批判性思考似乎已在现在失去了讨论的氛围。然而，有一点必须强调的是，超越近代不可能在近代之外进行，正如桑原武夫在1947年的《对现代日本书化的反省》中所说的，“如果要想超克近代，就只能首先在深切地体会了近代之后，在其前进的方向上超越它，除此之外别无他法”①。

日本的近代化是在与西方列强相对抗这个课题之下展开的，如何建立一个能与西方列强相对抗的国家体制，是贯穿日本近代国家建立的一个首要课题。日本的近代化是在维持民族独立、与西方列强对抗、取消不平等条约同时也向西方学习的过程中进行的。其一，日本没有经历如文艺复兴那样的人的解放。南原繁在战败之初的1946年纪元节所做的讲演中指出：“可以说，我国并未经历过现代西洋诸国经过的文艺复兴。国民整体依然被封闭在日本神学的框架之内，被其教义束缚至今。因此可以说，日本并没有实现布克哈特所说的‘人的发现’，人文主义因之也无法确立。”② “日本本应实现文艺复兴的是明治维新，但那时过早地忙于近代国家的形成，一切的努力都用于国家权力的确立和膨胀，文化被当成了达到国家目的的手段。所以一朝萌生的人性和人的自我意识不能得到健康成长，终致萎缩。我们国家社会中残存着封建的精神和制度，其原因深深扎根于此。”③ 值得一提的是，日本直到20世纪30年代才在舆论界兴起了“文艺复兴”之风潮，然而其结果则是只有文学、神学、宗教等得到了复兴，成了欧洲文艺复兴的颠倒版。

其二，与欧洲的宗教改革相对的是，日本在近世并不存在如欧洲基

---

① ［日］青木保：《日本书化论的变迁》，王敏主编，杨伟、蒋葳译，中国青年出版社2008年版，第56页。超克，即超越之意。

② 南原繁：「新日本书化の創造——紀元節における演述」，『（新装版）文化と国家』所収，東京大学出版社2007年新装版，第7頁。

③ 同上书，第7—8页。

督教那样的普遍和强大的信仰，反而在明治维新之后建立起一套带有神权色彩的天皇信仰。这种民族宗教性质的日本神学利用了日本民族的神话，夸耀自己民族的优越性，妄图以日本民族中心主义的国体支配东亚乃至世界。所以南原繁认为战后日本要想重建国民精神、创造新的日本书化，在需要一场文艺复兴的同时，还需要一场宗教改革。他认为要想从民族宗教的日本神学中解放出来，单靠人文主义的理想是不能实现的，还要用宗教代替宗教，用人类的世界宗教与之相对抗。[①]

其三，日本的启蒙[②]是以幕末的对外危机为背景、在如何与西方列强相对抗的课题之下展开的，所以带有鲜明的民族主义烙印。为了实现对外独立，首要的课题就是形成近代的统一国家或国民国家，而个人的自由和权利都是在与这个课题相关的情况下才具有意义。所以在日本的启蒙运动中，国权的确立成了首要的课题，而民权的问题则是在为了确立国权不得不确立民权的情况下出现，成为一个与国权不能分割的课题。结果即便是自由民权运动，其宗旨也只是“上定君权下限民权”，民权论最终湮没在国权论之中。这也使得日本的民族主义早早地放弃了作为其另一翼的民主化的课题，最终走上超国家主义的道路。

所以南原繁认为经历了战败的日本要想迈出新的一步，必须进行一个革命，那就是日本精神的革命和新的国民精神的创造。这是明治维新本该实现却没有实现的课题，既然如此，那就应该在真正的“昭和维新”中去实现。

结　语

综上所述，由于日本独特的自然主义国家观，再加上“国体”作为维持日本近代民族认同以及作为反抗近代的想象，形成了近代日本独特的国家与社会的关系。在这种情况下，日本的 nation - state 是无法区分为 nation 和 state 的，因为“建立能够对抗国家的民族的设想，就日本而

① 南原繁：「新日本书化の創造——紀元節における演述」，『（新装版）文化と国家』所収，東京大学出版社 2007 年新装版，第 9 页。

② 一般来说，日本的启蒙是指从明治维新到明治十年代、以明六社诸人为代表的思想运动。

言是非常困难的”[①]。“日本的 state 几乎构成了某种自然存在。明治时代的人还有制造国家的想法，那以后就没有这一经验了。”[②] 国家是人为制造的这种观念在日本近代最典型地存在于两个时期，一个是明治前半期（大体上是中日甲午战争以前），存在于近代国家主义（etatism）的开明政治家身上，另一个存在于大正后半期马克思主义者身上。而到了明治中期和后期，随着家族国家观的推行，明治维新中存在的这种权力国家的志向已被压制殆尽，最终在昭和法西斯时期被完全扼杀。

这是日本的近代皇权体制与中国的皇权体制非常不同的一点。中国在过去虽然也长期处于皇权统治之下，但与日本近代天皇制的重大不同就在于，后者不仅是一套统治体系，还是一种社会组成系统，同时还作为强大的意识形态和价值体系而存在，它并非看得见摸得着的实体，而是无处不在地渗透到民众生活空间和精神结构中，用竹内好的话来说，就是“天皇制不是物，它既不是固体也不是气体，而是包围着自己和他人的场一样的东西”。[③] “天皇制把握的困难，就在于权力不以权力的方式来表现。如果权力是以露骨的形式表现出来，与它相对抗是有可能的；而对于柔软得像空气一样充满周围的东西是无法抵抗的。”[④] 因此天皇制对于民众来说并不是以权力支配体系的面目存在，而是表现为日常生活的共同体以及民族共同体。包括知识分子在内的日本民众很难将这样的天皇制相对化，而是被它紧紧包围，无法突破这一规定他们思维方式的框架，甚至很难将天皇制自身作为问题。

因此竹内好才提出：“天皇制是对日本人作为人的自由的最大桎梏，（中略——引者注）但是天皇制到底在哪里呢？它不仅作为制度存在于人们外部，还骨肉相连地寄居在人们心理内部。”[⑤] 日本著名的社会学家鹤见和子[⑥]曾说起她在美国写关于天皇制的论文时，做了被警察追赶的梦，出了一身的汗。[⑦] 就连丸山真男在后来回想 1946 年他那篇极具影

---

① 孙歌：《竹内好的悖论》，北京大学出版社 2005 年版，第 163 页。

② 竹内好语。转引自孙歌《竹内好的悖论》，第 163 页。

③ 竹内好：「権力と芸術」，『新編日本イデオロギイ』所収，第 378 頁。

④ 同上书，第 379 頁。

⑤ 竹内好：「天皇制について」，『竹内好全集』第七卷所収，第 171 頁。

⑥ 鹤见和子（1918—2006），日本著名社会学者，上智大学名誉教授。1946 年与鹤见俊辅（其弟）、丸山真男等学者一起创立刊物《思想的科学》。

⑦ 竹内好：「天皇制について」，『竹内好全集』第七卷所収，第 171—172 頁。

响力的论文《超国家主义的逻辑与心理》的时候也曾坦言，“这篇论文在后来人的眼里看来好像是我的‘思想’的自然表露，可是对我自己来说，这篇论文的每一行都是对今天以前的自己进行拼命说服的结果”。因为对他而言，“从天皇制的‘魔咒下解放出来’”，“并不是一个那么容易的课题”。[①] 丸山在战争结束后不到一年的时间里就写了论文《超国家主义的逻辑与心理》，可算是与天皇制做斗争的先驱者，然而即便是他这样的学者，从天皇制的“魔咒下解放出来”都用了半年的时间。丸山真男的弟子、日本政治思想史学者宫村治雄在指出这样一个令人惊讶的事实的同时，强调在战后的今天不仅依然要继承战败初期涌现的天皇制研究，也要意识到这一课题的复杂性。

因此，在战争期间，当战争变成全民战争和永久战争，当战争与所谓的肇国理想、皇祖皇宗的伟业结为一体的时候，作为官方意识形态的国体论就具有了强大的力量，致使在战争体系内部无法出现变革战争体系的思想及意图。这不是仅仅用权力的强制和意识形态的欺骗这种解释就可以回答的。

在这个意义上，对国体论进行无条件的否定，无疑也意味着否定了民众的生活。所以，要看到国体论身上并存着作为官方自上而下推行的意识形态的部分与作为对现代性病理进行怀疑、否定甚至反抗的思想契机的部分，它们结合在一起形成了举国兴奋的表象。

值得注意的是，日本的近代化得以如此迅速地推行和实现，正得益于社会对国家权力的屏障的脆弱——也正是这同一种因素日后使日本的近代化走入了死胡同——因此制度的近代化才可以如入无人之境地在社会各个领域得以推行，而最终权力的极端化，也正是出于社会中先天缺乏而后天又未形成的对国家权力的警惕和抵制。

而国体论的功能就是维持国家与个人（社会）之间纽带的紧张度。它既是个人与国家之间的媒介，也是阻止个人直接与国家发生联系的障碍。当纽带松了，国民有远离国家沉浸于个人内在生活的倾向，有对国家（其实是政府）产生怀疑和不信任感的苗头、有独立自主思考的倾向的时候，国体论就马上出面，将个人拉紧到国家周围，但是当既有的

---

① 宫村治雄：「天皇制論の遺産」，鷲見誠一編：『転換期の政治思想——20 世紀からの問い』所収，創文社 2002 年版，第 54 頁。

国体论逻辑已不足以扯紧国家与个人之间的纽带的时候，干脆就以法律的面目出现（治安维持法），甚至以政治运动的面目出现（国体明征运动），纯以强制的手段强制民众忠诚，排除异己，打击异端，强制形成“万马齐喑”的情况。但是这种高强度的紧绷状态是不能维持长久的。最后的结果，是以战争全面失败的形式，宣告了国体论作为强制忠诚手段的失败。

第五章　国体论的宗教层面
——“非宗教的宗教”

从欧洲尤其是西欧国家近代化的历史来看，封建制向近代国家过渡的过程具有几个重要的特征，一是世俗化，即政治与宗教分离，各有其边界，互不插手对方内部事务，“上帝的事归上帝，凯撒的事归凯撒”。二是理性化，用理性的法律权力取代传统和所谓神授的权力，从高度依赖统治者个人能力、魅力的人格化统治转向非人格化统治。但与这种趋势形成鲜明对照的是，日本似乎是反其道而行之：与政教分离的趋势相对，日本的近代呈现一种政治宗教化和宗教政治化的趋势，在19世纪后半期到20世纪中叶公然创造并维持了一套似乎是“政教一致”的神权政治体制；与理性化相对的是，日本近代政治具有相当明显的神秘主义色彩：它宣扬天皇的权力来自神授，即太阳神天照大神，将天照大神看作日本民族的祖神，把日本民族称为天孙民族——天照大神之孙创建的民族，天皇不仅是现世的统治者，还是天孙的子孙，于是被尊奉为“现人神”，由此在天皇与民众之间发展出一套天皇是本家是父亲、臣民是分家是赤子的家族国家观来，硬是将近代国家建立在了一套具有明显前近代色彩的天皇信仰之上。

日本近代化的目标之一就是获得欧美先进国家的承认，并跻身先进国家之列，但实际上却又建立起这样一套一见之下与世界大势逆向而行的国家体制，这不能不说是个颇令人费解的问题。但一直以来的研究大多是批判，而忽略了这样一个问题，即日本的近代化是在明确的目的意识下进行的，其目的之一就是建立起能让欧美国家认可的法政体系，然而在19世纪末世界大势是向政教分离的方向前进的情况下，明治初有那么多的知识分子和政治精英带着非常明确的实用主义目的前去考察欧美宪政，回国后他们竟真的会逆时代而行，创造一个政教一体的国家吗?

在这样的问题意识之下，本章将在近代国民国家与宗教的关系的视野之下，以明治时期国体论确立过程中日本的宗教政策尤其是神道教的地位为线索，考察其中体现出来的日本近代化与宗教之间的关系。本章试图阐明，明治初期的政治家们清楚地知道国家的建构性，他们并不想建立一个中世纪的神权政治秩序，他们对国家（政治）与宗教的关系不仅并非毫无体察，甚至有意使明治的国家体制呈现出“政教一致”的外观，正是明治初期政治家们从明确的政治目的出发所采取的一种手段（“建前”）。因此如何来理解这种“政教一致”的体制，对于评价明治建立起来的国家体制而言至关重要。换句话说，这仅仅是一个倒行逆施的时代错误，还是一个有意为之的结果，其间的分寸有着天壤之别。是“尽管实行了立宪政治，但根本上还是封建复古的神权政治”呢，还是“尽管存在着封建复古的神权色彩，但根本上还是立宪政治”呢?其实，与其把立宪政治和神权政治当作水火不容的两极、在其中二者择一，不如思考如下的问题，即近代日本如何能允许这两种相互矛盾的原理对立共存于一个体系内部，换句话说，把这二者看作一个整体，考察在日本的近代国家建构中这两者是如何相互需要并发生关联的，可能更接近问题的实质。著名的文化人类学者鲁思·本尼迪克特曾在《菊与刀》中指出日本人复杂的双重性，不过这种视野并非仅仅属于文化人类学，它也见之于明治确立起来的国家体制之中。如果神权政治国家是一种手段，应如何理解这种手段与所设定的目标相矛盾的现象，即是本章所要阐明的问题。这种目的和手段之间的矛盾或曰背离，在明治初期的政治家那里是有清楚的意识的。在这种视野之下，国体信仰与一般意义上的封建迷信和神秘主义——这是常常加诸于国体论身上的批判——就有着一线之隔。

本书认为，国体论的问题不能简单地化约为日本书化特殊性的问题，作为以西方为模板的近代化国家，在抽象的层面上，日本的近代化必然会面临一些与西方具有共性的问题，作为其意识形态的国体论必然也要承担解决这些共性问题的任务。因此国体论的问题就包括了两个方面，一是和西方国家一样具有的一般性的一面，第二个方面就是近代日本国家具有的特殊性方面，它与日本近代国家体制的确立以及日本作为非西方的后发国家的近代化问题难以分离。这是贯穿本书始终的视角。

在第一节里将讨论西方近代国家的世俗化与宗教问题，并将日本的世俗化背景与西方相比较，以此作为接下来讨论日本国体论的背景。由于国体论涉及国家祭祀和国家神道的问题，第二节将以国家神道为核心讨论日本在近代化过程中是如何处理政治与宗教问题的。在第三节将分析“神社非宗教”论（神社指的是国家神道）的两层逻辑，揭示国家神道及国体论“非宗教的宗教”的特质。

通过对以上问题的阐述，本章试图接近那些大而化之的理解所遮蔽的日本作为后发国家的近代化的曲折性问题。同时，国体论身上附着的悠久历史和宗教传统的外衣就会被剥除，其彻底的政治性就被暴露出来，这也是本章的目的之一。在本章最后，会在与国体论有关的层次上涉及靖国神社的问题。

第一节　近代国民国家与宗教

一　世俗国家里的“公民宗教”

欧洲国家在从封建时代向近代过渡的过程中有一个重要的特征就是世俗化，也就是政教分离，即政治权力与教会等宗教势力互不干涉，公民的生活被界定为公与私的领域，政治权力分掌前者，宗教分管后者。从原则上讲，教会不再干涉世俗世界的事务，国家权力也不再插手属于国民私的领域的宗教信仰自由，于是政权与教权各自获得了自己专属的领域，同时也形成了各自的边界，近代国家被称作世俗国家正是在这个意义上而言。但这并不是说近代国家因此就不需要宗教。

事实上，本来形成于欧洲的近代国家原本是从一个统一的基督教世界分解而来，他们大多拥有由基督教徒构成的群体及共同社会，这种基督教社会的存在是近代西欧世俗化国家的一个重要背景，在这个意义上，它们应该被称作“基督教世俗国家”。[①] 这是其一。

其二，虽然国家的权力不可干涉公民的内心信仰，只负责公共领域，因此除了事关社会秩序的公共道德之外，国家权力实际上等于退出了属于公民个人的道德和伦理领域，但国家实际上并不是不需要某种公

① ［日］子安宣邦：《国家与祭祀》，董炳月译，生活·读书·新知三联书店 2007 年版，第 96 页。

民（公共）道德。事实上，由于近代国家比以往任何时代下都更加将国家意志和民众意志直接连接在一起，所以比以往任何体制下都更加需要民众的爱国心。它需要某种统合人心的方法，以获取民众的社会性感情。它需要民众对于国家有某种信仰一样的感情，对国家抱有荣誉感，关心国家利益和政治体的得失，对于自己国家的同胞有比对其他国家的人民更强的连带感。一旦国家有需要，可以不顾个人的得失，甚至为尽个人的义务而牺牲自己的生命。对于这一点，很容易联想起法国思想家卢梭的“公民宗教”的概念。①

卢梭是从与社会的关系的角度进入对宗教问题的探讨的。在他那里，社会可分为一般社会和特殊社会，前者指整个的人类社会，它不与特定的政治体相连，建立在人道与博爱的基础上。后者指政治社会（即国家）和公民社会，这种社会之所以特殊，就在于它不是自然的，而是纯粹人为的建构，所以它必然需要其成员对政治共同体的忠诚，来超过那些种族、语言、历史、习俗等差异在成员当中带来的离心力，使政治体保持稳固。因此历史上出现的两种宗教可与这两种社会相对应。一种叫做“人类的宗教”，它适合于人类社会，一种叫“公民的宗教”。②

“人类的宗教”是与各国家各民族特殊的宗教相对而言的，它是一种普遍的宗教，只对上帝发自纯粹内心的崇拜，并不需要庙宇、仪式和祭坛，既然它的信徒同为上帝的儿女，就可以超越不同的国家、民族和一切差异，在上帝面前纯粹由信仰结合起来。它在卢梭的语境里基本上是指福音书的基督教。“人类的宗教”是符合天下为公的大同社会的，但由于与政治体没有任何特殊的关系，不能使公民全心全意地依附于国家，所以它能使人做上帝的好信徒，却不能使人做个好公民。使人们热衷于来世的幸福，而对现世的生活缺乏热情和投入，作为一个政治社会的公民所应具备的权利和义务在这种信徒那里是不值得计较的。所以卢梭认为没有比这更违反社会精神的了。

与之相对，“公民的宗教”多见之于原始民族的宗教，是一种国家

① ［法］卢梭：《社会契约论》，何兆武译，商务印书馆2003年版，第173—181页。

② 还有第三种宗教，即罗马旧教，由于它给人两套立法、两个首领、两个国家，使人不能同时既是信徒又是公民，其缺点非常明显，所以卢梭着墨甚少。本书略去，在此主要讨论前两种宗教。

宗教，它将祖国作为公民崇拜的对象，教导人们效忠国家即等于效忠于国家的守护神，在这种政治社会里，君主即教主，行政官员即神祇官，因而是一种政教合一的神权政治体制。“公民的宗教”的坏处就在于它建立在谎话与欺骗的基础上，并把对神明的真正崇拜沦为一种空洞的形式。而且更为严重的是，它会变得极端暴力和排他。

因此和特定的政治体相联系、又能克服上述两种宗教弊端的就是“公民宗教”。卢梭认为，要保证共和国的稳定，必须保证公民的个人利益与国家利益相一致，维持公民对于国家政治和法律制度的忠诚，而卢梭就是用“公民宗教”来确保民众的政治忠诚的。在卢梭那里它并不是宗教，而只是一种公民信仰，所谋求的是一种“社会性的感情”，以此保证人们成为好的公民。它将“人类的宗教”世俗化了，弱化了其彼岸的性格，又比“公民的宗教”更加宽容，只要不违反公民的义务，对所有的宗教持宽容态度。所以它排除了“公民的宗教”排他和专制的一面。

创造出“公民宗教”的卢梭所谈的是近代民主国家的爱国主义的问题，在宣扬公私区别、强调公民良心自由的西方自由主义的光谱中，谈论爱国和强制自由的卢梭显得有些异类，但他所触及的问题实际上是近代国民国家建立过程中不得不面对的一个核心问题。被囊括在近代国家框架之内的是一个个独立的个体，要想使这些个体转变为国民（nation），就不得不考虑如何凝聚国民的认同和获取国民政治投入的问题，尤其在后发国家，这一问题就更为紧要。所以国民国家有意识地创造出语言、传统、宗教等文化，作为统合国民的手段。霍布斯鲍姆的《传统的发明》① 所揭示的正是这一点。

于是，虽然近代国家是政教分离的世俗化国家，但政教分离其实只不过是政治与宗教在国家框架下的相互妥协，由于对公民的国家忠诚心的要求，排除了宗教权力的介入、获得世俗性权力的国家，反而需要一种新的宗教性。这种宗教性不是宗教，而是类似于宗教般的信仰，它期待国民能对国民国家这一新的政治组织怀有统一的认同，抱有宗教般的热忱和忠诚，能够为了国家挺身而出、必要时甚至牺牲个人亦在所不

---

① ［英］E. 霍布斯鲍姆、T. 兰格：《传统的发明》，顾杭、庞冠群译，译林出版社 2004 年版。

辞。毋宁说，近代国家正因为是世俗的，才更需要将自身神圣化的手段。[①] 于是近代国家对宗教性的需求就与宗教的世俗化形成了一种张力。

荷兰的历史学家 Johan Huizinga 曾指出，爱国主义（Patriotism）这个词在 18 世纪的欧洲才开始出现，而英语的民族主义（nationalism）一词则在 1836 年才开始使用。[②] 爱国心与近代国民国家的兴起之间具有密切的关系。Patriotism 中的"patri –"从拉丁语的 patria 而来，原本并不与国家挂钩，而是指父兄、先辈祖居之地，指乡土情怀，这种情怀与国家挂钩是后来的事。实际上，人们对于 nation 的归属意识的出现是相当晚近的事。因为在欧洲直到 13 世纪，由共同的统治者统治、拥有共同的语言和风俗并具有特定疆域的国家（nation）几乎并不存在。那时人们的归属意识的对象不是 nation，而是地区共同体（community），或者更大范围内的基督教世界。进入 14 世纪之后，在欧洲大陆由于王权与罗马教皇之间围绕着政治权力的激烈争斗，为了对抗罗马教皇的巨大精神权威，王权一方开始需要一个在精神上能取代罗马教皇权威的同等的忠诚对象，这个新的对象就是国家（nation）。澳大利亚历史学家 Tessa Morris – Suzuki 指出："正如许多研究者所指出的，patriotism 这个概念包含有一种曾经和宗教密切相关的感情和意象（image）。尤其是在欧洲文艺复兴到启蒙主义思想的时代，当国家权力在政治领域逐渐取代了宗教权力之后，nation 在某些地方就变成了一种'世俗的宗教'。这种'世俗的宗教'的中心特征，就是一种'血的牺牲'的观念，这也可见之于基督教和部分其他宗教的传统。换言之，本来通常的道德和宗教戒律是禁止杀人和自杀的，但当追随某种至高的真理时，杀人和献出自己的生命就成为符合伦理，甚至值得嘉许的行为。"[③]

二　近代日本与西欧相异的世俗化背景

前已述及，近代国家的一个重要特征就是政教分离即世俗化，但在这一点上日本走的是一条与西欧不同的道路。西方的国民国家是在政治

① 米原謙：『近代日本のアイデンティティと政治』，ミネルヴァ書房 2002 年版，第 14 頁。

② 转引自テッサ・モーリス - スズキ『愛国心を考える』，伊藤茂訳，岩波ブックレット No. 708，2007 年 9 月刊，第 10 頁。

③ 同上书，第 12 页。

权力与教会的不断斗争中脱胎的，正是由于教会和主教试图超越纯粹宗教的领域、使自己在宗教和世俗政治中都成为权威，为了与之相对抗，国家权力才终于获得独立。换言之，对国家权力的解释和确立正是出于对教会权力的抵制。而日本在向近代国家过渡的过程中却并不存在这样一种世俗权力与宗教权力二强相争的局面。

在日本的德川时期，将军是权力的执掌者，天皇是权威的化身，正由于这种幕府（将军）至强和天皇至尊的二元结构的存在，幕藩体制下天皇与将军的关系常常被比喻为西欧中世纪的教皇与君主，幕藩体制也常常被拿来与西欧的封建制相比。但实际上，天皇并不具备西欧中世纪教皇那样强大的势力，德川幕府通过颁布《禁中并公家诸法度》（1615）等对朝廷的行动作了严格的规定和限制，天皇仅仅有决定年号的权限，其势力根本不可与幕府同日而语。而相较之下，在世俗的权力方面，幕府的权力则远较西欧的中世纪君主更加具有绝对主义体制的特征。虽然幕府对于地方是通过各地的大名进行间接统治，但幕府可以通过“移封”剥夺大名对土地的固有支配权，并通过“参觐交代”等手段削弱大名与地方上的连带，因此要说德川时期日本的主权者是谁，从掌握了最高的权力这个意义上说，当然是将军无疑。但幕府是“于马上得天下”的，却不能直接将军事上的胜利作为自身统治正当性的依据，所以才将权力来源从天皇那里去寻找，宣称将军的权力来自天皇的“御委任”。但这不过是一套意识形态的说辞，天皇在近世身居九重宫廷之内，是名副其实的“云上人”，长期远离政治的中心，与西方中世纪教会的地位根本不可同日而语。这就是德川时期政治意识形态与政治现实之间的背离。其结果是当幕府被推翻，天皇被作为新的权力主体推上政治舞台的时候，这个主体是孱弱无力的。因此在“王政复古”、“祭政一致”的口号之下，明治初期的日本施行了一系列政策，其目的是为天皇赋予宗教般的权威，树立天皇信仰，为强化天皇大权赋予正当性。

因此，与西方将教会排除在世俗领域之外、使政治权力从宗教领域中独立出来的以世俗化为特征的近代化形成对比的是，日本不是像君权神授论那样摆脱教权的束缚，反而是为了创出类似西方基督教那样的宗教转而到皇室信仰中寻求对政权的支撑，这就是主张祭政一致的神政意识形态国体论。

君权神授论（Divine Right Theory）是西方中世纪政治向近代政治过

渡的阶段出现的一种理论，目的是使国王从教权统治下独立出来，从而使政治从宗教、教权的束缚下解放出来。它在西方政治思想史上，起到了作为一种谋求独立的武器，向中世纪的宗教、教权挑战的作用。政治思想史家约翰·勒维·菲吉斯强调，君权神授说“作为中世纪政治向近代政治的过渡阶段是必不可少的”，它“是把祭政加以分离，使国王从教权统治下独立出来的理论，是为承担绝对主义政治的绝对君主的正当性进行论证的理论”①。而与君权神授论主张祭政分离相对，日本的国体论则是主张祭政一致，与君权神授论从教权手里夺政权相反，日本则是试图创造出可发挥西方基督教那样功能的皇室信仰。因此国体论呈现了与君权神授论相反的过程：与西方将教会从世俗权力的领域中排除出去形成对比，日本则选择了创立一个天皇集政治权力与宗教权威于一身的国家体制，模糊了宗教与政治领域的界线，将宗教的因素与政治的因素混合在一起。

所以明治维新确立的神权政治虽然号称“王政复古”，但并不同于西方中世纪向近代过渡过程中出现的君权神授论。首先，日本明治初期神权政治的建立，不是为了向企图蔓延至政治领域的宗教权力宣战，在当时的日本并不存在这样一种宗教权力。伊藤博文在 1888 年审议宪法草案的枢密院会议上，反而苦于日本没有西方基督教那样可做“国家之机轴”的宗教：“欧洲宪法政治萌生已千有余年，不独人民习熟此制度，又有宗教为其机轴，深深浸润人心，人心于此得以归一。然我国宗教之力微弱，无有能成国家之机轴者。佛教虽一度隆盛，维系上下人心，但今日已倾于衰颓。神道虽以祖宗之遗训为基础并加以祖述，但缺乏作为宗教使人心归向之力。”“能成我国机轴者只有皇室，是以此宪法草案乃专意于此，尊重君权，不使之受束缚。”② 其次，日本明治初期确立的君权神授论，在祭政关系上不是祭政分离，而是祭政一致。与西方因为宗教的存在而造成权力的争夺和长期的迫害、斗争不同，日本反而在明治初期苦于没有如西方历史上那样的宗教，在对基督教、神道和祖先信仰等进行了逐一考察之后，发现无一可担当统领人心之重任，

① 转引自［日］信夫清三郎《日本政治史》第二卷，周启乾、吕万和、熊达云译，上海译文出版社 1988 年版，第 238 页。

② 清水伸：『帝国憲法制定会議』，岩波書店 1940 年版，第 88 頁。

最终只能将目光落在皇室身上，确立国体信仰，丸山真男称之为“基督教的精神代用品”。因此国体论在明治初的确立无疑带有一定的政治谋略和实用主义的目的，东大教授渡边浩“‘教’与阴谋”的说法对国体论的创出做了深刻揭示，认为深谙西方基督教争斗的伊藤博文并非真的想在日本设立宗教，而只是他的一种统治权术。① 笔者认为，这种见解有力地剥去了国体论上附着的传统和宗教的外衣，尽管国体论具备宗教的特质，但是它的第一特性却只能到政治性中去寻找。下文将详述这种与西方政教关系相异的国体论确立的原因。

第二节　近代日本的政治与宗教

在对国体论的研究中存在着一个常见的误区，就是一提到国体思想，马上就追溯到日本上古的神道信仰上去，或是将国体论直接消解到国家神道的问题中去。简单说来，就是容易把国体论当作一个宗教（神道）问题来对待。之所以出现这种理解，部分原因是，在日本近代作为国体之具体体现的“万世一系”的天皇制，就是以国家神道为依托的。但是作为从基督教世界中发展而来的西方国家，对于宗教的理解是和日本存在着许多不同的，这使西方人容易从自身的宗教传统出发，把日本国体论中的宗教性作为宗教本身来理解。而炮制国体论的人所刻意使国体带上的悠久宗教传统的色彩，也是使人产生上述印象的原因之一。人们容易把国体论消解为宗教问题，多是出于如下两步逻辑的推演：第一步，先是把国体论看成国家神道的问题，第二步是把国家神道看作国家宗教，因此国体论就变成了宗教的问题。

但本书试图指出，这两步逻辑都是存在错误的。本书的第三章对国体论政治层面的揭示可以算作对第一步的辩驳，但即便如此，国体论与神道存在着密切的关系，亦是无可置疑的事实，因此在这一章里将着重论述第二步逻辑的问题。如果将国家神道的性质厘清，国体论的性质也就明确了。

---

①　渡辺浩:「『教』と陰謀——『国体』の一起源」，渡辺浩、朴忠錫編著:『日韓共同研究叢書 11　韓国・日本・「西洋」その交錯と思想変容』所収，慶応義塾大学出版会 2005 年版，第 373—411 頁。

一　国体论与神道

由于国体论是一种对神道加以政治化利用的意识形态，所以，清晰确定国家神道教在近代日本的性质，是理解国体论的重要前提。

国体论与神道有着密切的关系，这一方面体现在内容上，另一方面体现在形式上。就前者而言，国体论中有大量内容与神道相重叠。比如，信奉太阳神天照大神为日本民族的祖神，称日本民族为天孙民族，并且将现世的统治者天皇看作天孙的嫡系子孙，尊奉为“现人神”——国体论中充斥的这些民族神话以及对天皇统治赋予的神政色彩，在神道思想中都可以见到。“苇原千五百秋之瑞穗国。是吾子孙可王之地也。宜尔皇孙就而治焉。行矣。宝祚之隆。当与天壤无穷者矣。”这句出现在日本纪神代卷里的天孙降临敕语，在后世的国体论中每每被当作日本建国的历史依据而提起，而且许多国体论者本身就是神道学者。就形式而言，国体意识形态在很大程度上是依托神道推行的，明治时代先推行神道国教化，后又将神道确立为国家神道，正是在与国体发生关系的意义上，神道才获得了重要的地位。有一个典型的例证可以表明国体论与神道之间的关系：第一部官方的近代国体论文献《国体论史》（1921）就是由内务省神社局编纂出版的。

然而，国体论的确立并非是以神道的兴盛为背景，而是相反，是试图把复古神道作为国教的一系列努力失败之后的结果。这表明，尽管国体论的许多内容都是从神道中来的并依托于神道，但落实到实际层面上发挥功效的时候，国体论只能采取一种与作为宗教的神道相区别的做法。在这一点上，国体论与神道的关系应该得到重新审视。只有在把这个被遮蔽的问题剖开之后，国体论的性质才能得到本质上的揭示。

二　明治以前的神道与天皇信仰

常常会有这样一种印象，即神道是日本自古就有的民族宗教，明治以后对神道的再利用（政治化利用）是延续了日本固有的传统。这种看法对不对呢？应该说它言中了事实的一部分，但实际上，神道在近代得以延续的同时，也与之前存在着显著的断裂。

让我们先把明治以前的神道的情况做个简单的概括。日本自古就有的民族宗教是作为原始宗教的神道，也叫原始神道，它的产生适应于日本农耕社会的特点，其中心内容是与稻作农耕密切相关的多神信仰和祭祀。原始神道相信神只在祭祀时降临祭坛，祭祀后就回归本来住处，所以在很长的时间内并没有为神灵建造特定的建筑物，也没有统一的组织机构、祭祀程式，更谈不上拥有作为宗教所必需的教义，所以并不能算作严格意义上的宗教。后来在原始神道的基础上有了以神社为中心的崇拜后，形成神社神道。到了公元 7 世纪末 8 世纪初，随着古代天皇制的确立，又产生了皇室神道。相较原始神道自然产生的特点，皇室神道就具有明显的人为性质，它宣扬皇权神授，目的就是强化皇室的权威，确立以天皇为中心的中央集权体制的合法性。皇室神道将天皇家系的祭祀作为具有国家性质的祭祀，并以主要神社为官社，置于朝廷直接控制之下，建立起一套神祇制度。被作为全国神社中最高地位的伊势神宫，原本只是祭祀伊势地方神的神社，所供奉的是当地的农业神，而当它被赋予了祭祀天皇家系氏神的地位之后，就具有了国家的性质。但并不能简单地说皇室神道就是一种宗教，因为皇室神道是把天皇家系的宗教转变成国家性质的祭祀，归根结底只是一种宫中祭祀，神道的宗教化是个漫长的过程，而且这个过程是在佛教的影响下促成的。

佛教自从公元 6 世纪传入日本后，就得到不少统治者的青睐，尤其是在公元 8 世纪的奈良时期，有许多天皇把佛教定为国教。佛教的鼎盛导致了其与神道的矛盾，没有明确教义和宗教体系的神道无法与佛教相竞争，于是出现了神佛融合的现象。在教义上，神道依附于佛教，并开始形成自己的教义。在组织上，神宫与佛寺结合，出现了神宫寺，不仅供奉佛像，还供奉被塑造成佛像的神社的神像。在思想上，出现了本地垂迹说，声称日本神道的诸神是佛的化身。公元 8 世纪《日本书纪》中才出现了“神道”一词，其《用明纪》载：“天皇信佛法，尊神道”；《孝德纪》载：“天皇尊佛法，轻神道”。[①] 尽管是神佛融合，但在地位上是佛主神从，到了 12 世纪末，原来古代国家的神祇制度已趋向衰落，佛教对于神社的影响已全面固定下来。

13 世纪程朱理学传入日本，尤其是在德川时期朱子学成为官学，神道又开始和儒学结合。可以说神道一直到佛教、儒教、道教等外来宗

① ［日］村上重良：《国家神道》，聂长振译，商务印书馆 1990 年版，第 28 页。

教和思想传入之后，才有了可称之为教义的体系，而且其教义中的许多因素也是和佛教和儒教的影响分不开的。① 神道在每一个时代都与当时最有力的宗教“习合”，来填充它自己的教义内容。神道的这种“无限抱拥”性和思想的杂居性，正集约地体现了日本思想的“传统”。②

在德川时期，神社整体上处于从属佛教的地位。德川时期幕府强制实行寺请制度，规定民众必须成为某一寺院的檀家，由寺院出具是某一佛教宗派皈依者的证明，以证明不是基督教徒。于是佛教寺院负责掌管民众的户籍，并在民众搬家和旅行时提供证明，各户在家中置佛坛，葬礼委托所属寺院主办。这本是为了压制基督教而实行的政策，渐渐使佛教渗入了民众的基层生活，成为支配民众的一种手段。所以在德川时期日本民众的宗教意识中佛教占有压倒性的优势。

所以要说在民众生活的层面上，到底哪种宗教的影响更大的话，长期以来在民众生活中扎下根的不是神道，而是佛教。在神道方面，直到幕末时期，神社都“甘居佛教下位，继续进行和佛教、儒教、阴阳道密切结合在一起的、融合的祭祀”③。“神社信仰实质是对血缘神、地缘神、现世利益神的信仰，极端缺乏个人化、内心化的因素。民众把解决内心的得救和道德问题等，主要求之于佛教。”④ 在神社神道之外，虽然还有神儒融合神道各派和复古神道出现，掌握了统治阶层、知识阶层和一定的民众，但并没有扎根到民众生活中去。民间尽管有伊势信仰，但也多是以偏重农业神为基调，⑤ 民众多把供奉在外宫的农业神作为信仰的重点对象，天照大神信仰在民众信仰的层次上还不是对皇祖神的崇拜。⑥ 这就是明治初期所面临的神道与天皇信仰的状况。

三　近代日本的神道政策——从“神道的国家”到“国家的神道”

为了对比明治前后神道地位的变化，让我们先来简单勾勒一下明治

---

① ［日］村上重良：《国家神道》，聂长振译，商务印书馆 1990 年版，第 34 页。

② 丸山真男：『日本の思想』，岩波書店 1961 年版，第 21 頁。

③ ［日］村上重良：《国家神道》，第 55 页。

④ 同上书，第 62 页。

⑤ ［日］信夫清三郎：《日本政治史》第二卷，周启乾、吕万和、熊达云译，上海译文出版社 1988 年版，第 203 页。

⑥ 安丸良夫：『神々の明治維新——神仏分離と廃仏毀釈』，岩波書店 1979 年版，第 8 頁。

时代日本的神道政策。

（一）“神道的国家”——神道国教化运动

由于倒幕运动是打着尊皇的旗号进行的，因此明治新政权建立后必须维持并加强天皇的权威。在幕末为“尊王敬幕”到“尊王倒幕”的历史潮流提供思想来源之后，平田派国学和后期水户学的国体论在明治初期成为国家一系列大政方针的思想背景。1868 年 3 月，明治新政府发布公告，提出“此次王政复古基于神武创业之始，诸事御一新，恢复祭政一致之制度”，将明治初的政治理念归纳为“王政复古”和“祭政一致”。所谓祭政一致，即祭祀神灵与国家的政治相统一，祭祀的祭主（宗教的权威）和进行统治的是同一个人，这种统治体制多见于古代社会，是一种神权政治。在日本古代，“祭”和“政”的发音一样，都叫作 matsurigoto（まつりごと），祭祀占据了政治的相当一部分，祭祀和政治没有什么区别。祭政一致的神祇国家，是明治国家第一个阶段的方向，这一阶段从 1868 年至 1871 年止。

祭政一致的体制设想并非始自明治维新。幕末有代表性的国体论著作——会泽正志斋的《新论》所设计的正是一套祭政一致的体制。“（前略——引者注）祭以为政，政以为教，教之与政，未尝分为二，故民唯知敬天祖奉天胤，所乡一定，不见异物，是以民志一而天人合矣，此帝王所恃以保四海，而祖宗所以建国开基之大体也。”① 然而值得注意的一点是，即便是在水户学和后期国学的国体论中，天皇基本上只是个祭祀者，行使实际政治权力的是幕府。虽然后期水户学和国学的国体论成为最终推翻了幕府统治的尊王攘夷运动的指导思想，但它本是一套强化现行幕藩体制的理论，并未设想要让天皇进入政治领域执掌实际权力。期望天皇走出九重皇宫采取果断的政治行动的，只是真木和泉等一部分激进的尊攘派人士。而到了明治初期，掌握了维新政府主导权的政治家们则试图把天皇作为一个既拥有绝对权力又拥有绝对权威的君主推到历史舞台上来。只有这种政治君主，才能带领日本“与万国对峙”。大久保利通曾说：“主上深藏玉帘之内，应变为世间之人，若除极少数公卿之外

① 会沢正志斎：「新論」，今井宇三郎、瀬谷義彦、尾藤正英校注：『日本思想大系
53 水戸学』所収，岩波書店 1973 年版，第 383—384 頁。

不得拜谒，则与为民之父母之职相乖离。”① 因此大久保利通提议迁都大阪，使天皇远离京都的宫廷旧习。

所以明治初期的“祭政一致”体制的设想虽一方面继承了幕末国体论而来，但另一方面要求突破，使天皇成为政治上的绝对君主。这可以说是对幕末国体论的一种断裂的继承。

在明治政府公布的第一次官制（1868 年正月）中，太政官之下分设七科分掌政务，而七科之中，神祇科位列头筹，而且担任总督的都是主张神祇官再兴和复古神道的有力的政治势力。1868 年 2 月的官制改革中神祇科变为神祇事务局，而后又升格为神祇官，到 1869 年 7 月的官制改革中，神祇官跃居太政官之上。在这个过程中，龟井兹监、平田铁胤、福羽美静等平田派、大国（隆正）派的国学者和神道家被纷纷录用，大国隆正、矢野玄道人等的思想发挥了很大作用。神祇官再兴和祭政一致成为维新政府的公开意识形态，推进神道国教化。

这个时期，从幕末延续而来的国学者和神道家确实想将他们的思想和信仰付诸明治新国家的实践中实施。明治初期推进了包括废佛毁释等激进运动在内的宗教政策的，正是接受了水户学和后期国学影响的人。但是在政治与宗教的关系方面，国学者和神道家们的设想和政治家是不一样的。国学者和神道家醉心于神道复古，他们希图以神道为国家宗教，建立一个神权的天皇制，而大久保利通、木户孝允等政治精英则并不想要建立一个中世纪的神权的政治秩序，他们设想的是天皇作为一个掌握绝对权力的政治君主君临天下，而不是一个宗教领袖。

但对于国学者和神道家的神道国教化政策，政治家们又是接受的。岩仓和大久保等是彻底的现实主义政治家，他们对于神祇官再兴和祭政一致之所以接受，一是因为幕末以来尊皇攘夷的思想背景，二是由于王政复古后不得不采取手段强化天皇权力的现实政治形势，第三则是以此对抗西方基督教对日本的渗透。于是 1879 年在神祇官内设置宣教使，1870 年发布“大教宣布”诏书，提出了“明治教，宣扬惟神之道”的理念，赋予天皇以神格，将神道定为国教，宣示了将日本建设为祭政一致的国家的方针。在此方针之下，开始镇压基督教，并广泛展开了废佛

① 『大久保利通文書』二，转引自安丸良夫『神々の明治維新——神仏分離と廃仏毀釈』，第 67 頁。

毁释的运动。

（二）“国家的神道”——神道国教化运动的失败及国家神道的确立

从表面上看来，明治维新初期的大政方针确乎是朝着神权政治的方向前进的，但神道国教化运动却最终遭遇了失败。这主要有三个方面的原因。

第一，就作为一种独立宗教的资质而言，神道和佛教、耶稣教这样的宗教比起来是相形见绌的。正如丸山真男指出的那样，神道具有“无限拖拥性”的特点，[①] 它长期以来是与佛教、儒教、道教等宗教相“习合”至今的，正是在接受了其他宗教影响的前提下，神道才形成了自己的教义。而神道国教化政策试图通过神佛分离和废佛毁释运动排斥神道中佛教、儒教等其他宗教的影响，而这正像剥韭菜一样，一层层地剥去了其他宗教的影响之后，会发现神道之所以为神道的东西也不存在了。正如村上重良所说：“神道是通过和这些其他宗教的融合而形成的宗教，因此，国家神道试图通过神佛分离来从神道中完全排除融合因素，不仅不可能实现，而且只能是经过历史形成的神道本身的自我否定。”[②] 而且，如果试图确立神道的一种教义，势必与神道的另一种教义形成冲突，这就会导致无休止的争论，因此神道国教化不仅引起了佛教、基督教等其他宗教界人士的反对，在神道家内部都无法形成一致意见，所以对神道的教义进行体系化的努力终归没有成功。

第二个原因是来自其他宗教、主要是佛教界的反对。经过德川时代的发展，佛教已经不仅仅是一种宗教，它还同时承担了地方政府的部分职能（户籍管理等）。佛教在民众生活中的重大作用不是靠告示和制度改革就可以清除的，而且维新政权原本就需要佛教势力的支持。虽然神道国教化导致了猛烈的废佛毁释运动，但因之产生的混乱使得这一政策难以为继。同时，针对神道国教化政策所致的对基督教的镇压，欧美国家也提出了抗议，要求停止镇压基督教。日本作为一个试图使西方世界承认的近代国家，不得不做出维护民众宗教信仰自由的姿态。

第三个原因，恐怕也是最重要的一个原因，就是祭政一致和神祇官

---

① 丸山真男：『日本の思想』，岩波書店 1961 年版，第 21 頁。

② 村上重良：《国家神道》，第 35 页。

制仅仅是一种在往昔的神政国家体制下才可实现的制度，从根本上来说它与近代的国家体制相冲突，在近代社会里实施政教一致就像在文明社会里提倡缠脚一样不合时宜，这种逆时代而行的政策不可能用来建设近代的国家。也就是安丸良夫所说的：“当时的日本所在的，已经不是一个可以用具有特定宗教教义的国教向全体国民进行千篇一律的强制灌输的历史发展阶段。”① 所以神道国教化政策（1865—1871）最终导致失败，1871 年，原本已位列太政官之上的神祇官降格为神祇省，成为太政官下属的机构之一。第二年神祇省也被废除，取而代之设置教部省，不再负责宫中祭祀，神祇祭祀被迁至太政官式部寮②。到了 1877 年，连教部省也被撤销。宫地正人将明治初期日本的神道政策分为几个时期：神道国教化之政策期（1865—1871）→教部省政策期（1871—1877）→国家神道之确立期。信夫清三郎将神道国教化这一阶段称为“神政绝对主义”，在这一阶段之后的是“启蒙绝对主义”和“立宪绝对主义”阶段，也就是说在之后不得不采用有启蒙性质的政教分离政策。因此，国家神道的确立，已经不再属于神政绝对主义的阶段，它不是神道国教化成功的结果，而是其失败的结果。国体论的确立并非是以神道的兴盛为背景，而是相反，是试图把复古神道作为国教的一系列努力失败之后的结果。

第三节　“神社（国家神道）非宗教”论

一　作为国家祭祀的“国家神道”

在文明开化的浪潮下，要求信教自由的呼声日渐强大。迫于内外压力尤其是欧美各国抗议日本政府迫害天主教徒的压力，明治政府终于在 1875 年 11 月 27 日决定在“辅弼治化”的前提下承认“信教自由”。1889 年发布的《大日本帝国宪法》第 28 条规定，“日本臣民在不妨碍安宁秩序、不违背臣民义务之前提下，有信教之自由”。要想保证民众有信仰的自由，在国家宗教存在的前提下是不可能的，而近代日本在国

---

① 安丸良夫：『近代天皇像の形成』，岩波書店 2001 年版，第 24 頁。
② 式部是明治初期的官职名，负责祭典、仪式等。

家神道①确立的同时依然可以维持信教的自由，这之所以能做到，就是由于国家神道并非国家宗教，而只是“国家祭祀”，它是被抽离了宗教特质的独特神道。

在明治初年神道国教化政策失败以后，明治政府转而采用了一种迂回的方法，那就是通过实现“祭教分离”来实现“祭政一致”。所谓“祭教分离”，就是将神道中宗教的部分和祭祀的部分分离开来，神道中作为有教义的宗教的部分由教派神道所体现，而国家神道褪去了宗教的成分，最终作为祭祀礼仪而成立。正是由于成为“国家祭祀”，国家神道才与佛教、基督教、教派神道②等宗教区别开来。佛教、基督教等宗教才能因此获得一定的“信教自由”。而“近代日本之所以勉强还存在着信教的自由，正是因为作为国教的神道退后成为祭祀礼仪才成为可能”③。

这种国家神道和信仰自由并存的奥妙并不是个秘密，许多学者对此都做了揭示。如美国人类学者鲁思·本尼迪克特的《菊与刀》就有如下精彩的论述：

> 与政治相比，明治政治家在宗教领域中制定了更为离奇的制度。当然，他们仍然是实践日本人那条格言。国家把一种宗教置于管辖之下，奉之为民族统一与优越性的特殊象征，其他信仰则听凭个人自由。这种受到国家管理的宗教，就是国家神道。由于它被视为民族象征而赋予特殊尊敬，就象在美国之尊敬国旗一样。因此，他们说国家神道不是宗教。所以，日本政府可以要求全体国民信奉国家神道，却并不认为违反西方的宗教信仰自由原则。就好象美国政府要求人们对星条旗敬礼一样。这只不过是忠诚的象征。因为“不是宗教”，日本可以在学校里教神道而无须担心西方的非难。在学校里，国家神道成了神代以来的日本历史，和对“万世一系的

---

① 国家神道也被称作“国体神道”、“神社神道”，或是单被称作“神社”。

② 教派神道：作为宗教的神道教派的总称，区别于作为国家祭祀的神社神道（即国家神道）。教派神道共有14个（后变成13个）教派，故又称教派神道十三派，即神道大教、黑住教、神道修成派、大社教、扶桑教、实行教、神道大成教、神习教、御岳教、禊教、神理教、金光教、天理教、神宫教。其中神宫教于1899年解散，改称神宫奉斋会。

③ 安丸良夫：『近代天皇像の形成』，第24頁。

> 统治者”天皇的崇拜。国家神道受国家支持、国家管理。而对其他宗教信仰，佛教、基督教固不用说了，甚至其他教派的神道或祭祀神道，也都听任个人意愿，几乎和美国一样。这两种不同领域甚至在行政上和财政上都是分开的：国家神道受内务省神祇局管理，它的神官、祭祀、神社等费用均由国库开支；一般祭祀神道以及佛教、基督教各派则由文部省宗教局管理，其经费靠教徒自愿捐赠。①

本尼迪克特说要求日本国民信仰国家神道就如同“美国政府要求人们对星条旗敬礼”一样，确实是简明清晰的比喻。因为国家神道只是一种“国家祭祀”而已，不过是要求国民向国家的象征表示尊敬，以获取国民的忠诚心，而并非真的是想要民众都来信奉一种宗教。这就是“神社非宗教”论的立论基础。本尼迪克特也发现，“国家神道和我们平常到教堂去做礼拜毫不相似。因为它不是宗教，法律禁止国家神道的神官宣讲教义，也就不可能有西方人所了解的那种礼拜仪式之类”②。

明治政府为了证明为国民保留了宗教信仰的自由，也公开声称：“神社神道不是宗教”，它宣布神社为国家性质，而不是宣布国家为宗教性质。这意味着日本从以神祇国家理念为主导的神道国教化阶段受挫之后，向着世俗主义国家转变。这个转变的过程，就是通过神社与国家关系的重新构筑，使国家的主权与教权分离的过程。子安宣邦把神道国教化政策到国家神道的确立称作“从‘神道的国家’到‘国家的神道’”的转变。③正是在这个意义上，1889年明治宪法确立的国家并非一个政教一致的神政国家，而是一个世俗主义的国家，这也是明治政府力图使近代日本呈现出来的面貌。经过明治十年代前后推行的祭祀与宗教的分离之后，神社神道被从一般的宗教中剥离出去，成为一种超宗教的国家祭祀。而国家则通过将这一祭祀体系吸收进自己内部，使自身成为对国民拥有向心性威力的神圣皇国日本而成立。

因此国家神道是出于明确的政治目的而设立的，它通过神社将天皇

---

① ［美］鲁思·本尼迪克特：《菊与刀——日本书化的类型》，吕万和、熊达云、王智新译，商务印书馆1990年版，第60—61页。

② 同上书，第61页。

③ ［日］子安宣邦：《国家与祭祀》，董炳月译，生活·读书·新知三联书店2007年版，第111页。

制民主主义灌输给国民，形成了战前日本的社会体制，它是“日本型的政教分离”①。因此国家神道必然是近代性质的。尽管日本自古以来就长期存在着神道，但国家神道正是在区别于之前的神道的基础上才得以存在，将日本古代以来就存在神道这一点作为前提来论述国家神道的确立，是并不正确的观点。这种观点看到了国家神道与祖先崇拜相结合，是对天照大神等皇室的祖先神的信仰，就强调其原始宗教的性格，认为这是原始的信仰在近代继续存活并被发扬光大，认为这就是日本人宗教意识的独特性。但这是一种错误的因果关系，是一种将今天的观念投影到过去的做法。因为如果不是采取了“脱宗教化”的措施，国家神道是无法在谋求政教分离的近代国家中存活的，上述观点之所以是错误的，就是在于没有看到国家神道的确立是以神道国教化政策的失败为前提这一点，反而将神道国教化与国家神道当作顺承关系来看待。井上哲次郎指出：“如果说神道对日本而言有一种特别的意义的话，就在于它是和国体的命脉相关这一点。”② 因为国家神道所尊奉的神敕中设计的国家理想正是与国体相关的，国家神道才获得了存在的意义。

近代日本之所以可以在某种意义上称为世俗主义国家，正是因为国家神道成为服务于国体论意识形态体系的一种仪式。因此村上重良称国家神道是“缺乏内容的国家宗教”③。历史学家安丸良夫也指出：“在结果上，国体神学不过是借助了退化到了神社祭祀这种仪式化层面的国家神道才得以疑似继承下来。”④ 之所以国家神道能够确立下来，就在于它不是宗教。

但这只是国家神道特质中的第一层逻辑。

二 “神社非宗教”论的正反逻辑

虽然保证了一定的宗教信仰自由，但由于国家神道是“国家的祭祀”，所以所有日本国民，无论信奉何种宗教，都必须接受国家神道的

---

① “日本型的政教分离”是安丸良夫在『神々の明治維新』中所提出的概念，之后经过阪本是丸在论文「日本型政教分離」（井上順孝他編『日本型政教関係の誕生』所収，第一書房 1987 年版）中的使用等，成为一个固定下来的用语。它指各宗派都要遵守三条教则，在此前提下自由竞争，以证明自身的有效性。

② 井上哲次郎：『新修国民道德概論』，三省堂 1928 年版，第 87 頁。

③ ［日］村上重良：《国家神道》，第 2 页。

④ 安丸良夫：『神々の明治維新——神仏分離と廃仏毀釈』，第 6 頁。

祭祀仪式。这就使国家神道超越于一切宗教之上，成了一种“超宗教”。

对于国家神道与佛教、基督教、教派神道等宗教的关系，池田立基的论文《国民思想的统一与神道及佛教、基督教》做了很好的解释：

> 神道就是神道。它既像宗教，又超然卓立于宗教之外。如果用家庭来比喻的话，神道就是一个家庭的宪法。各种宗教，就像各个家庭成员那样，可以拥有自己的自由意志，但是，作为家庭的成员，无论拥有什么样的意志，**都有义务绝对服从**这个家庭的宪法。如果有谁不服从的话，那么就只有**断绝他和家庭的关系**了。
>
> （中略）
>
> 这里所说的家庭的宪法，就是皇道、国是、神道。（中略）将皇道、神道置于**超宗教**的地位，既不妨碍各种宗教的存在，又使神道成为**每一个帝国臣民应该遵循的唯一准则和应该服从的绝对权力**。神道的动态的一面，通俗地说，就是爱国心，在日本帝国中，敬神之念就是爱国精神。
>
> 弘扬爱国精神是日本的神之道，是拥有统一国民思想的权能的唯一的力量。
>
> 鼓舞爱国精神，对此任何人都不能反抗，也不能提出异议。[①]

池田的如上文字里透露出一种别样的信息，那就是国家神道相对于宗教的至上与绝对的地位。这种“超宗教”的国家神道虽然不是宗教，但对于不服从者具有绝对的权力，惩罚起来毫不留情，这极易让人想起中世纪的宗教裁判所对待异端的态度。国家神道所要求的是民众对国家的忠诚，它虽然为民众保留了宗教信仰的自由，但是一切宗教都不能违反国体，个人可以有信仰各种宗教的自由意志，但这始终都不能越出“绝对服从”国家神道即“爱国精神”的范围，对于不履行这一义务的人，只能像断绝家庭成员“与家庭的关系”一样，被作为“非国民”从国民中驱逐出去。因此，近代日本虽然在法律、制度层面上是规定了

---

① 加藤玄智编：《神社对宗教》，1930年版，转引自［日］高桥哲哉《靖国问题》，黄东兰译，孙江校，生活·读书·新知三联书店2007年版，第94—95页。黑体为原文所加。

宗教信仰自由的世俗主义国家，但在政治权力之上却存在着一种超政治的力量、在宗教之上也存在着一种超宗教的力量一直对国民的社会和精神生活进行长期的压制和限定，就此而言，这种国家与非世俗的宗教国家并无两样。因而子安宣邦将其批判为“虚有其表的世俗主义国家”。[①]从这个意义上来讲，国家神道在功能上又是国家宗教无疑。这就是国家神道特质的第二层逻辑。

所以，“国家神道 = 国家宗教”并非一个直线型的逻辑，它的成立必须要经过“国家神道非宗教”这一逻辑的转换，这看起来非常怪异，但这正是“日本型政教分离”的关键所在，国家神道正是以其不是宗教的地位才发挥了宗教的作用。本书之所以在上文着力澄清国家神道非宗教的一面，是因为“国家神道 = 国家宗教”这一等式在学界常被使用，但却是跳跃了中间那部分逻辑的直线式理解，而且更重要的是，如果对于国家神道正是由于不是宗教才获得了宗教性这一点没有认识，就很容易把国家神道看作一个制度化的问题，那么在战后政教分离的民主化措施采取之后，真正的问题性很容易因此被遮蔽。战后在 20 世纪 80 年代，在国家神道的评价上产生的争论就表明了这一点。持明确的国家神道宗教论的学者以村上重良等为代表，村上重良的《国家神道》一书广为人知，并被翻译成中文，成为国内学界了解国家神道的基础性文献。在书中，村上重良称“国家神道是由近代天皇制国家制造的国家宗教，在从明治维新至太平洋战争的大约 80 年时间里支配了日本人的精神”[②]。村上还在《天皇的祭祀》（1977）一书中说道：“由于明治十年代前后推行的祭祀与宗教的分离，神社神道被从一般的宗教剥离，作为超宗教之国家祭祀的国家神道确立起来。但是，这新的国家宗教在内容方面是与皇室神道、神社神道直接相连的宗教，不外是天皇的宗教性权威向一切神社的贯彻。”[③]

针对以村上重良为代表的国家神道批判，苇津珍彦在《国家神道曾为何物?》中发起了反攻式的追问。苇津认为，村上对国家神道所作的历史研究是在特定的主观愿望和目的意识之下做出的，即在战后为了清

① ［日］子安宣邦：《国家与祭祀》，第 114 页。

② ［日］村上重良：《国家神道》，第 5 页。

③ 转引自［日］子安宣邦《国家与祭祀》，第 2 页。

除与帝国日本相关的国家主义、军国主义，实行民主化政策，批判村上对历史上的国家神道做出了与其历史上的实际存在不相称的过重评价。所以苇津着力于国家神道非宗教的一面，他提出了“国家神道曾为何物”的问题，他认为，国家神道并非宗教，它之所以恶名昭著是因为承担了与其实际不相称的虚名，它不具备宗教的地位，只是国家祭祀而已。它是被恶用的，所以现在应该为它正名，甚至进而恢复它。由此以苇津为代表，一些学者开始了对以村上为代表的国家神道的全面批判论展开了反批判，他们的观点即被称作“国家神道再认识论”。

历史上，国家神道在制度上并不具有与其名称相称的实实在在的地位，“国家神道再认识论”的另一位代表人物阪本是丸曾指出，“在某种意义上所谓国家神道对于内务部相关部门而言简直是‘空虚’”①，这应是历史的事实。但是国家神道的发挥作用，并非仅仅是通过制度做到的，其更大的功能是在意识形态方面。从制度上而言，国家神道并非真的是国家宗教，但是从功能上来说，它又是宗教无疑。苇津珍彦等人试图为国家神道翻案正是只强调这一逻辑的第一层，而忽略第二层。而苇津等人所做的工作正是具有这样的欺骗性，他们名义上是还国家神道以历史上的真面目，但实际上他们所追究的并不是历史上国家神道的存在自身，而是对于它的历史评价。苇津借历史实证主义的幌子，试图清洗国家神道身上“被强加的过度的负面评价”，由此打通“畅通无阻的复权再生的道路”②。正如苇津批判村上等人出于主观一样，苇津珍彦等人以追究历史事实的姿态所做的工作，一样是以自己的主观目的为驱动的，而且这种驱动并不是单纯的学术关心。

如果是对神社非宗教的一面没有认识，在苇津等人以历史实证主义的幌子借机除去国家神道身上应背负的历史责任的做法面前，就没有足够的反击力可言。如果仅抓住制度的层面，近代日本的许多问题就会被遮蔽起来，这正是因为近代天皇制具有极大的虚伪性——在政治领域，权力不表现为权力，而是表现为伦理和感情；在宗教领域，实质上发挥了宗教作用的意识形态并不具备宗教的地位。而解决的办法，只能是不

① 阪本是丸的讲演记录《国家神道的成立与终结》，转引自子安宣邦《国家与祭祀》，第4页。

② ［日］子安宣邦：《国家与祭祀》，第4页。

只从权力的角度把握权力，也不只是从宗教的角度把握宗教。本书花大量篇幅论述国家神道非宗教的一面，就是为了强调把握这两面性的重要性。作为意识形态成功地粉饰了近代天皇制的国体论，就是这种两面性的集合体。

三　作为公民宗教的“国体”

实际上，自明治初期国体的创出之始，它就带有宗教代用品的性质，伊藤博文等明治国家的缔造者正是希望寻找一个能像西方的基督教那样发挥统一人心作用的东西，才创出了国体。伊藤博文 1888 年 6 月在审议宪法草案的枢密院会议上讲道：“今欲制定宪法应先求我国之机轴，确定我国之机轴乃何物。若无机轴，政治任由人民妄议，则不独会失去政基统纪，国家亦会随之而亡。……欧洲宪法政治萌生已千有余年，不独人民习熟此制度，又有宗教为其机轴，深深浸润人心，人心于此得以归一。然我国宗教之力微弱，无有能成国家之机轴者。佛教虽一度隆盛，维系上下人心，但今日已倾于衰颓。神道虽以祖宗之遗训为基础并加以祖述，但缺乏作为宗教使人心归向之力。”“能成我国机轴者只有皇室，是以此宪法草案乃专意于此，尊重君权，不使之受束缚。”① 丸山真男把伊藤博文的这段讲话作为“近代日本的机轴‘国体’的创出”，并给予了思想史上的重要位置。

应该说这段话不能简单地看作他试图确立天皇信仰的一种意识形态上的托词，它体现了伊藤作为一个政治家（statesmen）对当时日本最为紧要课题的判断。伊藤这段话是 1888 年 6 月在宪法草案审议会议上讲的，翌年明治宪法颁布。但有了法的制度，还需要一个遵行法治的社会，确立了宪法并不可能一劳永逸。但日本法治的传统是没有的。有的是从儒教中传下来的德治主义（不占主流，但一线尚存）和武士道的义理人情之辩。伊藤认为欧洲在立宪制度确立之前已有了相应的传统，除此之外，宗教还对统合人们的认同发挥了重大的作用。所以要在日本找一个能发挥如西方基督教那样功能的宗教。

作为一个游历了欧美的政治精英，伊藤博文对西方世界里因基督教而产生的宗教战争和宗教迫害不会一无所知，他之所以想要在日本创造

① 清水伸：『帝国憲法制定会議』，第 88 頁。转引自丸山真男『日本の思想』，第 29 頁。

一个类似西方基督教那样的“机轴”，并非是想要在日本设立一个国家宗教——这番话发表之时，神道国教化运动早已宣告失败，他也说神道“缺乏作为宗教使人心归向之力”。他真正的意图在于基督教在西方世界里发挥的“使人心归向”的功能，这种功能正是卢梭的“公民宗教”所承担的功能。不过卢梭不是作为宗教提出“公民宗教”这一概念的，它的目的就是维持国民对国家和宪法的忠诚。这正是明治初的政治家处心积虑将国体论纳入近代天皇制的真正意图。

从美国历史上新教所发挥的作用来看，伊藤博文对基督教的这一认识是有道理的。由于美国建国之初的成员分别来自不同的传统，拥有相异的文化背景，所以必须要创造出一种新的统合的力量，这是从国家成立的最初就开始的一项工作。华盛顿曾说：“理智和经验告诉我们，若无宗教原则，便无法维护国民道德。”而“新教主张个人责任、克制、勤奋、诚实、守信，是使自由主义不至于走向极端放纵的精神保障”①。塞缪尔·亨廷顿在《我们是谁？——美国国家特性面临的挑战》一书中曾指出仅靠政治上自由、民主等“美国信念”来维护美国人的国民认同是困难的，因为“它的前提是认为一个国家可以仅仅立足于个人之间的一种政治契约，此外这些个人就并无共同之处。这是18世纪启蒙运动所主张的那种经典的国家理念。可是历史和心理学都表明，这恐怕不足以让一个国家长存”②。所以美国宪法在宗教问题上持中立立场，但同时，宗教信念作为美国政治原则的基础，又是无须说明的事实。新教对于个人道德和公共道德的规范恰好符合了国家对公民的期待，所以在某种意义上，新教充当了美国的“公民宗教”，发挥了文化建设、政治认同及合法化的功能。

但国体论与美国新教的最大不同，就是新教之所以能发挥这种功能，是建立在它作为一种真正宗教的基础上，它拥有信众发自内心的信仰。而作为宗教代用品创造出来的国体论则是地地道道的政治目的的产物，它充满了与历史事实不符的内容，说它是一种“虚构”并不为过。国体论是与民众长期的信仰相异质的东西，它试图使民众变成绝对忠诚

① 转引自唐士其《美国政治文化的二元结构及其影响》，《美国研究》2008年第2期，第15页。

② ［美］塞缪尔·亨廷顿：《我们是谁？——美国国家特性面临的挑战》，程克雄译，新华出版社2005年版，第18页。

于天皇和国家的臣民才设计出那样的内容，这在前文已有论述。那么对于这样一种“虚构”的意识形态，国体论的创造者们把它创造出来是否仅仅是为了欺骗民众呢？1873 年赴日、精通日语、并担任过东京帝国大学名誉教师的张伯伦在 1912 年《一个新宗教的发明》一书中，把伊藤等人创出的天皇信仰称作“发明的宗教”，他在文章最后说，有人可能会说，“那些官员不至于愚蠢到会相信那些他们自己创造出来的东西”。但“我们敢说，在这一点上你是错的。……对日本的统治阶层来说，上层塑造的精神态度应该在他们的国民中普遍应用，这对他们来说非常重要。所以，他们做到了显然不可能做到的事。‘我们相信它’，最近他们中的一位对我们说，‘我们相信它，尽管我们知道它不是真的’”①。

四　靖国信仰

靖国神社是国体神道最为直接的表现。靖国神社在战争中充当了一个利用宗教宣传军国主义的工具，它向国民所寻求的，就是对国家主义的献身。不管被征召上战场是否自愿，只要是为国家主义而牺牲的人，死后都被当作神来祭祀，这就是靖国神社的功能。通过将死去的兵士作为神灵来祭祀，牺牲者的死被神圣化了，而正是通过靖国神社的这一功能，以国家的名义驱使国民走上杀人或被杀的道路的行为被合理化。靖国神社是一个过滤器，它把人们因战争而产生的怀疑和苦闷过滤掉，转化成对死者的敬意，它把遗族因亲人战死而产生的悲哀过滤掉，转化成感动和自豪。而本来是战争的发动者、致使这些死难者死亡的国家，在这个过滤的过程中并未出现，或者说是以死难者为之献身的崇高目标而出现的，于是国家成功地免于成为遗族们不满情绪的发泄对象，就这样，侵略的逻辑变成了献身的逻辑，死亡的阴森可怖变成了值得歌颂和感动的崇高献身。正像小泉纯一郎参拜靖国神社后的发言中所讲的一样，“日本今天的和平与繁荣是建立在他们的宝贵的牺牲的基础之上的，所以我每年都要来此发出和平的誓言”②，通过把战死者的牺牲解释成

---

① Basil Chamberlain, *The Invention of a New Religion*, LONDON: WATTS & CO., 17 JOHNSONS COURT, FLEET ST., E. C. 1912. (http://hoary.org/scand/invent.html)

② 小泉在 2001 年 8 月 13 日参拜靖国神社之后的讲话，转引自祁隆编著《靖国神社揭秘》，新世界出版社 2003 年版，第 177 页。

为"日本今天的和平与繁荣"而战，经过靖国神社的过滤之后，战争的逻辑就这样具有跳跃性地变成了和平的逻辑。

正是因为如此，靖国神社在根本上显然不是个宗教问题，那些在靖国神社里被祭祀的，正是为日本"国体"而战死的人。菱木政晴指出，靖国信仰的三个最根本的要素是，将本国的战争化为正义的"圣战"，将阵亡将士美化为"为国而死"的"英灵"，以及"彰显""英灵"，号召其他国民"继承英灵的遗志"。[①] 战后靖国神社宗教法人化，成了一个宗教实体，而按照战后政教分离的民主化原则，国家对靖国神社的事务是无权干涉的。日本宪法第20条规定："任何宗教团体都不得从国家接受特权或行使政治上的权利"，"国家及其机关都不得进行宗教教育以及其他任何宗教活动"。面对中、韩等国群众要求将靖国神社里合祀的甲级战犯分离出去的要求，维护靖国神社的一派就是以这违反了"国家机关不参与宗教事务"的宪法原则来做挡箭牌的。靖国神社不是一个纯粹的宗教问题，包括日本以外的民众在内的有些人把靖国信仰看作日本传统的"御灵信仰"的体现，这种观点就如同将国家神道看作日本自古以来民俗信仰的延续的观点是一样的，靖国神社对日本的"御灵信仰"而言是异质的存在，对它身上非宗教的一面的揭示，是深入靖国问题的第一步。

结　语

本章以近代国民国家建构过程中对宗教性的需要为切入点，对日本近代前后宗教与政治的关系进行了分析，在此视野之下讨论了作为近代国家国民统合手段的国体论中宗教性的一面。西方早发国家在政教分离的前提之下仍需要某种宗教性来维持国民对国家的忠诚，而作为缺乏强大宗教背景的日本而言，只能创造出一个宗教的代用物，这就是依托于国家神道的国体论。

从明治初期的宗教政策和民间信仰的现状来看，国家神道在近代只是一种国家祭祀，严格说来它并不具备宗教的特质，这是第一层。而虽

① ［日］高桥哲哉：《靖国问题》，黄东兰译，孙江校，生活·读书·新知三联书店2007年版，第28页。

然在法律、制度层面上是规定了宗教信仰自由的世俗主义国家，名义上所有信仰都是自由的，但任何信仰却都不能与以祖灵信仰为轴的日本人的淳风美俗即风俗上的国体论相悖。虽然国家神道不是宗教，但从它发挥的意识形态功能来看，它使政治权力具备了一种超政治的力量，对国民的精神生活和世俗生活进行严密控制，在这个意义上，日本建立的近代国家（国家神道）又具有确定无疑的宗教性。这是第二层。厘清了国家神道的定位和历史功能，国体论的性质和功能也就清晰起来。

国体论是不以宗教的形式表现的宗教性的存在，因此国体论也被称作“非宗教的宗教”（nonreligious religion）。“国体”是超越一切政治的概念的，而国家神道也是超越了一切的宗教，成为一种“超宗教”的存在，在这个意义上，它与国家神道是同构的关系。国体论的意义只有在这个层面上才能得到正确的理解。

第六章　国体论与国民国家建构

——若干理论问题的探讨

本书所研究的“国体”不是指西方政治学里的概念，而是在日本近代被广泛使用的一个专有名词。日本以“国体”一语翻译过来的西方政治学的词汇原本是一个具有清晰含义的概念，然而日本的“国体”却长期以来定义模糊不清，日本的政界、学术界和思想界围绕着“国体”曾产生过几次大的争论，但“国体”的定义却愈争论愈暧昧，愈澄清愈不明，使得“国体”这个概念历经一百来年仍然无法得到一个清晰的定义。

本书通过以上几章的论述试图强调，“国体”并不是个单纯的语义学的问题，它在日本近代不仅仅是一种概念、一种思想，同时还是官方确立的意识形态，在这一词语的背后，反映了日本近代国家建构的全过程，以及日本作为一个非西方世界的国家所选择的独特的近代化道路。与现代政治学里常见的那个清晰的概念不同，日本的“国体”是一个多含义、多侧面、多层次的概念，以至于在西方政治学里无法找到一个概念可以和它相对等。正因为“国体”所指代的事实是多领域、多侧面的，所以它的概念才不唯一。

概念的不一致反映了概念背后的事实不一致。日本的“国体”所指的并不仅仅是政治制度的问题，而是同时涉及了近代日本的社会和宗教等领域，日本的“国体”之所以无法在西方政治学里找到一个对等的概念，正是因为日本近代化过程中在国家、社会与宗教等领域体现出的特征与西方国家的近代化存在着诸多的不同。而这一现象并不仅仅存在于日本的“国体”问题上，在中国，如“国家”、“民族”等概念也存在着以西方现有的理论框架难以解释的问题。厘清这些概念在东方国家本土语境里的含义，是学问的第一步，也是深入理解东方国家的一个有效的途径。

一　日本国民国家建构的特征

如同19世纪后期意大利独立运动政治家阿塞里奥所说过的“我们已经创造了意大利，接下来我们必须创造意大利人”那样，从结果上来说，欧洲较早实现近代化的国家，其国民国家建构的模式大都是先形成“国家”（state）后形成“国民”（nation），即先是打破封建割据状态形成统一的中央集权国家，然后再以这个统一的国家为前提，通过启蒙形成国家的理性化和“国民”化，在启蒙的过程中，个人的自由、权利观念得以展开，并以与国家权力相对抗的形式形成“人民”和市民社会。

日本近代国家的构建也包括了形成“日本”和形成“日本人”两个任务。所谓形成“日本”即打破封建割据，建立“与万国对峙”的主权国家（state－building），形成“日本人”简单来说就是塑造国民认同，使民众的忠诚对象由血缘和地缘共同体移至国家，作为自主的个体参与国家的建设，即形成“国民”（nation－building）。有的历史学家如信夫清三郎将前者作为民族革命的任务，把后者作为资产阶级革命的任务。[①] 如此也形成了在对明治维新的评价上将这两个任务一分为二予以分别评价的情形。劳农派对资产阶级革命持肯定态度，而讲座派则强调封建制的残存和天皇制的绝对主义性格。然而，当日本这个非西欧世界的后发国家开始近代化的时候，正值西方资本主义世界发展到帝国主义阶段，亚洲国家一个个沦为西方列强的殖民地和半殖民地，日本在西方列强的环伺之下，随时有沦为殖民地的危险，这些世界史的因素就使得日本近代国家的形成采取了与西欧不同的模式。由于是在外来压力下被迫进行近代化，因而建立近代的统一国家即形成“日本”就成了首要的课题，而形成国民（“日本人”）就成了在近代国家建构课题之下附带的课题。由于外部危机的压力，个人的自由、权利的概念就以与国家建构相结合的形式出现。借用明治初期广泛使用的“国权与民权”的说法，就是对民权的宣扬首先是以国权的确立为课题，是为了国权的确

① ［日］信夫清三郎：《日本政治史》第三卷，吕万和、熊达云、张健译，上海译文出版社1988年版，第1页。

立才伸张民权。因此明治国家建构的第一个特征就是民族主义。

明治国家建构的第二个特征是国家主义。近代国家建构时所面临的内外部环境，在很大程度上决定了对国家权力的职能和范围寄予什么样的期望和设计。比如美国的国家形态是在反抗母国英国对自身权利的侵犯过程中形成的，所以形成了一种限制国家权力的反国家主义的政治文化，如保护个人权利的宪政政府、三权分立、联邦主义，等等。而日本则不同，由于外来势力的威胁，日本的国家形态是在如何能避免沦为西方列强的殖民地、维持民族独立的危机意识之下诞生的，其近代国家建构的首要课题是创立一个能“与万国对峙”的统一国家。明治国家的建构者们担心的首要问题不是国家权力过强会对个人权利和自由造成侵害的问题，而是如何才能创造出一个强有力的中央集权，将分散的各级地方势力收缴到中央，凝聚全国的力量实现近代化。由此产生的国家建构的方向就不是如美国那样限制国家权力，而是一切以国家为首要目的、强化国家权力的国家主义。

第三个特征，是目的意识性或意识形态性。日本的国民国家建构不是自然形成的，而是有着很强的目的性和人为因素在内。丸山真男曾借列宁“自然成长性”和“目的意识性”之语指出，“英国就是‘自然成长’的近代化的典型。也就是说，它不是按照实现近代化的愿望去推进近代化的，其近代化是作为历史发展的自然结果出现的”。“而越是后进国，越具有目的意识。因为在那里，事先有了近代化的模式，只是以其为目标来推进近代化。由于是‘目的意识性’的，因此当然会带上较强的意识形态性格，亦即是某种意识形态指导下的近代化。同是在西方，美国独立革命比英国革命的意识形态性强，法国革命比美国的意识形态性强。其理由也在于此。”① 而作为后发国家的日本在推行近代化的时候，这种目的意识和意识形态性就更为明显。

明治政府有志于建立一个近代国家，而这个课题又可以分成两个，一个是形成“日本”，即建立独立且统一的中央集权的“主权国家”，以此“与万国对峙”，这可称之为政治上的统一；另一个则可算作精神上的统一，即面对“开国”后源自西方的思想、宗教和制度等的急剧

① ［日］丸山真男：《福泽谕吉与日本的近代化》，区建英译，学林出版社 1992 年版，第 17 页。

涌入，如何建立一个能与之相对抗的强有力的意识形态的统合，使日本在急剧的近代化也即不得不欧化的过程中能使日本“不失之为日本”。第一个课题是首要的任务，在德川幕府辞官纳地“大政奉还”之后，各藩纷纷“版籍奉还”，之后通过废藩置县，明治政府将原本分散在各级地方势力中的多元权力收缴上来，集中到中央；另外，实行征兵制，建立了国家的常备军，并通过租税改正等措施建立了中央的财政基础。近代国家机构所需的行政官僚体系、常备军、司法制度、税收制度、固定的主权等，在日本都得以建立。

而明治政府面临的第二个课题就比较复杂。金耀基曾将现代化分为三个层次：第一层是“器物技能层次（technical level）的现代化”，第二层是“制度层次（institutional level）的现代化”，第三层是“思想行为层次（behavioral level）的现代化”。[①] 这三个层次逐级递进，相较前两个层次而言，第三个层次所涉程度最深，牵扯到社会的信仰系统、价值系统、社会习俗等最内层的要素，因而最容易受到抵制，实行起来也最为困难。其实将现代化分为三个层次只是为了分析的方便，实际上，制度和思想、精神层面是难以截然分开的，促使某种制度形成的往往是与之相应的某种精神，而这种精神在促使制度形成之后还会对制度形成某种支撑。也就是说，如果把制度比喻为树木的话，那它的生存其实依赖某种精神的土壤，制度作为某种规则可以移植到别国，但是由于精神土壤的不同，这棵树木可能会长成不一样的形状，开出不一样的花朵，甚至枯死都是有可能的。在现实的层面产生出南橘北枳的结果几乎是不可避免的（这里不把橘和枳看作优劣之分）。我们已经看到，自由主义虽然源自英国，但是在英国、法国和美国的表现却非常不同。

如英国这样的先发资本主义国家，其近代化是“自然成长”的结果，其立宪制来自历史上的沿革，民众有自主参与政治的习惯，同时对王权的滥用也形成了制约。而日本这样的后发国家，其近代国家建设具有极强的“目的意识性”，其立宪制是自上而下推行的，日本历史上没有立宪的传统，国民也未受过这方面的政治训练，一旦实行立宪政治，就是公开承认在政治领域内可以有政党的对立和意见的不一，而没有立宪传统的日本能否有效将这种对立和矛盾收弭到体制之内，不形成对体

---

① 金耀基：《金耀基自选集》，上海教育出版社 2002 年版，第 8 页。

制的动摇，明治初的政治家们对此一直存有忧惧。当时的政治家担心，如果要在日本形成如西方那样的立宪传统，就要接受西方的个人主义思想，而在日本旧有的道德体系解体、新的价值体系尚未建立之前，这很可能会导致社会的动荡。由于把解放了的"个人"看作是对体制的巨大威胁，当时日本的统治者并不想在日本建立以个人主义为基础的精神土壤，因此在引进西方君主立宪制的时候，日本没有一并引进其背后支撑这一制度的精神。为了从精神上对立宪制予以保证，伊藤博文等人才想到要在日本的传统中寻找可支撑立宪制的"机轴"，其结果是选择了在民众中树立天皇信仰，靠天皇与民众间的感情联系中和政治领域里的对立和纷争。所以，国体论是为了第二和第三个层次的近代化而被引入的。

明治国家建构的第四个特征，是国家的二元性或双重结构。相对于西方国家先是由绝对主义的政治体制奠定近代国家的基础和框架，再以此为基础向近代国家过渡，日本则由于时间的紧迫，而不得不将在西方世界分两步走的过程放在一个阶段里完成。这为承担日本近代国家建设的政治家们提出了极为复杂和艰难的任务，明治维新要同时完成两个课题，一个是强有力的中央集权国家的形成，一个是民族主权国家的形成，在多方摸索和试错之后，他们创出了一种表面上呈现为君主专制、内里运行君主立宪的国家体制，这使日本近代所建立起的国家体制实际上同时具有两种相互矛盾的性格特征：在政治体制上，天皇制同时存在着君主专制和君主立宪两种面目；在意识形态上，国体论存在着"显教"和"密教"两种运用方式，"显教"的天皇是至高无上的"神"，并作为"家父"君临万民，拥有绝对不可置疑的权力和权威；而"密教"的天皇只是国家的法人，其权威和权力受到宪法和议会的制约。这种二元特征正是明治的立国者经过多方试错后苦心孤诣的创造。

二　国体论的含义与内容

从"国体"一词的衍变史中可以看到这样一个现象，即作为一个词语，"国体"早在公元 7、8 世纪就已经出现，然而"国体论"的出现却要等到 19 世纪。也就是说，"国体论"出现的时滞暗示着国体论的成因不能简单地追溯到"国体"一词出现的源头上去，因为"国体"一词虽出现得早，但直到 19 世纪才开始成为一个不论不可的问题。这一现象在思想史上具有的意义长期以来被许多研究者所忽略，他们惯常将视线投向国体的连续性，而对幕末的“国体”一词与以前用法的断裂的一面没有给予足够的重视。对于这一点，狂热的皇道论者里见岸雄倒是说得中肯，他说：“国体论是论究日本的国体的，所以如果还没到感觉需要论述的时候是不会产生国体论的。”① 换言之，国体论之所以能够产生，就是因为出现了对国体的自觉意识（consciousness），这种自觉驱使人们对日本的国家体制进行重新认识、解释甚至夸扬。一般来说，这种对自身认同的自觉往往是在出现了他者的刺激之后才会出现，也就是说，它往往发生在与异质民族和文化进行大规模接触的时候，但是日本近代以前这种经验大体上有两次，一次是与中国和朝鲜文化的接触，一次是德川末期与西欧文化的大规模遭遇，但是为什么成规模的国体论在前一次没有产生，却在第二次出现呢？一个很重要的原因是，第一次从中朝吸收先进文化，日本有相当的主动性和余裕，它有选择和有步骤地摄取并在本国进行了消化和修正，而且相对来说，这种大陆文化对日本不具有威胁性。但第二次则不同，日本两百多年封闭的国门是被迫打开的，西方文化的蜂拥而入使日本面临着丧失主权和民族文化的危机，面对这种以最先进物质文明为后盾的强势的西洋文化，日本漫说已经不再具有好整以暇的余地，而且还面临着国家解体的危机。国体论正是在这种强烈的民族危机意识之下产生的。作为对“日本”这个国家的自我认知论，国体论最初并不要求对幕藩体制进行革命性的改革，它只是一种强化绝对主义体制的要求，但它的发展逐渐超出了当事者的意图，从最初的敬幕论变成倒幕论，并最终走上一条对近代民族国家这样一种前所未有的、全新的政治单位进行摸索的道路。从如何建立一个近代的国家体制，到建立之后如何维持，国体论自从幕末出现在历史舞台上之后，其在历史上的每一次勃兴，都与日本对近代国家体制的思索与焦虑相重叠。日本的近代国家建构始终与“国体论”这一现象密不可分，这不仅是日本独特的近代化道路的一大特征，也是对日本近代政治过程和民族认同产生重大影响的一个问题。

简言之，国体论是解释日本的“国体”是什么以及它为什么优越的

① 里見岸雄：『国体論史』上（『日本国体学』第三卷），日本国体学会 2007 年版，第 41 頁。

言论与学说。它以天皇的统治为核心内容，宣扬日本是神的国家、天皇的统治为万世一系、日本乃一大家族国家、君民关系并非建立在社会契约之上而是基于浓厚的感情因而情同父子等，这些特征以及与之有关的风俗传统在内的国家特质统统被称作"国体"。国体论者声称日本的"国体"是其他国家所没有的，因此常在"国体"前冠以"万邦无比"、"金瓯无欠"等形容词，用以表达日本民族的独特性和优越性。国体论从明治起就被确立为日本的国家意识形态直至战败，它为天皇的统治赋予了政治正当性，而它对日本民族特性的强调也发挥了统合民众、确立民族认同的作用。

"国体"的含义虽然暧昧不清，但依然可以从以下三个方面指出其内容和实质。（1）政治性的侧面。国体不仅仅体现为政治制度（天皇制），同时还是其背后的运作原理。由于日本作为后发国家，其近代国家建构不得不将西方世界里分两步走的课题——绝对主义国家和国民国家的形成——放在一个阶段里完成，这种日本近代国家建构的特殊性给日本在政治体制上造成的影响，就是天皇制同时存在着君主专制和君主立宪两种面目，于是作为天皇制体制的政治合法性理论和国家支配原理的国体论，也因之呈现出"显教"和"密教"两种面目。在国民的中小学教育和军人教育中使用"显教"，天皇表现为集政治上的绝对权力与精神上的权威于一身的绝对君主形象。而在大学教育等高等教育和高等文官考试中，即在将来有望成为国家栋梁的精英阶层则使用"密教"，天皇是只拥有有限权力和象征性权威的立宪君主。国体论内部的二元性——源自欧美的立宪主义思想与幕末以来作为日本民族独特性诉求的本土意识形态——之间既对立又相互补充，成为推动日本近代政治进程的动因之一。（2）社会性的侧面。相较西方现代政治学里多将国家和社会看作一对对立的概念，日本近代的国家和社会并没有那样清晰的界限，日本传统上并不是一个建立在个人主义基础上的社会，在近代也有意识地不把国家建立在个人主义基础之上，这就形成了日本独特的国家与社会的关系：其国家与社会不是对立的概念，而是国家渗透甚至包括了社会，政治的原理渗透到了社会生活的方方面面。国体论在体现为政治性的同时，还是一套社会组织原理和价值体系，包含了日本人的国家观、道德观和伦理观，与日本的民族认同息息相关，是关系到日本民族存续的重大问题。（3）宗教性的侧面。日本的近代国家呈现为一种与西方近代国家似是而非的政教关系。国体论一方面通过国家神道形成了一个以天皇为顶点的、金字塔形的国家祭祀体系，通过这种神社的等级体系来支配国民的信仰；另一方面又通过教育敕语、国民道德论等国民教化手段对本属国民私人领域的伦理和道德进行支配，以“非宗教的宗教”的形式对国民的忠诚进行着宗教般的极端要求。

国体论是日本作为一个非西方的后发国家，为了达到短时期内迅速完成近代化的目标而选择的一种近代化手段。而日本最终走向法西斯主义和军国主义道路，是这种手段最终丧失了手段意识而自身变成目的的结果。然而吊诡的是，本是为了实现并维护日本民族独立而出现在历史舞台上的国体论，最终却成为妨碍日本民族真正独立的最大障碍。

三　国体论的历史功能

虽然“国体”的定义暧昧不清，却不妨碍它功能的发挥。在幕末以及明治前半期，它成功地发挥了统一民族意识、聚合民族力量的作用。在幕末时期，正是国体论成为尊皇攘夷运动的思想依据，推翻了幕府统治，在列强环伺之下维持了国家的统一和民族的独立。在明治前半期，强调天皇万世一系的国体论被确立为国家意识形态，为本来远离政治中心的天皇赋予了政治正当性，并通过对国民的长期国体教育，确立了民众对天皇的绝对服从。可以说直到大正时期之前，国体论作为近代国家建构的核心意识形态，更多的是发挥了统合国民的功能。

但是到了大正时期，国体论功能的重心开始转向防御与排斥。因为在经历了明治自由民权运动和大正民主运动以后，个人意识在一定程度上被唤醒，源于西方的自由主义、民主主义和共产主义等思想逐渐传播，再加之经济危机和战争导致的阶级矛盾的激化，日本的统治阶层感受到了人心和社会变动的危机。为了防止这些根源于西方的“危险思想”渗透到民众当中，引起社会体制的重大变革，并缓解和转移阶级矛盾，必须要对这些思想进行压制。于是国体论就以其不可置疑的绝对价值特征变成了一种禁忌，一旦涉及国体的讨论，学问的问题马上就变成政治问题，被认为是有可能造成体制变革或民心不稳的学问和思想一概被扣上“反国体”的帽子，持这种思想的人被攻击为“非国民”并遭受打压。

国体论在日本近代史上发挥的作用具有两面性。它一方面具有从封建制向近代国民国家转化的革命性，另一方面有从封建社会脱胎而来的统治阶级的自我保存问题，使它又具有保守和反动性。更由于其中一直贯穿了日本民族的自我保存这条线，使得问题呈现出更为复杂的面貌。概言之，国体论作为一种官方意识形态，大致可以从以下几个方面揭示其历史功能。

（一）为天皇的政治统治提供合法性

由于将西欧国家分两步走建立近代国家的过程压缩到一个阶段里完成，战前日本的近代国家体制中存在着两种相互矛盾的设计。一方面，要形成中央集权的绝对主义国家，就需要有一个单一的权力主体，实现权力的一元化。明治初期被赋予这一任务的是天皇，但是天皇经过了长期的武家政治之后久已远离政治的中心，也远离民众的生活，因此为了强化天皇的权力和权威，国体论被确立为官方意识形态，宣扬日本是天照大神的子孙统治的民族、天皇的统治万世一系，借此为天皇的统治赋予正当性。

而另一方面，日本依然要建立一个立宪主义的国家，建立近代的法政体系，以获得欧美诸国的承认，这就要制定宪法，开设国会，形成政党政治，天皇就不再可能是拥有绝对权力的专制君主。这给日本在政治体制上造成的影响，就是天皇制同时存在着君主专制和君主立宪两种面目，天皇的地位也存在着专制君主和立宪君主两种设计，这导致了国家体制二元原理的产生。明治建立起的是绝对主义（专制统治）和有限主义（立宪政治）的混合体制，这就是战败前日本国家体制最具特色的地方。在绝对主义国家阶段要促使天皇的绝对权力的形成，天皇就呈现为绝对主义君主的面目，但是虽然把天皇置于统治体系的顶点，明治初期的政治家又担心因此会使天皇陷入政治斗争的旋涡之中，导致“万世一系”的皇室处于不利位置。因此又借国体论宣扬君臣大义和家族国家观，从道德和伦理的角度解释天皇与臣民之间的关系，试图将民众中积攒的矛盾与不满通过非政治的渠道排解掉，确保体制的稳固。

于是国体论也呈现出“显教”和“密教”两重面目。在向民众宣扬的时候，在国民的中小学教育和军人教育中使用“显教”，把天皇解释为拥有绝对无限的权力和权威，以此获取民众的绝对服从。而在大学教育等高等教育和高等文官考试中，即在将来有望成为国家栋梁的精英阶层则使用“密教”，宣扬君主立宪，把天皇看作国家的机关，权力要受议会和宪法的限制。明治国家就是在这两者微妙的、主动的调和之上确立的。然而意识形态的统合，遮蔽了国家原理的二元性。在明治时期，“显教”和“密教”尚可勉强维持平衡，但在进入大正时期之后，“显教”渐渐超越并最终压制“密教”，成为日本最终走上军国主义道路的思想动力。

（二）为日本特色的近代化道路提供正当性

在作为后发国家的日本开始近代化的时候，作为其模板的西方国家已经发展到了帝国主义和殖民主义的阶段，近代的病理性特征在这个时候的西方国家已经出现，所以日本的近代国家建构中同时并存着两种相互矛盾的意图：一方面要脱亚入欧，争取进入西方列强的俱乐部，另一方面又要反西方的近代化病理；一方面要近代化，另一方面又要对抗并超越西方的近代化。虽然国体论在本质上无法完全拒斥西方文明，但在表象上，却把近代西方文明与国体论设为对立的两极，试图用国体论这一极去克服近代西方文明的困境。国体论是一贯地以彰显日本特性来对抗西方的，作为一种反抗西方的近代主义的想象而发挥作用。在文部省1937年发行的《国体之本义》中，就把作为西方近代病理最显著表现的法西斯主义、纳粹和经济危机归为西方的个人主义所致，并强调日本应以“万古不易之国体”克服西方个人主义的危机。但尽管如此，当日本以八纮一宇的口号进行对外侵略扩张的时候，同时却又最忠实地实践着西方的强权逻辑。这种两面性的并存根本上源自于日本作为后发国家以及非西方国家在近代化道路选择上的困境。

（三）民族共同体的心理防御机制

作为后发国家，日本的民族主义从产生到发展都具有与西欧发达国家不同的特征。这直接与日本形成近代国民国家的过程相对应。日本的民族意识是在幕末欧洲势力的冲击下觉醒的，为了免于沦为欧美列强的殖民地，它自始就与日本民族的自我保存密不可分。面对西方雄厚资本的进攻，当日本被迫以“开国”的形式进入西方发达国家主导的国际社会的时候，也对自身作为一个统一的集合体产生了自觉。作为后发国家，日本的统治阶层在意识到不学习西方文明将无法维持自身统治的前提下，又时刻警惕在不得不欧化的过程中如何保持日本的独立性，即“使日本不失为日本”。因此尽管各自的立场和程度不同，但在日本的整个近代化过程之中，对日本民族独特性和优越性的诉求一直执拗出现。Joseph M. Kitagawa 曾提到，世界上任何地方的民族集团都有他们独特的对民族认同的看法，从这一点上来说，日本人并没有什么独一无二的，但他同时也认同 William Theodore de Bary 教授的观察，即"如果说日本在这一点上有什么与众不同的话，那不是因为他们拥有那样的认同，而是他们是如此的自我意识到它"①。从幕末直到第二次世界大战战败为止，国体论同时承担了构建并维持日本民族认同的作用。

从幕末的"早期民族主义"开始，近代日本民族主义的历次勃兴几乎都是在维护"国体"的名义下进行的，它诉诸日本独特的"国体"，并以维护"国体"为由对自身进行正当化。这一方面是因为，本来国体论就包含了宣扬民族独特性与优越感的民族主义的要素，当它将日本民族优越性的根据向以天皇为中心的民族共同体上去寻求的时候，国体论自身即体现为一种民族主义。另一方面也是更重要的一面是，国体论是明治以后近代日本确立的国家意识形态，并自上而下地对国民进行了长期的国体教育，这使"国体"早已内化到近代日本的精神结构中，也在事实上凝结了日本人对自己国家和民族的认同。自从被确立为天皇制国家的意识形态以来，国体论作为唯一的正统思想，不仅为天皇统治提供正当性依据，规定了民族主义的发展方向，还同时发挥了抵挡自由民主思想渗透的防波堤作用。从积极一面来说，它发挥了统合民众的作用，有利于动员作为一个整体的国民的力量，从消极一面来说，作为唯一正统的思想，对于它自认为有动摇统治秩序之虞的人及思想，一概扣上"非国民"和"反国体"的帽子打击为异端，显示了无与伦比的暴力作用。

因此，国体论与近代日本民族主义的结合不是一时性的，而是结构化，一直持续到战败。平时国体意识作为渗入民众日常生活的一种习惯，基本上不被意识到，但一到民族性危机到来或认为体制有被动摇的危险时，就马上从民族的潜意识里浮现出来被反复强调。

所以，"国体"的定义是否暧昧不清已不是重要的问题，正如勒庞在《乌合之众——大众心理研究》里对集体无意识和潜意识所分析的那样，那些在群体中产生了广泛影响的观念，其威力只同它所唤醒的形象

① Joseph M. Kitagawa, "The Japanese 'Kokutai' 〈National Community〉 History and Myth," *History of Religions*, Vol. 13, No. 3, Feb. 1974, pp. 209 - 210.

而非它们的真实含义有关。只有这些避免了分析和批判的观念，才能在群体眼里具有自然甚至是超自然的力量，让群体“肃然起敬，俯首而立”，“它们在人们心中唤起宏伟壮丽的幻象，也正是它们含糊不清，使它们有了神秘的力量。它们是藏在圣坛背后的神灵，信众只能诚惶诚恐地来到它们面前”①。

四　国体论的内在矛盾

（一）民族与民主

在中国清末和日本幕末时期，两国同样面临着西方帝国主义势力强制开国的威胁，两国的开明知识分子都曾试图变法维新，但却结果迥异。中国在 19 世纪后半叶遭受了帝国主义列强的蚕食和瓜分，沦为半殖民地。而日本则成功地实现了富国强兵，不仅在非西方世界成功地建立起最早的民族主权国家，而且成为西方列强帝国主义阵营中的一员。长期以来备受关注的是这一结果，而这一结果深刻影响了后来中日两国近代民族主义的发展方向，却往往处于人们的视野之外。中国清末统治阶层内部的保守势力非常强大，即便是非常有限的革新他们也难以接受，反而为了维护自身的统治与帝国主义相勾结，他们对旧秩序的顽固维护虽然导致了以保守维新方式进行的近代化的失败，但同时也使他们自身成为以反帝国主义为使命的民族主义的反抗对象。所以在近代中国，反帝国主义和反封建两个课题是捆绑在一起的，从孙中山到毛泽东，中国近代的民族主义中一直贯穿着反封建、反旧秩序的政治体制革命的课题，作为民族主义主体的大众和作为客体的封建体制之间是被压迫与压迫的关系，存在着清晰的二元对立。

然而，日本明治维新建立起来的国家体制则具有相当的复杂性，明治维新的主体尽管也带有浓厚的封建性，但他们的统治是在推翻了幕府封建统治秩序的基础上建立起来的，他们既是旧秩序某种程度的维护者，同时又是新秩序的建立者，民族独立课题的完成和近代化在物质层面的高度成功为他们建立的国家体制赋予了无可辩驳的政治正当性。在其正当性尚未被解除的时候，这一体制难以成为民众阶级意识和斗争的

① ［法］古斯塔夫 · 勒庞：《乌合之众——大众心理研究》，冯克利译，中央编译出版社 2005 年版，第 83 页。

对象。天皇制既是压制民众自由与民主的罪魁祸首，又是成功实现了民众统合功能的日本民族独立和荣耀的象征，它一方面作为赤裸裸的权力机构表现出冷酷的暴力性特征，一方面又作为民众生活共同体和淳风美俗的象征，表现出温情脉脉的爱意。只要其作为民族共同体象征的作用仍在发挥，天皇制就很难被划拨到民众的对立面。因为“官僚的命令尚可以反抗，但对于以天皇或国家的名义所做的共同体氛围下的压迫就缺乏抵抗力了”[①]。这就是近代日本民族主义的一个重大困境，由于上述问题的存在，民众与其本应反抗的客体（统治阶层、国体、天皇制）之间不具备鲜明的二元对立，日本民族主义的正当性是被统治阶层及后来的右翼所垄断的，因而难以被赋予社会革命的课题，难以出现对体制和秩序的真正反抗，虽然有过纠正不均衡和矛盾的努力，但最终都复杂地与为体制赋予正当性的方向合流。

这种两面性的并存极大地增强了对立的隐蔽性，也增强了民众反抗的难度。历史学家色川大吉曾经说过，在战前的天皇制下，民众与统治者之间并非没有矛盾，而且这些“不满和矛盾”在本源上是与统治者相对立的。“但这些不满、矛盾和怀疑，却绝不会直接上升为阶级思想。这种日常生活中不断产生的不和谐，在渗透进日常生活中的制度性、习惯性的官方意识形态的作用下被随时随地地消解掉，或是给了他们已经解决了的幻想。在这个意义上，官方意识形态直接变成了民众意识的构成要素（后略——引者注）。”[②] 也就是说，官方的意识形态尽管是统治阶级的炮制，但它又的确在日常生活中发挥了疏导民众不满情绪和安定团结的功能，这使它与民众意识难分难解地纠缠在一起，根本不呈现为明确的“敌—我”对立关系，无法被泾渭分明地分开。这一方面是由于政治的社会化，使建立在一定虚构基础上的意识形态被民众所接纳，成为真实的民众意识；另一方面就是，虽然对“于国体有碍”的行为有着过敏般的反应，但以国体为口号的天皇制对知晓“密教”这一层的人群的确存在相当的“宽容”。竹内好所说的天皇制“也有‘仁慈’

---

① 竹内好:「権力と芸術」,『新編日本イデオロギイ』所収，筑摩書房 1973 年版，第 386 頁。

② 色川大吉:「天皇制イデオロギーと民衆意識（序説）」,『明治精神史』（下）所収，岩波書店 2008 年版，第 304—305 頁。

的一面”①，也包含这一层意义在内。对于在著作中触犯国体禁忌的许多学者，来自体制的惩罚并没有过于严酷。国体论的推行者井上哲次郎在1926年因著作被攻击为“不敬”后，付出的代价仅是辞去公职。1935年因“天皇机关说”被指有违“国体”而遭打压的美浓部达吉，最终遭遇是著作被禁和辞去公职；在战前揭露了《古事记》和《日本书纪》中皇统神话的虚伪性、指出其不过是为天皇统治赋予正当性的“政治述作”的津田左右吉，1940年遭到打压，著作被禁，被迫辞去教职，并被判违反出版法，但最终予以免诉。虽然也有小林多喜二、户坂润和三木清等入狱并在狱中死亡的事例，但在多起思想弹压事件中并不占据多数。就连站在体制对立面的共产党，天皇制也没有靠制造血的恐怖来对待。锅山贞亲、佐野学、河上肇等日本共产党员虽被捕入狱，但在狱中对日共废除天皇制的纲领表示怀疑并发表了“转向”声明后，终被释放。只要国体观念在他们内心“复苏”，并不需要以执行死刑来压制，日本对政治犯的如此态度曾令德国的秘密警察为之惊讶。

作为精英阶层的知识分子虽然对国体论的工具性不是没有认识，但他们对国体的态度却依然真挚，统治和精英阶层试图在国民层次上确立“国体信仰”，但他们自身也许是他们这一创造物的最早的信仰者。之所以如此，就是因为国体论中实际上包含了政治精英和知识分子对日本民族的延续性和对日本未来走向的真实思考，他们在日本传统和文化中寻找那些他们认为可以有效缓解日本急剧近代化所带来的问题和危机的因素，并以国体论的形式确立下来，于是国体论在两层意义上脱离了起初的虚构，变成了真实。一是统治和精英阶层并非完全以工具性的态度对待国体论，而是同时为其赋予了价值性。二是在第二次世界大战战败之前，经历了长期国体教育的日本民众确实没有形成鲜明的阶级意识，这也反过来为国体论中“家族国家”的宣扬提供了支撑，这当然是一种循环的方式，但也正是国体论的创制者所希望看到的结果。

丸山真男也曾指出，《共产党宣言》中说过，迄今为止存在的一切社会的历史都是阶级斗争的历史，所以日本的马克思主义史学家也惯于在日本的历史中寻找被统治阶级反抗和斗争的史实。然而丸山指出这些反抗却并不怎么成功，这是因为“日本的历史要说是阶级斗争的历史，

---

①　竹内好：「権力と芸術」，『新編日本イデオロギイ』所収，第392頁。

不如说是被压迫者一边背地里抱怨、一边却又终于忍气吞声顺从了的历史"①。这种不呈现为阶级斗争史的日本史，并非不包含民众的反抗，看看各时代日本农民起义的事件就可以明白，但这种反抗无法转换为尖锐的阶级意识和阶级斗争，在这其中，天皇制对民众的"恩威并施"所发挥的强大作用不可小觑。在这个意义上，作为意识形态被创造出来的国体论无疑又是真实的。它为日本民族的延续发挥了重大作用，但却是压制国民自由和民主的最大桎梏。

国体论本是为了维护日本民族独立而被创造出来的，但由于以压制民众的民主与自由为代价，却最终成为妨碍日本民族真正独立的最大障碍，这不能不说是历史的吊诡。

（二）统合与分裂

丸山真男曾经谈到社会的统合度与精神安定度的问题。他指出："一般来说，如果在一个社会中，个人同时从属于多个集团，个人的忠诚被分散化，那么政治权力就难以垄断国民的忠诚，或者在战争这种非常事态发生时，难以迅速地把国民的忠诚集中起来。但另一方面，在这样的社会中——尤其是这多个集团的价值原理和组织原则呈现多元化的情况下——如果个人被某一集团或是这一集团的价值原理排除在外，或是个人对它的归属感减退，那么这种排除和减退，都可以通过对他同时所属的其他集团或是价值原理更加忠诚而得到平衡，这个社会从整体来说，精神安定度还是比较高的。"② 但与之相反，如果政治权力垄断了民众的忠诚，虽然在统合民众方面具备优势，但由于忠诚渠道的高度单一化和政治化，在社会各领域里一旦积累起反叛的能量，很可能直接转化为政治的力量，一举指向政治的核心。日本在明治以后的历史验证了这一点，"日本帝国将德川时代还处于分散状态的权力、荣誉、财富、尊敬等社会价值，迅速地吸收到天皇制金字塔之内，一个个地制服有可能与其争夺民众忠诚的对手，并将对 nation 的忠诚转化为对组织（官僚制）的忠诚，又进一步将对组织的忠诚与对神格化了的天皇的忠诚合而

① 丸山真男：「ある自由主義者への手紙」，『現代政治の思想と行動』（増補版）所収，未来社 1964 年版，第 144 頁。

② 丸山真男：『忠誠と反逆——転形期日本の精神史的位相——』，筑摩書房 1998 年版，第 96—98 頁。着重点为原文所加。

为一（后略——引者注）”。[①] 这种体制迅速实现了国民统合，适应了自上而下急剧的近代化步伐，有助于在日本对外战争时迅速建立起举国一致的战时体制，但在天皇制国家体制终于建立起来的明治末年，日本也不得不经受其“赤子”发动的政治性叛变——“大逆事件”的冲击。不止如此，由于“国体”垄断了国民的忠诚和一切领域的价值判断标准，当战败导致“国体”遭遇覆灭危机的时候，附着在“国体”上的、作为日本传统之精华和日本民族优越性之体现的诸种价值也面临崩溃的危险，日本不得不再次面对如何维护传统和民族延续的困境，并面临国民精神瓦解的危机。这就是国体论以牺牲民主为代价获得高效社会统合功能而不得不接受的宿命。

（三）传统与近代

国体论体现了日本的政治和知识精英对近代化、对日本在世界史中所处的地位及未来发展方向的反思，同时又基于他们对日本传统和日本民族延续的思考，是试图在传统与近代之间进行调和的一种选择。

由于日本在极短的时间内迅速推行了近代化，在东西方学界有许多学者都对传统日本社会中是否存在有利于近代化的因素怀有浓厚的兴趣，并进行了多方考察。且先不论这些研究成果是否恰当，这些各自强调内发与外发的观点虽然相异，但相对而言都存在着一个共识，那就是日本在社会组织上是个不同于西方的社会。国体论的创造者和宣扬者对此是有清醒认识的，他们清楚西方国家的近代化模式并不能原样复制到日本，在这一点上，国体论也正是这种有日本特色近代化道路的正当性理论。

为了在欧化的过程中不失却本国的立足点，和在中国一样，日本也以“体”与“用”的方式来为欧化到何种程度设定一个界限，使日本不失之为日本。这是个朴素的想法，但这里面存在着巨大的矛盾。因为引进西欧制度的步伐迈得越快，对所谓的日本传统造成的侵蚀就越厉害。为了发展资本主义，必然要将人从对家和土地的连接中，分散成一个个原子的个人。近代化的过程就是打破封建传统的过程，资本主义的发展必定带来社会的变化，工业化和都市化会导致农民离开土地，加剧人员的流动，最终会导致把国民从家族等初级集团的束缚下解放出来，分解为原子的且是自

① 丸山真男：『忠誠と反逆——転形期日本の精神史的位相——』，第98頁。

由、平等的个人。而近代宣扬“四民平等”的教育必然表现出取代旧学的趋势，以西方为模版的近代法政体系需要以合法性规范人的行为，必然与之前建立在君臣、父子、夫妇、兄弟等特殊主义人际关系基础上的伦理体系相龃龉。法典的完备使妻子起诉丈夫、子辈起诉父亲的“有失伦常”之事的出现成为可能，最极端的例子，就是穗积八束在民法典争论中“民法出，忠孝亡”的论断。所以当明治维新以效仿西方的方式建立近代法政体系的步子迈得越急，以富国强兵为目的进行的自上而下的近代化推行得越快，国体论里想要维护的传统就被侵蚀得越厉害，体用二者之间必然产生“用”挤压“体”的空间的结果。颂扬臣民“克忠克孝”为国体之精华的《教育敕语》之所以发布，是由于基层社会的传统伦理关系面临解体的危机。家族国家观的大力宣扬背后，正是家族制摇摇欲坠的现实。国体论对传统的几近执拗的强调，毋宁说正是对这一现实有着清醒意识并为之所做的挽救的努力。

但这种挽救不是出于单纯的对传统的热爱，而是主要着眼于统治的稳固。国体论对西方的个人主义和自由主义的批判体现了这样一种姿态，即西方式的自由主义未必代表普适的价值，应该认可东方式集体主义的合理性，这是值得肯定的。但问题是，国体论者对日本精神的概括未必等于日本精神本身，因为集体主义被统治阶层用来做了利于统治的工具，国体论宣扬的集体主义与日本实际的集体主义也未必是一回事，因此不能把国体论与实际的日本精神等同起来。

现代日本社会以其对传统的精心保护而著称。但在这优雅的审美情趣之外，仍有必要在思想史的脉络中审视这“传统”中的许多方面，比如家族传统。日本社会学家作田启一曾指出日本和德国的法西斯在对待家族态度上的不同。在西欧近代化的历史上，资产阶级家庭起了保护个人并促进近代自我成长的作用，因此纳粹的强制性同化政策绝不放过家庭这一与个人最近的社会集团，甚至要青年人监视抱有陈旧观念的父母，并报告他们的背叛行为。纳粹独裁渴望旧家族制的崩溃。“但日本的国家权力却决不希望家族崩溃，相反，它相当热心于家族主义观念的渗透。”① 这是因为日本的家族独立性较弱，极易被外部社会渗透，因

① ［日］作田启一：《价值社会学》，宋金文、边静译，商务印书馆2004年版，第290页。

此日本的家族无法对个人提供足够的保护，甚至由于国家权力的逻辑以缩小的形式渗透进家族之中，个人在外部世界中会感到来自外部集团和所属集团这双重视线的制约。所以“日本近代社会中的近代自我，不是在家庭中，而是在对家庭的反抗中成长起来的”①。但正如孙歌在论文《投向“一草一木”的视线——以中国的视角透视日本的天皇制论》中指出的，日本的家族、“故乡”以及相关的价值在近代化过程中并没有被解体，反而在知识分子的世界里成了与现实不发生关系的静态的、抽象的、凝固的存在。② 它固然发挥了对抗外来的“近代”的作用，但也丧失了与现实的紧张关系，成为精神世界里的禁忌。因此对近代和传统这对关系的讨论无法在抽象的层面进行，一旦将二者以二元对立的方式抽象化，就必然丧失对现实的张力，也无法解决现实生活中的问题。

国体论虽时刻保持着对西方中心主义的警戒，却又滑向了日本中心主义。它以日本传统的面目出现，并一再地强化了“西欧—日本”的对立思维模式。值得注意的是，在战后国体论虽然逐渐消失，但取而代之出现了在历史重要关头兴起“日本人论”的现象。不管是日本成长为经济大国导致民族自信心膨胀的时候，还是政经方面呈现低迷亟须唤起国人自信心的时候，“日本人论”都大量出现，提倡日本人纯洁的传统，提倡回归传统，并到其中寻找能量。这与战前每当统治体制有被质疑和变动之虞就出现大量的国体论有着异曲同工之妙。

这些喷涌而出的大量“日本人论”著作，要么是在日本近代性的问题上将日本与欧美作为二元对立的实体化存在，忽略日本的传统中早已受了欧美文化大量影响的事实，要么是在强调日本具有超强的吸收外来文化并予以同化的能力的同时，进一步强化了日—欧对立的实体化印象。在这一点上与国体论无疑具有同样的效应。“日本人论”中那些情绪化的作品自不必说，而不乏学理性的著作中也可见到这样的问题。尽管有些试图打破西方现代化叙事的努力（最典型的是梅棹忠夫的文明的生态史观），但最终仍陷入被意识形态化利用的境地。对日本主体性的寻找，终被回收到日本民族独特性和自我民族优越论（自我民族中心主

① ［日］作田启一：《价值社会学》，宋金文、边静译，商务印书馆2004年版，第291页。

② 孙歌：《投向“一草一木”的视线——以中国的视角透视日本的天皇制论》，《名作欣赏》2009年第11期，第93—94页。

义）上来，这是个需要深思的现象，法学者长尾龙一称战后的“日本人论”为“新国体论”，恐怕就是在这个意义上而言的。

所以对于国体论内部传统和近代两者的纠葛，要脱离直观的思维进行深入的思考。丸山真男曾指出：“统一地把握这两重性，即执拗的持续性和激烈的变化性，在理解日本精神构造时是绝对必要的。是‘尽管残留了旧的东西但还是有新的东西进来’呢，还是‘正因为残留了旧的东西，新的东西才进来了’呢？（中略——引者注）而且近代日本的强国化和高度资本主义化，与天皇制意识形态的发展也并非没有关系。为了近代化，旧的东西被动员起来，所以传统与近代不仅仅是背反的关系，还必须看到正因为有了旧的东西（新的才确立——引者注）的这一面。”①

国体论所蕴涵的问题的复杂性，不仅仅是日本的近代化课题本身的问题，还包含着后发国家追赶在经济和价值观上都具有渗透力的西方发达国家的过程中所面临的共同问题。国体论不应当是个只属于过去的研究课题，它所蕴涵的问题点在当今世界更加激烈和范围更加广阔的现代化过程中仍然存在并在延续。对于它的思考可以、也应该能为现代社会提供一些启示。

① 丸山真男：『丸山真男講義録［第六冊］日本政治思想史 1966』，東京大学出版会 2000 年版，第 14—15 頁。

参考文献

一　中文著作

1. ［法］古斯塔夫·勒庞：《乌合之众——大众心理研究》，冯克利译，中央编译出版社2005年版。
2. ［瑞士］菲尔迪南·德·索绪尔：《普通语言学教程》，高名凯译，商务印书馆1980年版。
3. ［日］安丸良夫：《近代天皇观的形成》，刘金才、徐滔译，北京大学出版社2010年版。
4. ［英］厄内斯特·盖尔纳：《民族与民族主义》，韩红译，中央编译出版社2002年版。
5. ［德］卡尔·曼海姆：《意识形态与乌托邦》（一），姚仁权译，九州出版社2007年版。
6. ［美］鲁思·本尼迪克特：《菊与刀——日本书化的类型》，吕万和、熊达云、王智新译，商务印书馆1990年版。
7. ［日］丸山真男：《福泽谕吉与日本的近代化》，区建英译，学林出版社1992年版。
8. ［日］丸山真男：《日本政治思想史研究》，王中江译，生活·读书·新知三联书店2000年版。
9. 王迅中：《日本历史概说》，正中书局1942年版。
10. 向卿：《日本近代民族主义（1868—1895）》，社会科学文献出版社2007年版。
11. 武心波：《“一元”与“二元”的历史变奏：对日本“国家主义”的再认识》，上海三联书店2008年版。
12. 陈秀武：《近代日本国家意识的形成》，商务印书馆2008年版。

13. （清）黄遵宪：《日本国志》，吴振清、徐勇、王家祥点校整理，天津人民出版社 2005 年版。
14. 戴季陶：《日本论》，九州出版社 2005 年版。
15. 陈秀武：《日本大正时期政治思潮与知识分子研究》，中国社会科学出版社 2004 年版。
16. 林正珍：《近代日本的国族叙事——福泽谕吉的文明论》，台北桂冠图书股份有限公司 2002 年版。
17. 李永炽：《日本的近代化与知识分子》，台北水牛出版社 1991 年版。
18. 许介鳞：《谁最了解日本》，中国文史出版社 1989 年版。
19. 姚宝猷：《日本“神国思想”的形成及其影响》，国立中山大学文学院专刊第二期抽印本 1935 年版。
20. 朱谦之：《日本哲学史》，人民出版社 2002 年版。
21. 王金林：《日本天皇制及其精神结构》，天津人民出版社 2001 年版。
22. ［美］埃德温·O. 赖肖尔、马里厄斯·B. 詹森：《当今日本人：变化及其连续性》，孟胜德、刘文涛、汪绍麟译，上海译文出版社 1998 年版。
23. ［美］贝拉：《德川宗教——现代日本的文化渊源》，王晓山、戴茸译，生活·读书·新知三联书店 1998 年版。
24. 《春秋公羊传注疏》，何休注，徐彦疏，浦卫忠整理，北京大学出版社 1999 年版。
25. 罗竹风主编，汉语大词典编辑委员会、汉语大词典编纂处编纂：《汉语大词典》缩印本，汉语大词典出版社 1997 年版。
26. ［美］约瑟夫·列文森：《儒教中国及其现代命运》，郑大华、任菁译，广西师范大学出版社 2009 年版。
27. 辞海编辑委员会编纂：《辞海》，上海辞书出版社 1999 年版普及本。
28. ［古希腊］亚里士多德：《政治学》，吴寿彭译，商务印书馆 1965 年版。
29. 北京大学日本研究中心编：《日本学》第十四辑，世界知识出版社 2008 年版。
30. ［日］福泽谕吉：《文明论概略》，北京编译社译，商务印书馆 1959 年版。
31. ［日］信夫清三郎：《日本政治史》第二卷，周启乾、吕万和、熊达云译，上海译文出版社 1988 年版。
32. 北京大学日本研究中心编：《日本学》第十一辑，国际文化出版公司 2002 年版。
33. ［日］依田憙家：《近代日本的历史问题》，雷慧英译，卞立强校，上海远东出版社 2004 年版。
34. 梁漱溟：《乡村建设理论》，上海人民出版社 2011 年版。
35. 宋成有：《新编日本近代史》，北京大学出版社 2006 年版。
36. ［日］高桥哲哉：《国家与牺牲》，徐曼译，社会科学文献出版社 2008 年版。
37. 唐士其：《西方政治思想史》（修订版），北京大学出版社 2008 年版。
38. 李卓：《中日家族制度比较研究》，人民出版社 2004 年版。
39. 唐士其：《国家与社会的关系——社会主义国家的理论与实践比较研究》，北京大学出版社 1998 年版。
40. 李强：《自由主义》，吉林出版集团有限责任公司 2007 年版。
41. ［日］幸德秋水：《社会主义神髓》，马采译，商务印书馆 1997 年版。
42. ［日］松本三之介：《国权与民权的变奏——日本明治精神结构》，李冬君译，东方出版社 2005 年版。
43. ［日］竹内好：《近代的超克》，李冬木、赵京华、孙歌译，生活·读书·新知三联书店 2005 年版。
44. 陈乐民：《欧洲文明十五讲》，北京大学出版社 2004 年版。
45. ［日］青木保：《日本书化论的变迁》，王敏主编，杨伟、蒋葳译，中国青年出版社 2008 年版。
46. 孙歌：《竹内好的悖论》，北京大学出版社 2005 年版。
47. ［日］子安宣邦：《国家与祭祀》，董炳月译，生活·读书·新知三联书店 2007 年版。
48. ［法］卢梭：《社会契约论》，何兆武译，商务印书馆 2003 年修订第 3 版。
49. ［英］E. 霍布斯鲍姆、T. 兰格：《传统的发明》，顾杭、庞冠群译，译林出版社 2004 年版。
50. ［日］村上重良：《国家神道》，聂长振译，商务印书馆 1990 年版。

51. ［日］高桥哲哉:《靖国问题》，黄东兰译，孙江校，生活·读书·新知三联书店 2007 年版。
52. ［美］塞缪尔·亨廷顿:《我们是谁? ——美国国家特性面临的挑战》，程克雄译，新华出版社 2005 年版。
53. 祁隆编著:《靖国神社揭秘》，新世界出版社 2003 年版。
54. ［日］信夫清三郎:《日本政治史》第三卷，吕万和、熊达云、张健译，上海译文出版社 1988 年版。
55. 金耀基:《金耀基自选集》，上海教育出版社 2002 年版。
56. ［日］作田启一:《价值社会学》，宋金文、边静译，商务印书馆 2004 年版。

二 日文著作

1. 横田喜三郎:『天皇制』（新版），ミュージアム図書編集部 1997 年版。
2. 網野善彦［ほか］編集:『王を巡る視線』（岩波講座『天皇と王権を考える』第 10 巻），岩波書店 2002 年版。
3. 和辻哲郎:『和辻哲郎全集』第 14 巻，岩波書店 1962 年版。
4. 色川大吉:『明治の文化』，岩波書店 1970 年版。
5. 久野収、鶴見俊輔:『現代日本の思想——その五つの渦』，岩波書店 1956 年版。
6. 安丸良夫:『近代天皇像の形成』，岩波書店 2001 年版。
7. 里見岸雄:『国体思想史』（『日本国体学』第二巻），展転社 1992 年版。
8. 丸山真男:『丸山真男集』第七巻，岩波書店 1996 年版。
9. 橋川文三:『橋川文三著作集』第二巻，筑摩書房 1985 年版。
10. 今井宇三郎、瀬谷義彦、尾藤正英校注:『日本思想大系 53 水戸学』，岩波書店 1973 年版。
11. 丸山真男:『日本の思想』，岩波書店 1961 年版。
12. 里見岸雄:『国体学総論』（『日本国体学』第一巻），日本国体学会展転社 2005 年版。
13. 里見岸雄:『国体に対する疑惑』，展転社 2000 年版。

14. 日本学士院編:『帝室制度史』第一巻，吉川弘文館 1979 年版。
15. 船口万寿:『国体思想変遷史』，国体科学社 1930 年版。
16. 河野省三:『国体観念の史的研究』，電通出版部 1942 年版。
17. 河野省三:『日本の国体』，明治神宮社務所 1962 年版。
18. 牧健二:『（増訂）日本国体の理論』，有斐閣 1944 年版。
19. 村岡典嗣:『日本思想史研究Ⅳ　日本思想史概説』，創文社 1961 年版。
20. 村岡典嗣:『日本思想史研究Ⅴ　国民性の研究』，創文社 1962 年版。
21. 国学院大学紀要（特集号）『国体論纂』上下巻，国学院大学 1963—1964 年版。
22. 永井亨:『日本国体論』，日本評論社 1928 年版。
23. 安丸良夫:『現代日本思想論——歴史意識とイデオロギー』，岩波書店 2004 年版。
24. 鷲見誠一編:『転換期の政治思想——20 世紀からの問い』，創文社 2002 年版。
25. 遠山茂樹編:『近代天皇制の展開』，岩波書店 1987 年版。
26. 東京女子大学丸山真男文庫，資料番号: 720－2－0－0，資料名「O 正統と L 正統（含・国体論）」。
27. 丸山真男:『現代政治の思想と行動』（増補版），未来社 1964 年版。
28. 姜尚中:『ナショナリズム』，岩波書店 2001 年版。
29. 藤田省三:『［新編］天皇制国家の支配原理』，飯田泰三、宮村治雄編，影書房 1996 年版。
30. 鹿野政直:『近代日本思想案内』，岩波書店 1999 年版。
31. 高畠通敏:『討論・戦後日本の政治思想』，三一書房 1977 年版。
32. 青木保〔ほか〕編集:『近代日本书化論 2　日本人の自己認識』，岩波書店 1999 年版。
33. 丸山真男、福田歓一編:『聞き書　南原繁回顧録』，東京大学出版会 1989 年版。
34. 渡辺浩・朴忠錫編著:『日韓共同研究叢書 11　韓国・日本・「西洋」その交錯と思想変容』，慶応義塾大学出版会 2005 年版。

35. 三谷太一郎：『近代日本の戦争と政治』，岩波書店 1997 年版。
36. 米原謙：『近代日本のアイデンティティと政治』，ミネルヴァ書房 2002 年版。
37. 小熊英二：『単一民族神話の起源——〈日本人〉の自画像の系譜』，新曜社 1995 年版。
38. 昆野伸幸：『近代日本の国体論——〈皇国史観〉再考』，ぺりかん社 2008 年版。
39. 関口すみ子：『国民道徳とジェンダー——福沢諭吉・井上哲次郎・和辻哲郎』，東京大学出版会 2007 年版。
40. 小林康夫、松浦寿輝編：『メディア—表象のポリティックス』，東京大学出版会 2000 年版。
41. 吉田博司：『近代日本の政治精神』，芦書房 1993 年版。
42. 長尾龍一：『日本法思想史研究』，創文社 1981 年版。
43. 長尾龍一：『日本憲法思想史』，講談社 1996 年版。
44. 増田知子：『天皇制と国家』，青木書店 1999 年版。
45. 国学院大学日本书化研究所編：『近代天皇制と宗教的権威』，同朋舎 1992 年版。
46. 石田雄：『近代日本の政治文化と言語象徴』，東京大学出版会 1983 年版。
47. 里見岸雄：『「国体」の学語史的管見：国体の語の用例及用法に関する研究』，里見日本书化学研究所 1933 年版。
48. 内務省神社局：『国体論史』，東京製本合資会社 1921 年版。
49. 石田雄：『近代日本政治構造の研究』，未来社 1956 年版。
50. 伊藤博文：『帝国憲法義解』，国家学会会長渡辺洪基発行 1889 年版。
51. 橋川文三、鹿野政直、平岡敏夫：『近代日本思想史の基礎知識：維新前夜から敗戦まで』，有斐閣 1971 年版。
52. 昭和出版研究所編集：『日本百科大事典』第 6 巻，小学館 1963 年版。
53. 井上哲次郎：『新修国民道徳概論』，三省堂 1928 年版。
54. 武田清子：『天皇観の相剋——1945 年前後』，岩波書店 2001 年版。
55. 安西敏三：『福沢諭吉と自由主義——個人・自治・国体』，慶応義塾大学出版会 2007 年版。
56. 福沢諭吉：『文明論之概略』，岩波書店 1875 年初刊 1988 年版。
57. 坂本太郎、家永三郎、井上光貞等校注：『日本書紀』上，岩波書店 1994 年版。
58. 『日本国語大辞典（第二版）』第 5 巻，小学館 2001 年版。
59. 穂積八束：『憲法提要』上下巻，有斐閣 1968 年版。
60. 美濃部達吉：『憲法講話』，有斐閣 1912 年版。
61. 美濃部達吉：『日本憲法の基本主義』，日本評論社 1934 年版。
62. 家永三郎：『美濃部達吉の思想史的研究』，岩波書店 1964 年版。
63. 歴史研究会編：『日本史史料［5］現代』，岩波書店 1997 年版。
64. 植手通有責任編集：『日本の名著 34　　西周　加藤弘之』，中央公論社 1984 年版。
65. 丸山真男：『丸山真男座談』第六冊，岩波書店 1998 年版。
66. 丸山真男：『丸山真男集』第九巻，岩波書店 1996 年版。
67. 徳富蘇峰：『吉田松陰』，岩波書店 1893 年版 1981 年刷。
68. 石田雄：『明治政治思想史研究』，未来社 1992 年版。
69. 松本三之介：『天皇制国家と政治思想』，未来社 1969 年版。
70. 穂積八束：『国民教育　愛国心』，八尾発行 1897 年版。
71. 政治学事典編集部：『政治学事典』，平凡社 1954 年版。
72. 北一輝：『北一輝著作集 1　　国体論及び純正社会主義』，神島二郎解説，むすず書房 1959 年版。
73. 加藤玄智：『我が国体と神道——日本人の国体信念』（『加藤玄智集』第 5 巻），明治聖徳記念学会 1933 年版，東京弘道館 2004 年発行。
74. 加藤玄智：『我建国思想の本義』，目黒書店 1912 年版。
75. 田中智学：『日本国体の研究』，天業民報社 1942 年版（初版 1920 年）。
76. 文部省普通学務局編：『国体講演録』，宝文館 1928 年版。
77. 竹内好：『新編日本イデオロギイ』（『竹内好評論集』第二巻），筑摩書房 1973 年版。
78. 里見岸雄：『萬世一系の天皇——主として国体学的考察』，錦正社 1961 年版。

79. 星島二郎編：『最近憲法論——上杉慎吉対美濃部達吉』（MISUZU REPRINTS 20），みすず書房 1913 年版。
80. 丸山真男：『忠誠と反逆——転形期日本の精神史的位相——』，筑摩書房 1998 年版。
81. 慶応義塾編纂：『福沢諭吉全集』第五巻，岩波書店 1959 年版。
82. 橋川文三、松本三之介編集：『近代日本政治思想史Ⅱ』（近代日本思想大系第 4 巻），有斐閣 1980 年版。
83. 小熊英二：『「民主」と「愛国」——戦後日本のナショナリズムと公共性』，新曜社 2002 年版。
84. 鶴見俊輔：『戦時期日本の精神史 1931—1945 年』，岩波書店 1982 年版。
85. 竹内好：『竹内好全集』第七巻，筑摩書房 1981 年版。
86. 田口富久治、田中浩編：『国家思想史』上，青木書店 1974 年版。
87. 丸山真男：『丸山真男講義録［第六冊］日本政治思想史 1966』，東京大学出版会 2000 年版。
88. 福田歓一：『近代の政治思想——その現実的・理論的諸前提』，岩波書店 1995 年版。
89. 藤田省三：『精神史的考察——いくつかの断面に即して』，平凡社 1982 年版。
90. 丸山真男：『丸山真男集第三巻』，岩波書店 1995 年版。
91. 補成会叢書第六輯『思想犯保護観察法大意』，補成会 1936 年版（非売品）。
92. 美濃部亮吉：『苦悶するデモクラシー』，文芸春秋社 1968 年版。
93. 日本政治学会編：『近代日本の国家像』，岩波書店 1982 年版。
94. 速水清：『日本国憲法と国体』，近代文芸社 1998 年版。
95. 原武史、吉田裕編集：『天皇・皇室辞典』，岩波書店 2005 年版。
96. 石田雄：『日本の社会科学』，東京大学出版会 1984 年版。
97. 小松茂夫、田中浩編：『日本の国家思想』上，青木書店 1980 年版。
98. 南原繁：『（新装版）文化と国家』，東京大学出版社 2007 年版。
99. テッサ・モーリス - スズキ：『愛国心を考える』，伊藤茂訳，岩波ブックレットNo. 708，2007 年 9 月刊。

100. 安丸良夫:『神々の明治維新——神仏分離と廃仏毀釈』，岩波書店 1979 年版。
101. 里見岸雄:『国体論史』上（『日本国体学』第三巻），日本国体学会 2007 年版。
102. 色川大吉:『明治精神史』下，岩波書店 2008 年版。
103. 丸山真男:『丸山真男集』第五巻，岩波書店 1995 年版。

三　中文期刊论文

1. 葛兆光:《思想史：既做加法也做减法》，《读书》2003 年第 1 期。
2. 潘昌龙:《试论〈明治宪法〉中的国体论思想》，《外国问题研究》1989 年第 1 期。
3. 汤重南:《浅谈近代日本的国体——军事封建帝国主义》，《日本研究》1999 年第 4 期。
4. 张允起:《幕末明治初期的“宪法”与“国体”》，北京大学日本研究中心编:《日本学》第十四辑，世界知识出版社 2008 年版。
5. 张宪生:《论日本近代民族主义的思想起源——读会泽安〈新论〉》，《东南亚研究》2007 年第 4 期。
6. 王琪:《日本国体论源史考》，《哈尔滨工业大学学报》（社会科学版）2007 年第 6 期。
7. 王新生:《“神之国”与“国体”惹风波》，《世界知识》2000 年第 13 期。
8. 王金林:《近代天皇制的理论结构》，《日本学刊》1995 年第 6 期。
9. 王金林:《江户幕府末期日本的国学和国学神道》，《日本学刊》1999 年第 3 期。
10. 王金林:《日本天皇制法西斯主义的理论构成》，《日本研究》1995 年第 4 期。
11. 王金林:《皇室神道的形成与天皇的神化》，《日本研究》2007 年第 1 期。
12. 陈秀武:《论日本大正时代的知识分子》，《史学集刊》2002 年第 4 期。
13. 陈秀武:《记纪神话中的日本政治意识初探》，《日本学刊》2007 年第 1 期。
14. 武心波:《"天皇制"与日本近代"民族国家"的建构》,《日本学刊》2007 年第 3 期。
15. 王小林:《"职分"、"世间"与日本资本主义精神》,国立政治大学东亚研究所《东亚研究》2005 年 7 月第 36 卷第 2 期。
16. 庄娜:《家族国家观的悖论》,《外国问题研究》2009 年第 2 期。
17. 周建高:《日本对外扩张中的人民》,《读书》2004 年第 6 期。
18. 李小江:《平民化战争研究的启示》,《读书》2006 年第 10 期。
19. 李卓:《近代日本家族国家观浅析》,《日本学刊》1992 年第 4 期。
20. 李卓:《家族国家观——近代日本政治的误区》,《天津社会科学》1996 年第 6 期。
21. 崔世广:《日本近代家族制度与军国主义的内在联系》,《日本学刊》2005 年第 4 期。
22. 秦坤:《日本家族国家伦理观与近代军国主义的融合》,《贵阳学院学报》(社会科学版)2006 年第 1 期。
23. 李卓:《家族制度与日本的近代化》,《南开学报》1994 年第 2 期。
24. 李卓:《关于中日家族制度与国民性的思考》,《日本学刊》2004 年第 2 期。
25. 尚会鹏:《"缘人"——日本人的"基本人际状态"》,《日本学刊》2006 年第 3 期。
26. 尚会鹏:《论日本人自我认知的文化特点》,《日本学刊》2007 年第 2 期。
27. 尚会鹏:《论日本人感情模式的文化特征》,《日本学刊》2008 年第 3 期。
28. 唐士其:《美国政治文化的二元结构及其影响》,《美国研究》2008 年第 2 期。
29. 孙歌:《投向"一草一木"的视线——以中国的视角透视日本的天皇制论》,《名作欣赏》2009 年第 11 期。

四　日文期刊论文

1. 桐原健真:「東方君子国の落日——『新論』的世界観とその終焉」,

明治維新史学会『明治維新史研究』第 3 号，2006 年 12 月。
2. 大原康男：「天皇統治と象徴天皇の間」，国際交流基金『国際交流』1995 年第 68 号、第 17 巻 4 号。
3. 川島武宜：「イデオロギーとしての家族制度」，『世界』1955 年 3 月号。
4. 森川輝紀：「大正期国民教育論に関する一考察——井上哲次郎の国体論を中心に」，日本歴史学会編集『日本歴史』463 号（1986 年 12 月号）。
5. 平石直昭：「現代日本の『ナショナリズム』——何が問われているのか」，東京大学社会科学研究所『社会科学研究』2006 年第 58 巻第 1 号。
6. 鈴木正幸：「大正デモクラシーと国体問題」，日本史研究会編集『日本史研究』1986 年 1 月 281 号。
7. 鵜飼信成：「憲法における天皇の地位——機関としての天皇と象徴としての天皇」，岩波書店『思想』1952 年 No. 336。
8. 桐原健真：「『論争の書』としての『講孟余話』——吉田松陰と山県太華、論争の一年有半——」，歴史科学協議会編集『歴史評論』2004 年 1 月号、第 645 号。
9. 増田知子：「天皇機関説排撃事件と国体明徴運動」，名古屋大学大学院法学研究科『名古屋大学法政論集』1998 年 v. 173。
10. 美濃部達吉：「民主主義と我が議会制度」，岩波書店『世界』1946 年 1 月創刊号。

五　英文著作

1. Basil Chamberlain, *The Invention of a New Religion*, London: Watts & Co. , 17 Johnson's Court, Fleet St. , E. C. , 1912.
2. Bob Tadashi Wakabayashi, *Anti – Foreignism and Western Learning in Early – Modern Japan: The New Theses of* 1825, Cambridge : Harvard University Press, 1986.
3. Carol, Gluck , *Japan ' s modern myths: ideology in the late Meiji period*, Princeton University Press, 1985.

4. John Owen Gauntlett, Robert King Hall , *Kokutai no Hongi*: *cardinal principles of the national entity of Japan*, Newton, Mass. : Crofton Publishing Co. , 1974.

5. John Paul Reed, *Kokutai*: *A Study of Certain Sacred and Secular Aspects of Japanese Nationalism*, Chicago: The University of Chicago Libraries, 1940.

6. Joseph Pittau, *Political Thought in early Meiji Japan*, 1868 - 1889 , Cambridge, MA: Harvard University Press, 1967.

7. Kevin M. Doak, *A History of Nationalism in Modern Japan*: *Placing the People*, Leiden; Boston: Brill, 2007.

六　英文期刊论文

1. Martin Repp, "Book Reviews: Shintô und die Konzeption des japanischen Nationalwesens (kokutai) . Der religiöse Traditionalismus in Neuzeit und Moderne Japansby Claus Antoni," *Asian Folklore Studies*, Vol. 58, No. 1 (1999) .

2. Joseph M. Kitagawa, "The Japanese 'Kokutai' History and Myth," *History of Religions*, Vol. 13, No. 3. (Feb. , 1974) .

3. Mark Teeuwen, "State Shinto: An 'Independent Religion'?" , *Monumenta Nipponica*, Vol. 54, No. 1 (Spring, 1999) .

后　记

本书是在我博士论文的基础上修改而成。书稿在整体上保留了博士论文的原结构不变，但对第四章做了大的改动，在原文基础上增加了一节，即第二节“国体意识形态对民众的控制力”，并对其余节的内容做了重组，几乎可以算是重写了这一章。我的问题意识依然是第四章开头所提出的，我们应该怎样看待国体意识形态下或战时的“日本民众”的问题，但增加了博士毕业后新的研究心得，即“泪的谏劝，爱的鞭打”和“‘国体’下的‘异端’知识分子”部分。不过加入这一节后，使第四章的内容骤增，也失去了与其他章的比例平衡，这也许是个失败的决定，但我认为这一内容对国体研究至关重要，所以还是决定将自己最新的思考呈上，虽然对此的思考一直都在进行，但形成文字实属仓促，而且与其说是成果的呈现，不如说是问题的初步提出，所以内心不免惴惴不安，希望各位方家批评指正。此外，本书成书时还添加了笔者第二次赴日时搜集到的新材料，如东京女子大学丸山真男文库的丸山尚未公开发表的会议讨论录音资料等，对第六章也有所改动。

现在想来，当初选择国体论作为自己博士论文的研究课题真是一个无知者无畏的决定。当时进入国体论这个研究课题时，我的状态可以用两手空空来形容，一是缺乏进入历史时所需的学术训练和切身感觉，二是缺乏政治思想史领域的知识储备，有的只是一股可称为好奇心的求知欲和一种直线式的思维方式。那时的我有一种非常直观的设想，认为国体论在日本战败后并没有消失，它是成为战后日本政治右倾化的思想根源，或者说，我认为战后日本政治的右倾化，就是国体思想的复活。其实，对国体论在战后日本现实政治中的影响一直是我的国体论研究的出发点，但在这篇博士论文中并没有专门辟一章节讨论战后日本的问题，一方面是由于研究对象牵涉时间过长，力有不逮；另一方面就是我在研究中逐渐意识到原先的想法过于直观和简单，国体论本身充满了非理性主义和反动保守的成分，要在它的逻辑中找到与战后右翼及右倾化言行相似的表达是极其容易的，但战后日本政治的保守化有着复杂的文脉，可以说它与国体论在战败后没有经过彻底反思有着密切的关联，但与国体论之间的关系绝不是直线式的。寻找直观的联系很容易，但可能因此会错过一些重要的但更为真实的问题。因此对于战后日本政治领域的右倾化是否可以直接归结为国体论的复活，我在研究中持有保留的态度，并未做出肯定的回答，这也使得我的态度显得暧昧，但请容许我在没有找到合适的切入点的情况下对现阶段尚不能够处理的问题留作今后的研究课题，也希望今后能向为我这篇博士论文付出辛劳的诸位老师交上一份合格的答卷。

坦白地说，生活在中国这样一个历史上并不固执于一姓王朝的国家，作为一个出生于20世纪80年代的年轻人，我对于生活在天皇制及国体论下的日本知识分子的思想和内心世界，无论是在生活体验还是在学术积累上，都缺乏感觉。正因为如此，我常常对一些大知识分子在国体论问题上的矛盾表现感到困惑，对他们身上出现的学问与感情、理智与情感的纠葛，无法理出一条清晰的线索。当这种例子出现的越来越多的时候，我开始反思是否是我自身思考问题的方式过于简单，以至于不能处理研究对象的多样性。简单的“对—错”、“进步—反动”的二元对立的思维方式开始瓦解，我停止试图将本不统一的材料整合成一条线的努力，开始尝试把问题的复杂性作为问题本身对待。从这里开始，我才真正进入了国体论的内部。从作为我研究对象的政治家和知识分子身上，我逐渐对政治与道德的关系有了切身的感受，也对“当知识分子遇到政治”这个问题有了更深的体会。我开始想象，如果当时处于国体论之下和处于战争情景中的是我，我应该如何选择。当把研究对象作为与自身相关的问题对待之后，不管是面对历史还是面对现实，我都不再允许自己站在事件之外做轻易的道德审判，也从那些在战后为自己战时没有反抗的日本知识分子的悔恨中意识到，要让自己的思想驱动自己的肉体，并不是一件自明的事，它需要面对现实时具有高度的紧张感，以及对自身学术和意志的不断拷问。本书出版时加入的第四章内容，也是对这个问题持续思考的结果。

可以说，正是在与国体论这一在战后常被视为封建反动、没有学术价值的思想相接触的过程中，我才打破了思维定式，改变了自己看问题的方式，加深了对于学术和人生的认识。从今天来看，国体论在政治上无疑是极不正确的，但正是从对其与政治实践的互动、知识分子对此问题的复杂讨论中，我找到了政治思想与政治实践发生关联的历史实态，它的复杂性教会我面对历史时要谦虚，这真是个令人感慨的悖论。大概是竹内好曾经说过这样的话，大意是知识并非总来自人类的进步，从退步和错误中往往学到的更多。国体论于我正是如此。

学问与人生是相通的。在工作以后，自己从学生变为老师，也开始指导学生的论文，从自己学生常犯的问题中，我对写博士论文时的自己的做法也有了更多反思。我那时也总是埋头并焦虑于数量庞大的文献的阅读，迟迟不去向导师汇报研究思路和进展；也总是在截稿日期前很晚才把论文交给老师，没有留给老师充分的时间……做了老师，才明白我的导师对当年的自己是多么宽容，现在想来，不免对老师更加感激，同时又不免惭愧不已。我的导师是北京大学国际关系学院的尚会鹏教授，尚老师是位严师，在我们这些学生尚未毕业时，他对我们从来都是批评为主，多是指出问题和不足，而几乎从不表示肯定。只有在通过博士论文答辩的那天，老师才终于点头认可，他对我们的肯定一定是在毕业以后，这是尚老师的一贯做法，目的就是对我们实行高标准、严要求，不让我们产生侥幸心理。我还记得在博一时我第一次交作业，是写一篇关于人类学的读书报告，我没有太重视，随便写了些感想就交了上去。没想到尚老师将我的读书报告和他的评语群发给了同门所有的博士生，告诉大家今后不许有这样的作业出现。我当时羞愧得无地自容，但从此以后，再不敢有丝毫的松懈。

尚老师治学严谨，但亦是一位慈师。在博士就读期间，我曾有一年的时间赴日本成蹊大学收集资料和客座研究，在接触到大量文献之后一时失去了方向，完全找不到研究思路，于是很长时间都没有跟尚老师汇报自己的研究进展。但老师也没有催我。后来我硬着头皮给老师发邮件，说自己找不到思路，也为这么久没有联系老师而感到惭愧，尚老师回信并没有丝毫的责备，而是说："你属于不扬鞭自奋蹄的学生，你已经在努力了，我要是再扬鞭催你，你就要失足跌倒了。"如今回忆起这话，我还是不禁会热泪盈眶，老师可能至今都不知道，他这句话对我是多大的安慰和激励，又如何鼓舞我直到现在。如今我对自己的学生也会多些理解和宽容，都是因为我内心深知我是如何受益于我的导师对我的理解和宽容。

尚老师治学推崇心理人类学的方法，并以多年对大型文明社会进行研究的经验，指导我在异文化研究中应采取何种姿态与方法，时时对我出现的西方中心主义苗头进行纠正。在我毕业以后，老师又有多部著作问世，作为学生，真心为老师感到高兴，也以老师自勉。其中，尚老师首倡"心理文化学"，将二十多年的授课讲义汇集出版，是为《心理文化学要义——大规模文明社会比较研究的理论与方法》（2013 年），还有《心理文化学——许烺光学说的研究与应用》等，是尚老师多年来学术的宝贵结晶。尚老师不仅是我在学术上的领路人，也是我生活哲学的指导者，我还记得有一次尚老师与我们爬山，教我们背着垃圾袋和夹子，一路爬山一路捡山上的垃圾。他渊博的知识、严谨的治学态度和淡泊的人生态度必将指引我在学术及人生道路上不断前进。

在导师之外，我还受到许多老师的悉心指导和帮助，在此借书稿出版之机一并表达感谢。首先要感谢北京大学国际关系学院的唐士其教授，从我论文的开题、写作直到答辩，唐老师一直给予我无私的建议和指导，他在西方政治思想史领域的深刻造诣给了我比较的视野、思考的高度和资源，使我深受教益。唐老师在名义上不是我的指导老师，其实对我并无指导的义务，但对我每每前去请教，他都予以悉心解答和指导，可以说，我对于西方政治思想史的兴趣和知识，全都受唐老师的启蒙，没有唐老师在政治思想史领域的点拨，我的论文是无法完成的。对我的论文写作倾注了心力的老师还有：北京大学历史系宋成有教授，国际关系学院梁云祥教授、初晓波副教授，以及日语系的刘金才教授、金勋教授和滕军副教授。尤其是宋成有老师，全程参与了我的开题、预答辩和答辩，宋老师深刻的见解和诙谐的提问，将成为我的北京大学回忆里鲜活的一部分。初晓波老师将他在网上搜集到的国体论研究的日文论文提供给我，国关学院的李寒梅教授提供了自己尚未发表的博士论文供我参考，并无私地将自己的日文文献供我借阅。2007—2008 年，我在日本成蹊大学法学部访学期间，以加藤节教授以及宫村治雄教授为首的政治学部老师对我的研究给予了无私的指导与支持，并在生活上给了我悉心关照，大阪大学国际公共政策研究科的米原谦教授专门为我邮寄了他的国体论研究的新作以及河野省三的《国体观念的史的研究》，东京大学法学政治学研究科的渡边浩教授听取了我的论文设计并提供了建议，还有东大的平石直昭教授和苅部直教授为我提供了国体论的某部文献信息，在此一并表示深深感谢。感谢社会科学院文学所的孙歌老师，她的学术造诣使我感受到思想的魅力，参加她的读书会使我在学术上获益良多。感谢师兄游国龙在自己博士论文的攻坚阶段仍抽出时间负责我的答辩事宜，感谢师妹项尹在繁重的学业中为我的预答辩和答辩所做的工作，以及我的同学、好友王振瑜和梁文静对我论文的宝贵建议。感谢我的工作单位中国青年政治学院为青年教师提供博士论文的出版资助，感谢我校科研处蒋甫玉老师对我拖延交稿的宽容。感谢我的父母、兄长和丈夫，他们对我在学问道路上的无条件支持使我能安心读书和工作，没有后顾之忧。

感谢所有给予过我帮助的人，你们的支持将伴随我勇敢前行。

感谢时间，尽管它让我们衰老，给我们的记忆却永远年轻。

庄娜

2015 年 6 月于中国青年政治学院

nazhuang@ 163. com